本书为2013年广东省高等教育教学质量工程
“嘉应学院教师专业发展中心”项目成果之一

地方院校本科教学工作审核评估的实践与探索

主　编◎邱国锋
副主编◎刘明贵　杜德栎　张　晨

暨南大學出版社
JINAN UNIVERSITY PRESS
中国·广州

图书在版编目（CIP）数据

地方院校本科教学工作审核评估的实践与探索／邱国锋主编；刘明贵，杜德栎，张晨副主编．—广州：暨南大学出版社，2015.12（2017.6 重印）
ISBN 978－7－5668－1702－0

Ⅰ.①地…　Ⅱ.①邱…②刘…③杜…④张…　Ⅲ.①地方高校—本科—教学工作—教育评估—中国　Ⅳ.①G642.0

中国版本图书馆 CIP 数据核字（2015）第 298077 号

地方院校本科教学工作审核评估的实践与探索
DIFANG YUANXIAO BENKE JIAOXUE GONGZUO SHENHE PINGGU DE SHIJIAN YU TANSUO
主　编：邱国锋　副主编：刘明贵　杜德栎　张　晨

……………………………………………………………………………………

出 版 人：徐义雄
策划编辑：陈绪泉　杜小陆
责任编辑：梁嘉韵
责任校对：何　力
责任印制：汤慧君　周一丹

出版发行：暨南大学出版社（510630）
电　　话：总编室（8620）85221601
营销部（8620）85225284　85228291　85228292（邮购）
传　　真：（8620）85221583（办公室）　85223774（营销部）
网　　址：http：//www.jnupress.com　http：//press.jnu.edu.cn
排　　版：广州良弓广告有限公司
印　　刷：虎彩印艺股份有限公司
开　　本：787mm×960mm　1/16
印　　张：19.625
字　　数：355 千
版　　次：2015 年 12 月第 1 版
印　　次：2017 年 6 月第 3 次
定　　价：45.00 元

前　言

为了迎接教育部本科教学工作审核评估，进一步完善学校教学质量监控体系，提高办学水平，嘉应学院于2014年率先在广东省开展校内审核评估工作，3月至6月在校内部分教学单位进行试点工作，9月至12月全面铺开。

这次校内审核评估以教育部《普通高等学校本科教学工作审核评估方案》为重要依据，将教育部对学校开展的整体审核评估转换为对二级教学单位的审核评估。其评估总体要求、评估范围及评估重点、评估方式与过程均参照教育部关于审核评估的工作方案，是高校自我评估方式的一种大胆实践和探索。

首先，为了确保本次评估工作顺利进行，学校统一认识、精心组织，制定了《嘉应学院本科教学工作审核评估方案》，明确了本次评估工作的指导思想、对象、评估范围及重点、工作程序与方法等基本内容；成立了评估领导小组，由校长担任组长，同时根据评估方案中“定位与目标”“师资队伍”“教学资源”等六个一级审核项目要求，成立了六个审核评估专家组，专家由学校相关领导，教务处、人事处、财务处、科研处等职能部门负责人，以及各学院（部）推荐的一线骨干教师担任。

其次，审核评估工作分为自评、实地评估以及评估总结三个阶段。评估专家组采取多种方式，深入考察，调查研究，全方位获取了审核评估各要素的基本情况和相关数据。评估专家集中听取了20个教学单位负责人的汇报，深度访谈了各教学单位院长（主任）和书记，开展了110场集中访谈；随机听课98门、课堂观摩145门；调阅了93门课程的试卷4 099份、毕业论文878份、作业或实验报告899份。专家组实地考察了部分校内实验室、校外实习基地，还通过组织师生座谈、问卷调查、查阅相关重要文件和材料等方式，全面审核了教学单位本科教学工作状况，广角度考察了领导干部和广大师生的精神风貌。

再次，专家组通过数据分析，参照有关文件，围绕审核评估体系的六类一级审核项目、24 个二级审核要素及“自选特色”项目，对各学院（部）教学工作作出了客观描述和评定，既明确了优点和优势，又指出了缺点和不足。

最后，召开了全校审核评估情况反馈大会，重点布置了各学院（部）下一步整改的具体任务。

回顾审核评估工作全过程，我们认为本次审核评估工作准备充分，认识到位，机构健全，措施得力；在实地评估中，整体工作周密安排，点面结合，深入检查，效果显著；全体专家认真负责，实事求是，民主评议，公正准确。通过评估，我们对各受评单位的本科教学质量进行了实事求是的督查，在总结办学特色与经验、查找不足的基础上进一步梳理了办学思路，为各受评单位下一步的整改指明了方向，为迎接教育部本科教学审核评估工作打下了良好的基础。审核评估对学校进一步提高教学质量和办学水平、全面提升人才培养质量、促进学校内涵式发展将产生重大的推动作用。

本次评估得到了教育部高等教育教学评估中心及广东省教育厅的关心与大力支持。教育部高等教育教学评估中心院校教学评估处处长刘振天教授在评估工作开始前对全体专家进行了题为“审核评估与质量保障”的专题讲座。该讲座帮助嘉应学院相关人员充分认识开展审核评估的目的、意义和具体做法，为全校统一思想、认真做好审核评估工作奠定了良好的思想基础。广东省教育厅高教处处长郑文教授出席了本科教学工作审核评估意见反馈会并讲话，对嘉应学院率先开展校内本科教学工作审核评估的做法和取得的成效给予了充分肯定。

为了总结校内审核评估经验，加强同兄弟院校的交流，我们将上级专家的报告、校内专家及秘书在审核评估中的实践感悟、评估文件与用表等编辑成《地方院校本科教学工作审核评估的实践与探索》一书。全书分为三个部分，第一部分“地方院校本科教学工作审核评估理论”，主要收录校内外专家关于审核评估的一些理论思考，旨在告诉读者本轮审核评估及校内审核评估的政策依据、基本内涵、特点等。第二部分“地方院校本科教学工作审核评估实务”，收录了嘉应学院本次评估方案、专家评估用表、相关评估学院自评报告、专家组审核评估报告及本次本科教学工作审核评估总结等内容，旨在介绍校内审核评估的方法、步骤和展示主要收获等。第三部分“地方院校本科教学工作审核评估与反思”，收录了校内评审专家及秘书参与本次评估的认识与感悟，旨在展示审核评估过程中遇到的具体问题、解决方法和建议。可以说全书做到了“顶天立地”，既有教育部评估专家对评估的顶层设计及理论指导，又有学校操作层面的务实探索，是我们对本科教学审核评估工作进行的一次全方位的理论省思与有益的实践探索。

本书由嘉应学院校长邱国锋教授任主编，副校长刘明贵教授、教师专业发展中心主任杜德栎教授、教务处处长张晨教授任副主编，负责全书的总体设计。杜德栎教授、教务处副处长高旭副教授、文学院冉正宝副教授负责编写体例及统稿工作。审核评估组秘书杨仕立、李诺、孙涌及教师专业发展中心丁云华老师参与全书的编写与校对工作。

本书是2013年广东省高等教育教学质量工程“嘉应学院教师专业发展中心”项目成果之一，在编写过程中得到了教师专业发展中心、教务处、人事处、科研处等部门的大力支持。

在本书的撰写过程中，我们参考、借鉴和引用了国内外相关的一些研究成果，由于种种原因没有在文章后一一标注出来，在此谨对这些成果的著作权人和作者们表示最诚挚的感谢和敬意。同时还要感谢暨南大学出版社和本书的编辑人员。

由于作者学识有限，书中疏漏之处在所难免，敬请各位专家、教师和学生批评指正。

编　者

2015年8月28日

目　录

第三部分　地方院校本科教学工作审核评估与反思

第一部分

地方院校本科教学工作审核评估理论

回归教学生活：我国新一轮高校本科教学评估制度设计及其范式变革

刘振天
（教育部高等教育教学评估中心院校评估处处长、研究员，中国人民大学教授）

20 世纪 80 年代以来，随着国际社会高等教育大众化进程的持续推进，如何保证和提高高等教育质量成为世界各国共同面临的课题。尤其是 90 年代后期，中国高等教育进入以规模、数量和速度为特征的外延式发展阶段，也因为如此，高等教育质量问题再一次成为政府、高校和社会共同关注的重点和焦点。2001 年，政府正式提出质量战略，实现高等教育由外延发展向内涵发展的转变。

显然，我国 20 世纪 80 年代开始研究和准备、90 年代开始试点、新世纪初全面实施的高校教学工作评估，与高等教育大众化发展背景相一致，更与数量发展、规模扩张与提升质量的节奏相呼应、步伐相吻合。如世界各主要国家一样，教学评估被普遍认作提高高等教育质量的重要机制，因此在各国得以广泛推行和加强，同时，教学评估又饱受争议，其名声和形象差强人意。比如，英国华威大学（The University of Warwick）的学者就曾激烈地批评教学质量评估“可能是人类发明的最有破坏性和毁灭性的管理制度”,① 中国也有人认为应该取消政府开展的高校教学评估工作②等。这说明，教学评估是一柄双刃剑，关键在于如何加以科学设计和有效利用，从而扬长避短、兴利除弊。在这种意义上来说，二十多年来我国高等教育教学评估工作的实践，应该说提供了很好的范本，通过对这一范本进行分析和研究，人们能够发现我国高校教学评估是如何不断发展、不断完善，进而走向合理化过程的。

一、美中不足：二十多年来我国高校本科教学评估实践的贡献与局限

我国高校教学评估工作，基本分为四个阶段：第一阶段是研究和准备

① 金顶兵. 英国高等教育评估与质量保障机制：经验与启示. 教育研究，2005（1）：76～81.
② 傅剑锋，吴冰清. 高校评估该停了：专访中科大校长朱清时. 南方周末，2008－04－24.

阶段，时间从 20 世纪 80 年代到 90 年代初；第二阶段是试点实施阶段，时间从 1994 年到 2002 年；第三阶段是全面实施的制度化阶段，时间从 2003 年到 2008 年；第四阶段是合理化与完善化阶段，时间从 2008 年到现在。

发达国家高等教育质量评估（认证）已有几十年的历史，但对我国而言，由于众所周知的原因，长期以来，评估仍是一个相当陌生的领域，许多人甚至不知评估为何物。直到改革开放后，在与西方国家进行文化教育交流和接触中，人们才逐渐认识、了解和理解评估。这一时期，我国在三个方面加以准备。一是理论准备、教学准备和人才准备。部分师范院校以及综合大学将评估作为专题和领域进行研究，出版了相关教育评估学等方面的专著、论文集和教材，召开评估学术研讨会，交流研究成果，有些师范院校为本科生开设教育评价学课程，少数师范院校和综合大学开展教育评价学方向的研究生教育。二是政策与管理准备。随着研究和教学的深入，评估引起了政府的关注，开始将教育评估作为质量管理的手段，1985 年出台的重要文件《中共中央关于教育体制改革的决定》就明确提出，教育管理部门要组织教育界、知识界和用人部门定期对高等学校的办学水平进行评估，对成绩卓著的学校给予荣誉和物质上的重点支持，办得不好的学校要整顿甚至停办。1990 年，原国家教育委员会颁布了我国第一个专门性的评估文件《普通高等学校教育评估暂行规定》，对评估的组织形式、实施程序等都作出了明确说明；1993 年《中国教育改革和发展纲要》指出，要研制各级教育质量标准和评估指标体系。三是实践准备。1985 年《中共中央关于教育体制改革的决定》发布当年，教育部即开始启动高等工程教育本科评估方案的研制与试测工作，下发了《国家教委关于开展高等工程教育评估研究和试点工作的通知》，首次要求部分高等工科院校启动对专业、学科、课程等进行评估试点工作。到 1990 年，总计超过 500 所高校分别开展了该方面的评估试验工作。在专业、学科和课程评估试验基础上，开始探索对本科教学工作进行整体评估，截至 1993 年，清华大学、北京航空航天大学、北京理工大学、北京科技大学、北京化工大学和北京交通大学六所工科高校进行了本科教学评估实训工作，这是本科教学评估工作的最早形态。

1994 年开始，我国高校教学评估进入新的阶段，即大范围试点阶段。这一年，国家决定对 1976 年以后（即“文化大革命”结束后）新建的本科院校教学工作进行合格评估，使用的是合格评估方案。到 2002 年，共有 190 所新建院校接受了合格评估。其中，154 所院校一次性通过，36 所院校暂缓通过。1994 年，国家实施了面向 21 世纪建设约一百所重点大学和一千门重点学科的宏大计划，即“211 工程”，规定对进入该工程的院校国家将给予专项资助，但前提是这些高校必须通过教学评估且获得优秀的结论。因此，1996 年至 2000 年，国家对申请加入“211 工程”的高校进行了教学工作优秀评估，总计有 80 多所院校申请参加优秀评估，但实际上仅评估了 16 所院校，之后这项优秀评估试点工作就停止了。1999 年，在总结合格评估与优秀评估经验教训的基础上，教育部对介于两者之间的高校教学工作进行随机性水平评估试测，随机性水平评估分为优秀、良好、合格与不合格四种。至 2001 年底，共有 26 所高校接受了随机性水平评估，其中 9 所优秀、16 所良好、1 所合格。

2002 年，教育部对合格评估、优秀评估和随机性水平评估方案进行了调整，合三为一，形成了“教学工作水平评估方案”。当年，教育部采用了新方案对 21 所高校本科教学进行了评估试点。这样，1994 年到 2002 年，共有 254 所高校接受了合格评估、优秀评估、随机性水平评估和统一的水平评估试点。

2003 年，国务院批准了《2003—2007 年教育振兴行动计划》，计划明确提出实施五年一轮的高校教学评估制度，据此，2004 年，教育部正式出台了《普通高等学校本科教学工作水平评估方案》，提出了“以评促建、以评促改、以评促管、评建结合、重在建设”的二十字方针。为搞好评估工作，教育部成立了“高等教育教学评估中心”。从 2003 年开始到 2008 年上半年，教育部高等教育教学评估中心组织专家共对 589 所普通高校进行了教学工作水平评估，其中，424 所院校获得优秀，约占总数 72%，141 所院校获得良好，约占总数 24%，24 所院校获得合格，约占总数 4%。

无论是试点评估，还是首轮高校教学工作水平评估，二十多年来的评估实践，对我国高校教学工作产生了相当大的影响。这种影响，既有积极和正向的，也有消极和负向的。就前者而言，高校教学评估意义重大，成效显著。① 评估工作使高校教育教学各方面工作发生了积极可喜的变化。开展教学评估以来，各级教育行政部门和高等学校以评建工作为契机，高度重视本科教学工作，不断加大教学投入力度，高校教学条件显著改善。以 1994 年开始的合格评估为例，116 所高校“经过评建，（到 1999 年）教师比例校均提高 3 个百分点，由原来的 40% 提高到 43%；高学历教师比例增加 5 ~ 8 个百分点，由原来的 14% ~26% 提高到 15% ~31%；年生均主

① 高思平. 高校教学评估：回顾与展望. 光明日报，2008 - 02 - 27.

要教学经费增加31%，生均教学仪器设备值增加8%～49%"。[①] 再以2006年133所参评高校为例，近三年生均教学行政用房、宿舍、运动场的面积累计增长均超过20%，生均四项经费、百名学生配计算机台数、生均教学科研仪器设备值累计增长均超过30%，百名学生配多媒体教室和语音室座位数、生均年进书量累计增长均超过60%。而2007年198所参评高校三年来生均四项经费总增长也超过27%，生均教学仪器设备值总增长超过33%。[②] 中山大学课题组对171所参评高校1 200多位管理人员与评估专家所做的调查表明，100%的人认为教学评估有利于学校理清办学思路、凝练办学特色；96%以上的人认为教学评估显著促进了办学条件和教学设施的改善；98%的人认为教学评估对学校教学经费投入有明显作用；98%的人认为教学评估对学校专业建设和结构调整有显著作用；97%的人认为教学评估有利于加强学校实践教学体系建设；98%的人认为教学评估促进了教学管理的规范和质量保障体系的建设；95%以上的人认为教学评估对学风建设有促进作用。[③] 2007年，高等教育出版社推出了由教育部高等教育教学评估中心组织编写的《大学校长谈评估》（上下两卷）一书，书中收录了一百多位大学校级领导关于教学评估的访谈录，有学者对这些访谈进行了分析归纳，其中肯定教学评估效果的内容包括：推进高校转变办学指导思想，确立本科教学基础地位；推动高校走特色办学道路；推进高校大力改善办学条件和基础设施，提供良好的育人环境；推动高校加强师资队伍建设，从源头上保证教学质量；推进高校教学改革，着力提高人才培养质量；推进高校加强制度建设，建立符合校情的管理规范。[④] 上海师范大学高耀明教授[⑤]以及国家教育行政学院张婕教授[⑥]亦对高校教学评估进行了独立调查，报告结论与上述肯定意见基本相同。

就后者来说，从某种程度上看，社会关于对评估的消极评价和负面评价似乎更多，特别是大规模首轮教学评估中，评估备受人们批评和指责，

---

① 周远清．世纪之交的中国高等教育——大学本科教学评估．北京：高等教育出版社，2005．319～321．

② 高思平．高校教学评估：回顾与展望．光明日报，2008－02－27．

③ 李延保等．我国高校本科教学评估实践与研究．广州：中山大学出版社，2008．181～182．

④ 刘献君．2003—2008年普通高等学校教学工作水平评估工作研究报告．北京：高等教育出版社，2012．50～96．

⑤ 高耀明等．本科教学工作水平评估对高校教学工作影响的调查研究．高等教育研究，2006（11）：89～94．

⑥ 张婕．高校教学评估的研究及其改进——对117名地方高校领导的问卷调查．教育研究，2010（8）：42～46．

以至于人们“谈评色变”，有些人更是强烈要求取消评估。这些批评集中在以下三个方面：一是评估方案、方法、模式和手段单一，对提高教学质量提升的积极影响有限；二是评估中高校存在弄虚作假的行为，形式主义严重；三是评估强化和扩张了行政管理权限，增加了高校负担，压缩了高校办学自主空间。

评估积极影响和作用是主流，但一点是确定无疑的，其消极面是次要的，是支流，虽说美中不足，但瑕不掩瑜。然而，绝不能因此允许缺点和不足存在，必须找出和分析问题出现的原因，总结教训；否则，任其存在和扩大，就有可能瓦解整个工作。

现在应该是我们全面反思和认真总结的时候了。如果回顾一下评估工作发展历程，不难发现，以往的评估，在顶层设计或者源头上就已经预示着将来要出现的问题和弊病。首先，评估工作没有很好地考虑高校的多样性，以同样的方案和标准评价所有的高等学校，导致分类指导不够，针对性不强。应该说，始于20世纪90年代的评估试点，原本有合格评估、优秀评估和随机性水平评估等评估形式，评估方案不同，评估对象不同，评估结果也不同，体现了多样性、分类性和适应性的精神。这种设计出发点是正确的，但那时评估规模小，且不久便为后来的大规模统一的水平评估所取代，突出了统一性，削弱了弹性和针对性。其次，强调了评估结果的等级划分，强化了功利导向，造成政府和学校在评估工作中重结果轻过程、重形式轻内容。20世纪90年代的三种评估，其实是典型的等级评估，且不说合格评估与优秀评估，本身就是等级划分，即便随机性水平评估，内部也分为优秀、良好、合格与不合格四种。尤其是，当时的优秀评估，还特别规定进入国家“211工程”建设的高校必须在优秀评估中通过并获得优秀结论，否则就没有资格进入国家重点支持和建设规划，从而进一步强化评估结果的功利性运用。在2003—2008年首个五年一轮的水平评估中，文件规定，对于那些在水平评估中未能通过合格的高校，在招生、新专业设置、教学改革课题立项、教学成果获奖等方面将采取限制性措施，同时，一些省市对那些在评估中获得优秀的高校进行不同形式和程度的奖励。所有这些都表明对评估结果的过度利用，引发了高校在评估结果上的攀比和竞争，最后造成评估出发点的不端正、评估过程的不公平、评估结果的不真实。最突出的就是首轮评估中，参评的589所高校竟然有近72%的院校获得优秀，这与社会公众心目中的判断产生了相当大的出入，从而也影响了评估的声誉和质量。[①] 再次，在以往的评估设计中，评估基本由政府来组织，社会基本没有参与。政府主导评估有其优势，能够体现评估的权威性和公信力，有助于高校和社会重视评估工作，推动评估工作的进行和更大程度地实现以评促建和促改的目标。然而，单一的政府主导评估工作也不可避免地出现问题，那就是学校过度重视评估，将评估看成政绩工程，政府通过评估变相地强化管理，造成新的行政化，与当代倡导和出现的政府放权、转变职能，强化扩大高校办学自主权和社会参与权不相一致，尤其是作为第三方的社会力量受到严重限制。政府直接评估还容易导致管、办、评不分，政府既当运动员又当裁判员，评估客观性和公正性难以保证。[②]

综上所述，评估工作中出现的问题和不足，说明我们在源头上还没有很好地理解评估，没有真正认识评估的本质。我们依然习惯于用过去计划经济时期高度集中统一管理的思维与方法来理解评估、要求评估和设计评估，把评估机械地等同于行政化管理，将评估变成了行政手段和对高校进行控制的方式。高校之所以被动应对这种政府强力推进的自上而下的评估，并演变成游戏般的博弈，之所以在形式上甚至内容上委屈地改变自身以迎合那种机械统一的评估方案和标准，之所以过分重视评估结果甚至相互攀比，都说明我们的评估并没有成为高校教学生活的内在需要，它脱离了教学生活，尽管它在促进教学、规范教学和改进教学方面发挥了一定的功效，但这种功效已经打了折扣，甚至有可能为其凸显出来的负能量所抵消。因此，要激发评估正能量，必须从源头上对评估制度进行反思和重新设计，实现其范式转换。

二、回归生活：新时期高校本科教学评估理性设计与范式变革

2008 年首轮高校教学工作水平评估的完成，标志着一个旧时代的结束和新时代的开启。因为首轮大规模教学评估既把评估工作推向了高潮，也在一片面争议中把评估抛向了谷底。就在首轮评估接近尾声的时候，教育部立即组织力量全面、认真和深入总结我国评估开展以来的经验教训，广泛调查了解各方面意见和建议，在学习、借鉴发达国家评估（认证）工作模式的基础上，悉心谋划新时期评估工作。通过总结和研究，人们的共识

---

① 刘献君. 2003—2008 年普通高等学校教学工作水平评估工作研究报告. 北京：高等教育出版社，2012. 50 ~ 96.

② 钟秉林. 本科教学评估若干热点问题浅析. 高等教育研究，2009（6）：38 ~ 45.

日益增多，认识日益深入。“分类、质量、自主、常态”成为人们对新时期评估工作期待的关键词。所谓分类，就是根据高等教育大众化条件下我国经济社会发展的多样化及其对人才类型需求多样化需要，制定多样化的评估方案，实行分类评估，引导高校分类发展和科学发展；所谓质量，就是评估的目的要真正促进高等教育教学质量的提升，促进人才培养质量的提高，要通过高质量的评估制度设计实现高等教育的高质量；所谓自主，就是使学校成为评估和质量保障的主体，使评估成为学校生活的内在需要；所谓常态，就是评估经常化、常态化，从过去的定期化的评估变成教学过程的自然过程。

2010 年颁布的《国家中长期教育改革和发展规划纲要（2010—2020年)》明确提出，要健全高等教育质量保障体系，改进教学评估工作。为落实纲要精神，2011 年，教育部正式下发了《关于普通高等学校本科教学评估工作的意见》（以下简称为《意见》)。《意见》分四个部分共 12 条，分别阐述了教学评估的目的意义、评估制度体系、评估主要内容与基本形式、评估的组织管理。关于评估制度体系，《意见》指出，建立健全以学校自我评估为基础，以院校评估、专业认证及评估、国际评估和教学基本状态数据常态监测为主要内容，政府、学校、专门机构和社会多元评价相结合，与中国特色现代高等教育体系相适应的教学评估制度。对于这一体系，人们用两句话加以概括：一句是“五位一体”的评估制度，另一句是“管、办、评分离”。

“五位一体”评估制度的基本内容和基本形式是：第一，高校要建立本科教学自我评估制度，根据学校确定的人才培养目标，围绕教学条件、教学过程、教学效果进行评估，包括院系评估、学科专业评估、课程评估等，在自我评估中，要强化师生参与和广泛反映师生对教学工作及其教学管理的意见建议。第二，实行分类的院校评估，包括合格评估与审核评估。合格评估的对象是 2000 年以来新建立的未参加过院校评估的本科学校，审核评估的对象是参加过院校评估并获得通过的普通本科学校。合格评估的重点是考察学校基本办学条件、基本教学管理和基本教学质量，学校服务地方经济和社会发展的能力和对应用型人才培养的能力，学校教学改革、内部质量保障体系建设和运行情况。合格评估结论分为通过、暂缓通过和不通过三种，“通过”的学校五年后接受审核评估。审核评估重点考察学校办学条件、本科教学质量和办学定位、人才培养目标的符合程度，学校内部质量保障体系建设及运行状况，学校深化本科教学改革的措施及成效。审核评估形成写实性报告，指明学校教育教学工作中值得肯定之处、需要改进之处和整改之处。审核评估周期为五年。第三，要加强教学基本状态数据常态监测，充分利用信息技术，采集反映教学状态的基本数据，建立高校本科教学基本状态数据库，每年都要采集、分析和公布教学基本状态数据。第四，开展专业认证及评估，主要在工程、医学等领域积极推进与国际标准实质等效的专业认证。要与行业共同制定认证标准，共同实施认证过程，体现行业需求，强化实践教学环节，并取得业界认可。第五，探索国际评估，鼓励有条件的高校聘请相应学科专业领域的国际高水平专家学者开展本校学科专业的国际评估。探索与国际高水平教育评估机构合作，积极推进评估工作的国际交流，提高评估工作水平。

“管、办、评分离”是指《意见》指出的、应完善中央和省级政府分工明确、各负其责的本科教学评估制度的原则。教育部制定评估工作方针政策、教学质量基本标准，统筹、指导和监督评估工作。省级教育行政部门依据国家有关规定和要求，结合本地区高等教育发展需要，制定本地区所属高校本科教学评估计划，组织实施本地区所属高校的审核评估工作，推动学校落实评估整改工作。建立与《教育规划纲要》提出的“管、办、评分离”原则相适应的评估工作组织体系，充分发挥第三方评估的作用，由具备条件的教育评估机构实施相关评估工作。

《意见》是在国家层面上对当前及今后一个时期高校教学评估工作的顶层设计，对评估工作具有战略意义。纵观《意见》，我们不难发现，这是一个全新的评估制度安排，是高校教学评估工作和整个质量保障体系建设的重大创新与突破。其主要体现在以下几个方面。①

第一，彰显了质量保障的整体性，丰富了质量保障的内容和形式。与以往评估相比，新一轮评估制度设计具有明显的多样性和整体性。多样性集中体现在自我评估、院校评估、专业认证等五种具体评估，整体性则体现了五种评估的系统化关联，避免了以往评估工作的孤立性、分散性及由此造成的重复性。新设计的评估形式和内容中，有的处于基础地位（如合格评估），有的属于高级要求（如审核评估），呈现一种递进式关系；有的是全面性和总体性要求（如院校评估），有的则是深入性要求（如专业认证与评估）；有的是周期性工作（如院校评估），有的是经常性工作（如状态数据监控）。从而构建了一个集高校自我评估与院校外部评估、国内评估与国际评估、定期性评估与教学状态数据常态监测、教学整体评估与专

---

① 刘振天．整体设计教学评估书写质量保障体系建设新篇章．中国高等教育，2012（21）：18～21．

业认证、政府评估与专门机构评估有机结合的全方位高等教育质量保障体系。

第二，突出了学校在质量保障体系中的主体性及其内部质量保证的基础性。将高校自我评估置于整个评估制度设计的基础，应该说这是新一轮评估工作最突出的亮点。众所周知，高校是办学的主体，也是评估和质量保障的主体，明确自我评估是依法落实高校办学自主权的重要体现。以往的评估，虽也强调高校自我评估，提倡自评自建、自查自改，但这种自我评估并不具备独立性和自主性，只是政府开展的外部评估的附庸，它从属、服务和服从于外部评估，具有被动性、权宜性和功利性，难以发挥自我评估的内在作用。在新一轮评估制度设计中，自我评估置于整个评估的基础地位，强调自我评估的主体性、自觉性和创造性，从而将自我评估提高到质量保障的主体地位这样一个全新高度。

第三，强化了质量保障活动的常态性。评估是保证和提高人才培养质量的重要手段，各国都非常重视评估工作，普遍建立了周期性的评估制度。但周期性的评估有其不可克服的缺欠，一是外部性，二是周期长。外部性使高校被动应对评估，并把评估视为一时突击性工作；周期长使教学质量评价和教学改进不能连续，两者均无法保持教学评价的长期性和常态化。对此，《意见》提出政府和学校要充分利用现代信息技术手段经常性监测教学质量，建立国家、省和高校三级教学基本状态数据网络，力图用数据与信息的形式来表达、反映和诊断教学基本状态及质量。这就极大地丰富了评估的内容和形式，有利于保持评估工作的持续性、常态性和高效性。

第四，注重质量保障活动的针对性和有效性。相对于以往质量保障活动中的评估标准，单一和僵化导致了针对性不强和指导性不够的弊病，新一轮评估工作在设计上实行了分类评估，即合格评估和审核评估。两类学校实行两套评估方案，两种评估标准和方案。特别是那些已接受过院校评估的学校，这类学校总计近600所，其同样存在层次、类别、条件和水平参差不齐现象。为此，《意见》明确要求审核评估的重点是评价学校自身的定位、自身条件保障和实际效果，评估学校内部质量保障体系运行的有效性。这就进一步增强了审核评估的灵活性、针对性和有效性。

第五，淡化了评估结论的等级性和功利性。与以往评估不同的是，新的评估制度设计取消了评估等级，合格评估作为一种底线式的、最基础性的评估，只设通过、暂缓通过和不通过三种形式，只要达到了办学条件基本达标、教学管理基本规范和教学质量基本有保障这“三个基本”，就能够获得通过；而面对这近600所院校的教学工作审核评估，不再有任何等级，仅仅给出写实性评估报告，写明学校哪些工作做得有效，哪些需要改进，这就意味着所有参评学校评估中不存在不通过的情况，评估的主要目的在于“为学校服务”，即评估不是为了证明好坏，而是为了促使学校持续改进工作和提高教学质量。因此，从源头上、根本上解除了等级负担及其思想顾虑，使学校能够更专心地把主要时间和精力用在内涵建设上。

第六，提出了“管、办、评分离”的质量保障体系新机制。评估工作仅由政府主导和实施会导致很多问题，最大弊端是“裁判员”与“运动员”不分，客观性和公正性得不到保证。同时，政府直接评估高校，因缺少中间的“缓冲器”，容易造成政府与高校关系紧张对立，或者利害“同谋”。总结以往经验教训，新一轮评估制度设计明确提出了“管、办、评分离”原则，正确处理好政府、社会和高校关系，具体而言，评估要从集权走向分权：一是中央向地方分权，扩大省一级教育行政部门在本地区高校评估中统筹和指导权；二是政府向社会分权，有意识地培育和发展独立的专业评估机构，鼓励社会对学科、专业、课程等进行多种形式的评价。可以相信，这些制度规定必将促进质量保障体系建设的规范化和社会化。

三、好梦成真：高校本科教学评估从设计到实施带来的变化

通过上述分析，我们不难发现，新一轮高校教学评估制度设计，体现了重内容不重形式、重内涵不重外延的基本品质，体现出新的评估与教学生活紧密结合的特征。

事实上，新一轮评估中，无论是“五位一体”的评估制度确立，还是“管、办、评分离”的机制规定，都体现了评估的自然主义特点，从而在相当程度上摆脱了以往评估外在于教育教学过程、游离于学校教育教学现实生活的那种纯粹管理工具的地位和角色，评估正在回归学校生活，成为学校教育教学具体过程的一部分。

按照“总体设计、稳步推进、试点先行”的原则，“五位一体”的评估制度正在有条不紊地展开，效果初步显现。

第一，高校自我评估：突出教学生活过程本身。

“五位一体”评估制度给予自我评估以基础性地位，其明确指出，高校宜经常开展以专业、课程以及教学过程为对象的自我评估，自我评估的主体既可以是学校管理部门，也可以是师生以及管理者个人。自我评估的目的在于使学校每一个部门和每一个体都成为教育教学及管理活动的反思

者、批判者和建构者。在这层面上，自我评估实质是一种发展性的评估，它指向于学校及其内部每一个成员的发展。当前，各高校广泛开展了自我评估，包括评管、评教、评学，高校成员之间既是被评者又是评估者，而成员自身也是自我活动的评判者。这种评估，不是为了证明，也不是为了得到好的评价，而是为了自我改进和提高，因此，自我评估具有持续性、过程性和发展性。广泛的自我评估，使得学校和师生、员工不再是被动的评估对象，而是评估的主体，从过去的“要我评”变为现在的“我要评”。评估成为学校教育教学生活过程自身，评估是自我发展的内在需要，是不断改进和提升的需要。人人是评估主体，人人是评估对象，事事是评估内容，时时是评估时间，处处是评估环境。这种评估深入到教学生活过程，深入到每一个人的活动过程中。

第二，状态数据库应用：评估走向常态化和日常化。

教育部借助现代信息技术和计算机技术，开发了高校教学基本状态数据库。数据库依照高校教学常规工作，以数据的形式分门别类地表达高校教学基本状态。目前，已经开发出国家层面上的状态数据库，该数据库分为自然状况、办学条件、教育经费、师资队伍、专业课程、学生、质量监控等七个门类，80 个二级项目，总计 800 多个数据采集点。教育部已经连续三年对 270 多所新建院校和部分老大学进行了状态数据采集分析，并据此形成了质量年度监测报告。以后，每年都将对高等学校教学数据进行采集，在此基础上分析整理统计，并在一定范围内进行公布（但不进行比较和排名）。数据库的开发和使用，在很大程度上使评估摆脱了以往单纯人为化、非常化阶段，进而进入到常态化、日常化和信息化时期。下一阶段，在国家数据库的基础上将进一步开发出省一级和学校一级的数据库，并且在数据库终端，即学校数据库实现原有的人事、财务、师资、学生、设备等资源对接和共享，使数据库服务于学校日常质量监控，保证数据原始、真实、自然。在某种意义上，状态数据库有如晴雨表和体检通知单，使每一学校、院系和师生员工知晓当前状态和问题，及时加以调整和改变，有利于改进工作和提高质量。

第三，合格评估：量体裁衣指向发展。

合格评估的对象是 2000 年以后新建立的本科院校，这类高校将近 300 所。其特点是建本科时间短、原有的专科基础薄弱、面向地方办学、社会认知度不高，面临的共同课题是如何规范、如何提高质量和如何尽快实现专科向本科转型的问题。针对这些特点和问题，合格评估提出了“四个促进、三个基本、两个突出和一个引导”的思路，即促进经费投入、促进办学条件改善、促进教学管理规范、促进质量提高；实现办学条件基本达标、教学管理基本规范、教学质量基本有保证；突出学校为地方（行业）经济和社会发展服务、突出培养应用型专门人才目标要求；引导新建院校建立学校内部质量保障体系。显然，合格评估方案完全是针对新建院校实际制定的，属于量身定做。这就从根本上克服了以往评估中统一的评估方案和单一的评估标准所造成的适应性不强、针对性差、评估不能达到以评促建促改的效果的弊端，因此，合格评估深受新建院校的欢迎。有的学校形象地说，合格评估方案就是为他们制定的。事实上，合格评估是一种底线式评估，教育部对基本办学条件是有明文规定的，合格评估方案中又对新建院校的教学管理和基本质量做了较为具体要求，高校达到了这些规定，满足了方案提出的要求，其教学工作就是合格的。值得注意的是，考虑到新建院校办学历史短、基础薄弱，教育教学条件改善和质量提升需要一个建设和发展过程，为此，合格评估指标体系所提出的定量和定性方面的基本要求，比总体标准有所降低。比如，《教育部关于普通高等学校本科办学标准》中，规定生师比合格标准为18∶1，生均教学仪器设备值合格标准为5 000元以上，生均图书合格标准为100册，相应地，《普通高等学校本科教学工作合格评估方案》中相应规定依次为22∶1、3 000元以上和60册以上。根据节约型社会要求，对校园占地面积也适当降低了标准，以缓解日益紧张的土地供给。这些规定，解除了学校在硬件上的攀比和压力，有助于学校将主要时间和精力放在硬件之外的管理、资源配置与使用、教学过程组织、质量监控等内涵建设上。合格评估从2010年开始实施以来，先后有近百所新建院校接受了合格评估，这些高校都能以平常心正常态、开放心进取态来对待合格评估工作，没有出现以往人们所批评的弄虚作假和形式主义的现象，学校真诚地与评估专家沟通，平等地交换意见，目的不是为了评估过关，而是为了学校的建设和发展。正因为如此，合格评估受到学校、地方教育行政部门和评估专家的一致好评。合格评估充分体现了为学校服务的新理念，转变了评与被评的评估范式和相互间的博弈关系，平等交流和共同发展成为评估的主题。

第四，审核评估：学校“用自己的尺子量自己”。

审核评估的对象是已经接受过院校评估的高校以及接受合格评估结论为通过的高校（后者需五年后方可以进入审核评估）。目前，我国需要接受审核评估的院校总计600余所，其层次、类型和办学形式复杂多样，办学条件、水平以及服务面向各不相同。因此，对该类院校评估，如何进一步进行合理分类是迫切需要研究和解决的问题。经过调研分析，同时借鉴国际高等教育评估的先进经验，教育部提出了审核评估的指导思想、原则、理念以及方案框架。审核评估的指导思想是“一个坚持、两个突出和三个促进”，即坚持“以评促建、以评促改、以评促管、评建结合、重在建设”的方针，突出评估高校内涵建设和突出高校特色发展，促进高校办学合理定位、促进落实教学中心地位、促进质量保障体系建设到位。基本原则是目标导向原则、发展性原则、主体性原则、多样性原则和依据性原则，这些原则的核心在于体现和尊重学校主体发展、多样发展、自主发展和特色发展。审核评估的重点是强调“五个度”，即学校发展目标和人才培养目标对经济社会发展需要的适应度、教学条件与资源的保障度、人才培养和教学过程运行的有效度、教学效果对培养目标的达成度、学生和社会对学校教育教学的满意度。“五个度”是一条贯穿于审核评估全过程的主线，是审核评估的内在尺度。以“五个度”为主线的审核评估，与以往评估不同之处或者其最突出的特点，通俗地说就是“用自己的尺子量自己”，即考察高校自己说了什么（定位、目标与规划）、自己做了什么（制度、资源与运行等保障）、效果怎么样（是否达成了自己设定的目标）。从这一点看，审核评估并非是对不同高校进行比较从而作出孰优孰劣的事实或价值判断，而是自己与自己比，不仅比较现在与过去的发展和进步情况，更重要的是自己所说、所做及其结果是否合适，是否自恰。从这一意义上，用自己尺子量自己，就是一所学校一个样，是最大的，也是最为彻底的分类评估。

审核评估范围（相当于指标体系）包括定位与目标、教师队伍、教学资源、专业与课程、质量保障和教学效果等六大项目，另外加一个自选或特色项目，学校可以根据自身教学特点或优势自主选择该项目，也可以不选。之所以改称“审核评估范围”而不延续“指标体系”这一称谓，主要在于体现审核评估的柔性，它只是规定了一个大的范围或基本框架，这就给参评高校留下了自主选择和应对的空间，克服了以往水平评估中指标体系过于统一和刚性的缺欠。目前，教育部已在南京大学、同济大学、黑龙江大学等七所大学进行了审核评估试点，取得了较为理想的效果，不仅证明评估方案科学合理，评估方式方法可行，而且评估方案较好地发挥了引导高校自主发展、内涵发展和特色发展的作用。评估过程中，由于不存在优、良、合格、不合格的等级结论，不存在相互攀比，因此，各试点高校普遍放下了思想负担，学校能够开诚布公地与评估专家平等交流，主动提出自己的问题与不足，在发展中面临的困惑与困难，期待专家提出意见和建议。尤其需要指出的是，学校以审核评估方案为基准，认真细致地分析了本校教学和人才培养中的成绩，寻找和发现办学中存在的不足，理清了办学思路和方向，认识到了自身的优势与劣势，增强了发展的信心。这是在以往评估中难以做到的。

第五，专业认证：对自我质量更深层次的认识和把握。

如果说院校评估侧重在对高校教学工作状况进行整体评价的话，那么，专业认证与评估则将评估工作深入到具体的学科和专业，二者间是面与点、整体与部分的关系。院校教学整体评估有其优点，有利于把握学校教学工作全局，有利于促进高校教学全面发展和改革，但整体性教学评估也存在不足，它是平均化式的评价，使人往往只看到和关注总体，但容易忽视细节，忽视学校工作中的强弱两极。这就给专业认证和评估让出了地位，体现了专业认证和评估的独特价值和作用。专业认证与评估把评估深入到具体的专业，能够使人们对具体专业教学状况，指出更加具体的、针对性更强的意见和建议。专业认证和评估在国际上已经普遍开展，我国还在试点阶段，主要在工程教育和医学领域推进，截至目前，已经有 90 多个工程专业和 65 个医学专业进行了论证。2013 年 6 月，在韩国首尔召开的国际工程专业联盟大会上，我国工程专业认证加入了“华盛顿协议”，成为该协议的第 21 个成员国，标志着我国工程教育标准及其人才培养的国际化迈出了重大步伐。

第六，国际评估：从实际出发学校自主选择。

在“五位一体”的评估制度中，国际评估属于非规范性的、高校自由选择的评估形式。目前，部分“985 工程高校”开始重视国际评估，比如，清华大学、北京大学、上海交通大学、中山大学等以创建世界一流大学为目标的高校日益重视开展国际评估，并取得了较好的成效。促进国际高水平大学间的交流，有利于该类高校直接了解和把握自身的优点及与国际高水平大学间的距离，从而明确发展目标和方向。可以预见，随着我国高等教育国际化进程的加快，国际评估将越来越展现广阔的前景。

（本文曾刊发于《清华大学教育学报》2013 年第 3 期）

院校教学评估模式的确立与我校教学管理改革①

邱国锋
（嘉应学院校长，教授，博士）

2011年教育部颁布了《关于普通高等学校本科教学评估工作的意见》（以下简称《评估12条》），提出“建立健全以学校自我评估为基础，以院校评估、专业认证及评估、国际评估和教学基本状态数据常态监测为主要内容，政府、学校、专门机构和社会多元评价相结合，与中国特色现代高等教育体系相适应的教学评估制度（简称院校评估模式）”。这里结合近年参加全国多所高校本科教学工作评估及组织我校的本科教学工作审核评估经验，重点就院校教学评估模式的形成背景、主要特征及我校教学管理改革的问题，谈些基本认识。

一、院校教学评估模式确立的背景

新一轮院校教学评估模式的提出，是在总结首轮普通高等学校本科教学工作水平评估的经验教训，以及研究国外高等教育质量评估的发展趋势的基础上，顺应经济社会的全球化和高等教育改革深化的时代背景下产生的。

（一）高等教育大众化发展阶段，质量问题日益突出

进入新世纪以来，我国高等教育提前进入大众化发展阶段，上大学难的问题已经得到极大缓解。然而，社会公众接受高等教育的心理预期值迅速变化，对高质量高等教育的迫切需求与优质高等教育资源严重短缺之间的矛盾已经成为当前高等教育领域的主要矛盾，并由此引发了人才培养质量、教育公平、教育投入、学生就业、政府宏观管理与高校自主办学等一系列社会高度关注的热点和难点问题。

缓解这一矛盾的根本出路在于拓展优质高等教育资源，提升高等学校的办学水平和人才培养质量。但高等教育的发展有其自身的规律性，其之

① 本文是根据作者2013年4月在“嘉应学院教学管理创新研修班”作的学术报告整理而成，内容有所增改。

一就是需要长期积累。一所好大学的建设，需要长期的积淀和社会的认可，不可能一蹴而就。因此，这一主要矛盾将在相当长的时期内存在，当前在某些方面更加凸显，甚至出现了“下移”现象。主要矛盾的转化，要求我国高等教育的发展方式必须发生重要转变，即从以规模扩张和空间拓展为特征的外延发展，转变到以提高高等教育质量为核心的内涵发展。把提高高等教育质量，特别是人才培养质量作为高等教育发展的重心。新一轮本科教学评估的价值取向和模式设计，必须适应高等教育发展方式的转变，有利于促进优质高等教育资源的拓展。

（二）高等教育体制改革不断深化，高等学校的质量主体地位更加显著

为推进高等教育体制改革，不断提高高等教育质量，《国家中长期教育改革和发展规划纲要（2010—2020 年）》对高等教育体制改革做了精心规划和具体部署。对政府而言，以转变职能和简政放权为重点，深化教育管理体制改革。对高等学校而言，以建设现代大学制度为重点，深化校内管理体制改革。坚持依法办学、自主发展，完善内部治理结构，创新管理体制和运行机制；克服“行政化”“官本位”倾向，协调好行政权力与学术权力之间的关系，不断提高办学水平和效益。因此，随着高等教育体制改革的不断深化，高等学校质量建设和质量保证的主体地位将进一步得到强化，教育质量将越来越成为高校办学声誉的载体，成为高校生存和发展的生命线。新一轮本科教学审核评估的产生，必须适应高等教育体制改革的深化。

（三）借鉴国外高校的教学评估模式的优势

国外高校在高等教育质量评价与质量管理方面积累了丰富的经验，产生了四种各具特色的高等教育评估模式。一是质量认证模式，以美国为代表，是一种以自我评估和同行评估为基础的质量保障机制；二是院校审核模式，以英国为代表，是一种类似于财务审核方式的质量保障机制；三是政府评估模式，以法国为代表，是一种以政府机构内设的评估组织为主导、对高等学校实施质量评估的质量保障机制；四是自我评估模式，以荷兰为代表，是一种以高校自身为主体、以自检自评为重点的质量保障机制。尽管各个国家评估模式的机制不同、方式各异，但近年来相互借鉴和融合，呈现出共性的发展趋势：如实行分类评估；赋予高校以质量保障的主要权责；强调通过外部质量评估来推动大学内部教育教学质量保障体系的建设；重视高等教育的产出；凸显评估目标的多元性。新一轮本科教学审核评估的设计，就是跟踪国际高等教育质量评估的发展趋势，借鉴英国院校审核模式而形成的。

二、院校评估模式的基本内涵与特征

针对首轮教学评估存在的模式选择失当、推进节奏太快、政府主导过强等不足，以及对分类不够、指标单一、形式主义和弄虚作假的指责，新一轮教学评估在吸收世界各国高校教育评估模式优点的基础上，选择了院校评估模式。

（一）我国院校评估模式的基本内涵

《评估12条》提出“建立健全以学校自我评估为基础，以院校评估、专业认证及评估、国际评估和教学基本状态数据常态监测为主要内容，政府、学校、专门机构和社会多元评价相结合，与中国特色现代高等教育体系相适应的教学评估制度”，明确提出院校评估模式是本科教学评估制度体系的重要组成部分，有人将这一制度总称为“院校评估制度”。① 院校评估是对高校本科教学整体办学质量的评估，包括合格评估和审核评估两种基本方式。合格评估的对象是2000年以来未参加过院校评估的新建本科学校；审核评估的对象是参加过院校教学工作水平评估和合格评估获得通过的普通本科学校。

院校评估模式组织管理体系。在合格评估中，政府是评估组织者，是评估主体。在审核评估中，高等院校是评估的主体，具备资质的教育评估机构称为“第三方”，是评估的组织与实施者，具体来讲就是教育部高等教育教学评估中心、全国高等教育质量保障与评估机构协作会。新院校评估制度指出完善中央和省级政府两级分工明确、各负其责的本科教学评估工作制度；建立与“管、办、评分离”相适应的评估工作组织体系，充分发挥第三方评估的作用，由具备条件的教育评估机构实施相关评估工作；建立评估信息公告制度，广泛接受社会各界监督，形成由政府参与、引导、监督下，以高等院校为主体，第三方独立组织实施评估，行业、社会了解、参与、监督评估活动，充分体现政府、高校、社会各方利益和质量诉求的多元组织管理体系。

院校评估模式的主要方式包括自我评估、合格评估、审核评估三种。

（1）自我评估。高等学校自我评估是整个院校评估模式的基础。自我评估是高等学校对自身的教育质量进行自我检查与评价。其重点是“根据学校确定的人才培养目标，围绕教学条件、教学过程、教学效果进行评估，包括院系评估、学科专业评估、课程评估等多项内容。应特别注重教

① 王红．建立院校评估制度 提高本科教学质量．中国高等教育，2012（17）：49.

师和学生对教学工作的评价，注重学生学习效果和教学资源使用效率的评价，注重用人单位对人才培养质量的评价。要建立有效的校内教学质量监测和调控机制，建立健全学校本科教学质量保障体系。学校在自我评估的基础上形成本科教学年度质量报告，在适当范围发布并报相关教育行政（主管）部门”。厦门大学副校长邬大光认为：“通过这种‘自亮家丑、自找软肋’的评估方式，学校找到了一种促进和提高教学质量的重要抓手，教学评估使学校对本科教学状况了然于胸。”

（2）合格评估。2011 年 10 月教育部正式启动了新一轮合格评估，当年完成了对呼伦贝尔学院、赤峰学院、西安文理学院等 17 所新建本科院校的合格评估。这次合格评估的目的是“四个促进、三个基本、两个突出、一个引导”。[①] “四个促进”即促进办学经费投入、促进办学条件改善、促进教学管理规范、促进教学质量提高；“三个基本”即办学条件基本达到国家标准、教学管理基本规范、教学质量基本得到保证；“两个突出”即突出服务区域（行业）经济和社会发展，突出培养应用型人才的办学定位；“一个引导”即引导参评学校构建并逐步完善学校本科教学质量保障体系，形成不断提高教学质量的长效机制。新院校评估制度规定合格评估的重点是考察学校基本办学条件、基本教学管理和基本教学质量，为学校服务地方社会经济发展的能力和培养应用型人才的能力，学校教学改革和内部质量保障体系建设和运行的情况。

（3）审核评估。审核评估是一种由外部推动的对于学校内部质量保证、评估和改进系统的同行评议。审核评估采取学校自评和校外专家进校考察相结合的方法，它不是直接评估教育质量，而是通过评估学校内部质量保障体系来间接评估教育质量。审核不是要表达学术标准或确定教学结果的质量，而是要考察被评学校怎样使自己圆满地实现其选择的目标和标准，考察学校内部质量保障体系的有效性。这种模式不会有评估结果优秀率过高的问题，因为它不是总结性评估而是发展性评估，每一所学校都要指出其优点与不足。审核评估结束后，要向社会公布详细的审核报告。审核评估的重点是考察学校办学条件、本科教学质量与办学定位、人才培养目标的符合程度，学校内部质量保障体系建设及运行状况，学校深化本科教学改革的措施及成效等。

有学者将审核评估概括为，目的是“保证和提升本科教学质量”；指

---

① http：//www. heec. edu. cn/modules/zhiliangtixi_d. jsp？ id = 1139.

导思想是“促进内涵建设，推动改革创新，完善保障机制，引导特色发展”；基本原则是“主体性原则、多样性原则、发展性原则和目标性原则”。

（二）我国院校评估模式的特征

院校评估新模式充分吸收和借鉴了国际院校评估的有益经验和通行做法，构建了具有中国特色、符合中国国情、顺应国际评估趋势的院校评估制度，它具有“院校主体，质量为本，分类评估，保持常态，注重实效”的基本特征。

（1）院校主体。强化高等学校质量建设的主体地位和质量监控权，做到分权放权，让学校从被动迎评转变为主动评估，是院校评估模式的重要特征。体现在：一是强化高等学校质量建设和质量保证的主体地位。二是完善中央和省级政府两级分工、各司其职、各负其责的本科教学评估工作制度。三是推进“管、办、评分离”，由具备资质的教育评估机构具体实施相关评估工作。

（2）质量为本。以学生为本，提高本科教学质量，全面提升人才培养质量，是新院校评估模式的核心价值取向和根本目的。在院校教学评估中，要推动学校努力营造重视人才培养和教学工作的文化氛围，进一步明确人才培养是高等学校的根本任务、教学工作是学校经常性的中心工作、人才培养质量是高等教育质量的核心内容等理念；引导高等学校遵循教育教学规律和人才成长规律，加强内涵建设，加强教学建设和师资队伍建设，以达到提高人才培养质量、拓展优质高等教育资源、走内涵式发展的目的，使评估从单纯的对学校教学质量的“估诊断”走向“评估管理”。

（3）分类评估。开展分类评估，引导学校多样化发展，是院校教学评估制度的基本方式与重要导向。调整评估方案，根据我国高校实际，本着导向清晰、便于操作的原则，将普通高等学校分为新建本科院校与实施本科生教育相对较久且通过上一轮评估的高校两类。针对两类高校分别设计不同性质的评估方案，分类实施质量认证或质量审核。调整评估方式，新一轮本科教学评估从上一轮评估的专家进校考察为主，调整为教学基本状态数据库信息监控、学校自评与专家进校考察相结合；同时鼓励在相关领域引入第三方评估、国际评估和专业认证。调整评估指标体系，将定性指标和定量指标有机结合，更加重视对教学资源使用效益、学生学习效果和人才培养成效，以及教学改革和体制机制创新等方面的评价。调整评估结论，从上一轮评估的水平性评定调整为根据不同的评估类型给出认定性结论或公布质量审核报告。

(4) 保持常态。新院校评估制度要求学校要充分利用现代信息技术手段开展本科教学质量的常态监测。政府、高校要建立本科教学基本状态数据库，采集反映教学状态的基本数据。高校对数据库的数据及时更新，及时分析本科教学状况，建立本科教学工作及其质量常态监控机制，对社会关注的核心教学数据在一定范围内向社会发布。同时，注意充分发挥教学状态数据在政府监控高等教育质量、社会监督高等学校人才培养和本科教学评估工作中的重要作用。

(5) 注重实效。无论是合格评估还是审核评估，与首轮评估不同的是评估结论不分等级。合格评估强调的是保障院校最低质量标准的评估，评估结论分为通过、暂缓通过、不通过。从制度设计上减少评估院校的功利心态，使高等学校能够以平常心、正常态来进行评估。院校评估将学校内部质量保障体系与外部质量保障体系有机结合，将接受评估与日常教学工作有机结合，学校在评估准备过程中，不搞临时突击与形式主义，成绩不夸大、问题不隐瞒、数据不造假；专家进校考察活动时，取消了开幕式、汇报会、校领导迎送以及针对学生的现场考试、大规模座谈会等，评估期间保持校内教学工作的平稳有序；院校评估工作中产生的各种费用由国家专项经费支付，减少了被评学校的经费负担，专家接待工作更加规范与节俭。

新时期院校评估模式的建立是我国高等教育史上第一个系统的院校评估制度，是新形势下全面提高高等教育质量的制度保障，是我国现代大学管理的重要组成部分。加强院校评估模式与评估实践的研究，有利于中央和省级政府对高等教育的宏观管理和引导，有利于现代大学的建设与发展，有利于社会对大学办学的监督，有利于高等院校提高教学管理水平，提高高等教育质量。

三、我校首轮本科教学评估后教学管理改革取得的成就与不足

(一) 我校教学管理改革取得的成就

1. 确立“育人为本，服务为荣，特色为魂”的办学理念

作为教学服务型本科大学，教学管理是学校管理的中心工作。一是在思想上明确本科教学工作中心地位，要求全体管理人员把狠抓人才培养质量、提高人才竞争力作为学校的首要任务，坚持以人才培养为立校之本，以特色办学为强校之路，树立“育人为本，质量第一”“本科教学优先”的理念，统率各项管理工作。二是在制度上确保本科教学工作在管理中的

中心地位。《嘉应学院关于加强教学工作中心地位的若干意见》明确规定“党委书记、校长是学校教学质量的第一责任人，主管教学的副校长是第二责任人，各学院（部）院长（主任）是各教学院（部）教学质量的第一责任人、主管教学的副院长（副主任）是第二责任人。教务处处长为教学工作的直接责任人”。三是突出管理服务教学，增加服务教学能力，形成师生为本、服务至上、和谐发展的良好管理氛围。

2. 教学管理队伍的素质不断提升

目前，我校教学管理队伍包括主管教学的副校长、教务处领导及科室成员，以及各学院（部）院长（主任）、主管教学的副院长（副主任）、系主任（教研室主任）、教务秘书、教学督导组成员等。其中具有博士与硕士学位的占65%，副教授以上占55%，平均年龄43岁，与过去相比，现在这支队伍在学历、职称、年龄等方面均发生了极大变化，专业化水平大大提升。

3. 建立以学生为本、学分制为基础、多元化的教学管理模式

学分制是以学分作为计算学生学习量的单位，以学分来衡量学业完成情况，并以学生取得最低必要学分作为毕业标准的教学管理制度。它是目前世界各国高等学校普遍采用的制度。我校现有56个本科专业，其中师范专业18个，师范与非师范兼招生的专业33个；已获得学士学位授予权的专业47个。结合粤东地区经济建设和社会发展的需求，按照“适时调整”的基本原则，从2008年起我们每年对本科人才培养方案的制订均提出了指导性意见，如在《嘉应学院关于制订2010级本科人才培养方案的意见》中指出：“哲学、经济学、法学、教育学、文学、历史学总学时不超过2 500，理学、农学、艺术不超过2 600，工学类总学时不超过2 700，总学分为160左右”；本科学制四年，实行学分制，提前修满学分的学生可以提前毕业，鼓励学生申请双学位。为了提高学生的创新创业能力，加强实践教学，《嘉应学院关于制订2015级本科人才培养方案的意见》中规定：“整个课程体系包括通识教育、专业课程和职业课程三大类，创新创业学分贯穿其中，为强化实践能力培养，单独设立实践教学环节。”“文科类专业实践教学环节累计学分（学时）不低于总学分（学时）的15%，理工类专业实践教学环节累计学分（学时）不低于总学分（学时）的25%，实践性特别强的专业达到30%以上。”这些规定使我校以学分制为核心、多元化的教学管理模式日趋合理。

4. 教学质量保障体系建设日益完善

提高学生培养质量是高校的生命线，强化教学质量监控是保证教学质

量的关键。为保证学生培养质量，经过多年的探索和实践，以《嘉应学院院（系）级本科教学工作水平评估指标体系》为基础，形成了包含教学质量管理、教学信息采集、教学信息反馈和教学质量保障四个相对独立又紧密联系的校内教学质量监控体系，以教学规章制度为保证，针对本科教学工作的主要环节进行督导和评价，实现了对本科教学工作的过程管理和全面监控，保证了全校教学工作高效有序地运行。

建立校、院两级本科教学督导和学生信息员制度，形成了完整的教学督导体系，尤其是校级教学督导工作向督教、督学和督管方式转变。

开展分类评估，及时把握教学质量状态。根据学科专业和人才培养规格的分类，学校制定出不同的教学质量评价体系，实现教学状态评估、教学水平评估和专业水平评估的充分结合。教学状态评估以教师与学院为主体，强调教学状态和教学管理状态的规范性；教学水平评估以学校为主体，强调教学成果与教学成效；专业水平评估以专业为主体，强调专业建设规划与实施效果。教学状态评估每年一轮，分为学院自评和学校组织评估两个阶段。2012 年度完成了第一轮专业水平评估和教学状态评估。

完成本科教学质量报告，建立教学评估常态检测数据库。为贯彻落实《国家中长期教师改革和发展规划纲要（2010—2020 年）》，向社会展示学校风貌和办学特色，宣传办学理念和教学成果，加强教学质量自我监控体系建设，接受社会监督，为新一轮院校评估提供常态检测数据，从 2012 年起在教务处组织下我们每学年均会向社会公布当年学校本科教学质量报告。

5. 建立教学运行监控机制

学校教学运行监控突出教学运行核心环节基本规范，通过平时教学检查，期初、期中、期末的教学检查，学生座谈会，考试管理，实践教学管理等，强化过程管理，取得了良好效果。

坚持教学督导监督检查。教学督导监督检查的主要方式有：听课制度化、调研常态化、定期检查、不定期巡查、学院自查和学校抽查制。

课堂教学质量评价要求不断提高。我校从有本科教育开始就采用问卷调查方式让学生对本学期所上课程进行课堂教学质量评价，评价结果向教师所在学院公布并对课堂教学质量优秀的教师颁发证书及奖金。评教结果作为教师年度考核和职称评聘的主要依据之一。

坚持教学检查。学校教学检查坚持常规化、专题化，常规教学检查专题化，专题教学检查常规化，保证了教学工作正常运行。每学期进行教学计划执行、课堂教学秩序、学生学习、实验教学运行检查等常规性检查，根据工作需要开展教学特色创建、基础实验室建设、实习、双语教学、毕业论文（设计）、试卷等专项检查。

（二）我校教学管理改革存在的主要问题

几年来，在大家的共同努力下我们取得了可喜的成绩。但要以新的本科教学审核评估要求为标准，实现在“十二五”规划中提出的“创建国内知名特色大学”的目标，在教学管理方面还存在不足，如教学过程管理还不够规范和细致等。

1. 教学管理理念仍需转变

目前一些管理人员的管理理念还停留在行政管理的层面，把教学管理工作简单地理解为对教师、对学生的行政管理，只是按照条条框框进行对应管理，结果由于管理过死，不能激发教师和学生教与学的积极性。同时，传统的管理理念是以效率为本，而现代的管理理念是以人本为主，服务至上，实施精细化。传统的教学管理理念存在着对被管理对象的个性需求的忽视，不能实现新的人才培养目标。

2. 管理模式仍需改变

长期以来，受传统的教学管理模式的影响，管理效果较低。教学管理强调经验管理，强调行政权威与服从，忽视学生的学习能力和创新能力的培养，忽视课程模块化和培养方案宽口径、厚基础。行政管理依然占据主导地位，学校各专业的设置、课程的设置、教学活动的组织等受上级教育行政管理部门制约，主动性不足。教学规范与检查管得过死，制约了教师教学改革的主动性与创造性。受传统学年制的影响，学分制并没有真正体现学生完成学分即可毕业的弹性优势，从而变成了学年学分制。专业特色不够鲜明，与社会经济发展适应度不够。

3. 教学质量监控体系仍需完善

教学质量监控过于偏重于课堂教学与教师，强调物质激励，营造质量为本的文化氛围不足。

四、加强教学管理改革的对策

教学管理改革主要包括教学管理理念的创新、教学管理体制和机制的创新、教学管理方式和手段的创新三方面。教学管理理念机制的创新是前提，教学管理体制和机制的创新是基础，教学管理方式和手段的创新是保证。

教学管理是一个复杂的系统工程，在理念上必须全面认识和协调好课程设置与学生学习需求的关系、教学评价标准与教学个性化的关系、教师的科研能力与教学能力的关系，并制定相应的管理制度。

（一）完善人才培养方案

大学的人才培养计划或方案的重要组成部分是课程设置，它主要规定课程的类型和结构及其在各年级的安排顺序和学时分配。一般而言，课程设置的基础包括相关的学科内容、学生身心特点以及社会需求。可是大学的课程设置更多倾向于从学科内容和社会需求上去设置课程，忽视了学生基于身心发展特点和现有知识水平、结构的需求，于是，学生对某些不感兴趣的学科产生抵触情绪，进而对从事这些学科课程教学活动教师的教学能力不予认可或给予否定，而对于那些能满足自己眼前需要的课程内容却表示极大的欢迎，并对这些教师的教学能力给予充分肯定。为此，我们必须把人才培养方案的改革作为教学管理创新的基础，坚持结合学生的特点和服务地方特色及“适时调整”的基本原则，不断修订各级人才培养方案。如2015级人才培养方案在对毕业生用人单位意见调查的基础上，把“培养适应基础教育和地方经济社会发展需要，具有创新精神和实践能力的高素质应用型人才”作为修订的指导思想，加强了创新创业课程及实践教学的环节，以此不断深化课程教学管理工作。

（二）建立教学分类评价体系

大学的制度只是一种对教师行为的规范，而大学教学活动却基本上是“良心活”，考验着教师的敬业精神和责任感。因此，教学评价的困难在国内外大学或多或少地存在。按教学形式分，有课堂讲授课、研讨课、实验教学课等；按课程类别分，有必修课、选修课、公共课、基础课、专业课等。教学评价的核心是评价教学效果，而教学效果主要是由教学内容和教学方法共同决定的。有些教师的教学内容正确、难度合理，讲课方法深入浅出、引人入胜，这无疑是优秀教师；而有些教师的讲课内容上没有问题，但是其讲课方法不好，照本宣科、干巴枯燥；有些教师的课堂生动活泼、妙趣横生，但是课后同学回想起来，内容浅显，有用的东西不多；更有个别教师的讲授内容不好，讲得也差。四类之中，两头的好办，但是如何评价中间的两类，并不容易把握。而更难的是，谁去评价？评审委员无法去逐一亲自听课，而学生的评价，也不一定全面、客观。对学生要求宽松，尤其是在给分方面慷慨大度的教师，往往会得到学生评价的较高分数。学校能够做的，就是抓两头，对于学生评价特别好的和特别差的一些课程，组织由教学经验丰富的老教师进行考察。特别好的，看看是否存在内容易于激发学生体验或要求过低的现象；特别差的，看看是否因为内容深奥、学生基础薄弱所带来的。

此外，教师担任课程门类多或课时量多也将影响到教学效果的评价，课程门类多或课时量多的教师，受众面广，比较难以获得好评。为此，课堂教学评价应该建立一个动态的分类评价体系，打破以学生课堂评价指标体系为唯一依据的局限，把课堂教学评价的自主权下放到二级学院，充分发挥教师的智慧来解决这一个问题，推动教师教学能力的提升。

（三）强化教学团队建设

人才培养、科研、服务社会、文化传承和创新是大学的四大功能，尽管大学教师在这四大功能中所发挥的作用因人而异、有所侧重，但是，就大学整体而言，它需要一个合理的结构来有效发挥大学的社会影响力。具体到教师个体或学术团队，以科研为基础已成为全世界大学教师的普遍共识，许多大学教师都把精力主要倾注在科研上，对教学没有给予足够的重视。同时，社会和学校也没有专门为高等学校教师开设师范课程，导致大学教师中接受过改进讲课技巧、提高组织辅导技能和成绩评定技术训练的教师比例偏少，进而导致对教学能力发展的忽视，甚至把教学活动看成是科研活动的延伸。因此，大学在强调科研任务的同时，应该组建教学团队，在团队内以项目分工或听评课的形式开展活动。有效组织教师进行互教活动、单元专题讨论、连续性教育课程的培训对于激发大学教师对发展教学能力的兴趣和动力、提升教育技巧能够起到一定推动作用。据统计，截至目前，学校共有省级优秀教学团队 10 个、校级优秀教学团队 17 个，这些团队在促进学校教学改革、提高教学质量方面发挥了重要作用。

为创新我校教学管理模式，2010 年率先在省内成立了教师专业发展中心，它是集教师发展、教学理论研究和青年教师教学培训为一体的教师发展平台。为了发挥中心在学校教学中的促进作用，学校对中心在人力、物力、财力等方面给予了充分保障，配备了专门的办公场所，给予了充足的建设经费。几年来，中心以促进教师教学发展，完善教师专业发展体制为核心，制定了《嘉应学院新教师培养实施办法》等一系列政策；建成了教师发展生态馆，为教师提供了个性化服务；举办了各类教师培训班 9 期，培训了教师 1 300 多人，有力提升了教师教育教学能力，造就了一批教学、科研并重的名师。中心的成立对于促进教师发展与团队发展发挥了积极作用。①

（四）改进考核方式

这里的考核，主要是指年度考核。教学是大学教师的主要业务活动，

---

① 杜德栎，邱国锋．生态化模式：地方高校教师专业发展的新探索．中国教育报，2015－07－06．

具有很强的特殊性，要依赖教师的主动计划和努力。如果不断地施加外力，让他们围绕着各种指标被动地忙碌，那是无法取得重大成果的，而决定一个大学的声誉和水准的，一定是优秀人才取得的重大成果。从事教学工作的教师，本身就有自我不断进取和努力创造业绩的动力。对一些教师来说，这个动力是不断晋升：讲师的目标是副教授，副教授的目标是教授，教授的目标是三级教授、二级教授乃至院士。更有一些教师，通常是资历较深的教师，他们已经不怎么特别在意各种名利等外在的东西，而是追求内心的满足感和自我实现的需要，为兴趣和爱好而工作，很认真地去上课，指导学生，从事研究。学生的进步，科学的发现，就足以使他们感到满足和快乐。如果用各种名利指标做杠杆去指挥这些老师，那其实是变相贬低他们的高尚和精神追求。

作为大学的教学管理者应该有清醒的认识，教师考核的主要目的，应该是鼓励先进、激励全体、营造教师潜心教学的生态氛围，而不是惩罚后进。过于刻板的考核政策，并不能使平庸者变得杰出，也不能保证他们取得佳绩，而只会给那些优秀教师添乱，打乱或限制他们本身的教学和科研工作的发展步调与长远目标。记工分式的考核制度，很容易助长浮躁，不利于取得重大成果。年度考核中，除了对教授和副教授的本科教学最低课时要求之外，还要综合考虑作为导师在指导年轻教师专业发展以及在教学团队建设、课程建设中的作用。

（五）开展校内审核评估

为迎接教育部本科教学工作审核评估，进一步完善学校教学质量监控体系，学校于 2014 年率先在全省开展校内审核评估工作。所谓校内审核评估，就是以教育部《普通高等学校本科教学工作审核评估方案》为重要依据，将教育部对学校开展的整体审核评估转换为对二级教学单位的审核评估，其评估总体要求、评估范围及评估重点、评估方式与过程均参照教育部《普通高等学校本科教学工作审核评估方案》。审核评估工作分为三个阶段：第一阶段开展试点审核评估工作，先行先试积累一定的经验；第二阶段在全校教学单位开展校内审核评估工作；第三阶段开展校内审核评估整改及专项检查工作。在实施过程中，我们重点把握八个方面工作：一是顶层设计，全员参与迎评；二是理解内涵，把握审核范围；三是找准定位，确立培养目标；四是自评自建，规范教学管理；五是凝练特色，强化育人优势；六是直面问题，积极应对不足；七是严明纪律，营造良好氛围；八是整改检查，重在建设求发展。①

校内审核评估不仅是我校自我评估方式的一种大胆尝试，也是现代大学教学管理方式的创新，对于完善教学管理体制与评估机制，提高全校教学管理人员的整体素质具有重要意义。一是有利于推动各院（部）尽早启动迎评准备工作，深化对教学工作的内涵与外延的认识，使教学中心地位得到落实。二是开创了许多新的教学管理机制。将教育部审核评估精神与二级学院的教学管理相结合，与二级学院教学质量保障体系相结合，可以说这是学校一项开创性工作。这次评估由校长亲自带领，在两者结合上做了许多有益尝试，将外部评估转化为内在自我评估方面采取了许多举措，如推进教学改革，大力加强实践教学；加大投入，改善办学环境；强化质量意识，建立院（系）本科教学状态评估机制等，有力推动了学校的整体质量监控体系的完善。三是培训了一批教学管理专家，为将来学校教学整体质量提升储备了人才。这次评估不仅使各院部教学管理人员，对教学评估的全过程有了全面理解，提高了他们的管理素质，提高教学管理的执行力；还使得那些不担任管理职务、各学院推荐承担评审专家的50多名教师（具有高级职称的骨干教师），通过学习、培训及参与校内审核评估的经历，大大提高了对教学管理的关注度，对于促进学校教学改革、提升人才培养质量将产生深远的意义。

嘉应学院审核评估的若干思考

刘明贵

（嘉应学院副校长，教授，博士）

根据《教育部关于普通高等学校本科教学评估工作的意见》（教高〔2011〕9号）、《普通高等学校本科教学工作审核评估方案》（以下简称《审核评估方案》）和《关于印发嘉应学院本科教学工作审核评估方案（试行）的通知》（嘉院〔2014〕114号）要求，为进一步健全和完善学校教学质量保障和监控体系，全面提高本科教育教学质量，提升学校整体办

① 杨仕立，邱国锋．地方本科院校开展校内审核评估的实践和探索．嘉应学院学报（哲学社会科学），2015（7）：69～72．

学水平，嘉应学院于 2014 年 9 月至 12 月开展了校内审核评估工作。

这次校内审核评估以教育部《审核评估方案》为重要依据，将教育部对学校开展的整体审核评估转换为对二级教学单位的审核评估（其评估总体要求、评估范围及评估重点均参照教育部《审核评估方案》），是学校自我评估的一种大胆尝试。具体情况可参见本书《嘉应学院本科教学工作审核评估方案》和《嘉应学院 2014 年本科教学工作审核评估总结》及其他相关的报告和评估专家的文章。这里，仅就几个问题谈些笔者的认识。

一、关于审核评估的对象

这次嘉应学院所组织的是校内审核评估，组织者是校方，接受评估者是各二级教学单位，评估范围、方式方法参照教育部《审核评估方案》并结合学校实际做了一些必要的调整。

在实际评估过程中，绝大部分二级学院都能正确对待，能认真学习和消化吸收教育部《审核评估方案》的精神实质，将教育部《审核评估方案》和学校的评估方案融会贯通并落实到本单位的各项工作中。既不生搬硬套教育部《审核评估方案》，又不脱离教育部的指导原则；既执行学校的评估方案，又善于结合自己的实际有所创新，做出特色。

但是，在评估中也发现，个别教学单位没能很好地做到这一点，或者做得不到位。有的对教育部《审核评估方案》和学校的评估方案缺乏认真的学习和研究，停留在表层的理解上；有的对教育部《审核评估方案》机械照搬、生搬硬套，脱离该单位实际；有的满足于完成学校布置的“规定动作”简单应付，草率了事。不仅如此，相当多的教学单位认为教育部的审核评估对象是学校整体，而我们要把二级教学单位作为评估对象，存在着操作上的困难，审核评估的客观性和判断的准确性难以体现。

这的确是一个值得思考的问题。比如，学校定位、培养目标、条件保障等，从学校整体角度考虑更有意义。假如一所学校人才培养目标定位不当，学院的人才培养目标定位当如何？按道理，它要服从学校的人才培养目标定位，可学校的人才培养目标定位错了，它也跟着错；如果它的人才培养目标定位是正确的，那它一定事实上背离了学校的人才培养目标，而这是不被允许的。所以，审核评估二级教学单位的教学活动，假设的前提就是学校的一切都是正确的。这个前置的前提就是一个区域和范围，各二级教学单位都要在这个区域和范围内活动，这样才能保证学校整体工作的“一盘棋”。

那么，在这个前提下，二级教学单位是否就无所作为呢？也不是，还是有作为的空间。以人才培养目标定位来说，学校只是确定一个大的目标，如培养应用型人才，但具体到每个教学单位、每一个具体的专业，就是要制定出应用型人才的具体内容、规格、特色等。二级教学单位要结合国家和区域经济社会发展需求对本专业的要求而作出具体、明确的规定，既要体现学校总体的人才培养目标，也要有自己专业的特殊内容。这里就人才培养目标来说明，对于审核评估的其他内容来说也是如此。

仅将审核评估的对象确定为二级教学单位存在的另一个问题是，学校各职能部门对教学工作的重要性被有意或无意地忽略了。无论是从教育部《审核评估方案》还是从学校的实际来看，学校的定位与目标、师资队伍、教学资源、培养过程、学生发展、质量保障以及学校自选特色等各审核项目，固然要靠二级教学单位来具体落实，也不能缺少学校层面的整体部署和顶层设计，同时，教师和教学资源条件中有许多涉及全校共享问题，在对二级学院审核数据采集中会存在偏差。而学校层面的整体部署和顶层设计的主体是谁？当然是学校党委和行政。问题是，现在高校的办学规模普遍较大，学校事务纷繁复杂，学校党委和行政乃至于学校领导不可能像高校扩招前一样面面俱到、事无巨细地去管，而只能是管住方向、抓住大事，学校工作少些人治、多些法治，靠规章管理、靠规则运行。学校党委和行政的整体部署和顶层设计的客观依据哪里来，学校的规章、规则谁来制定，谁来监督保证规章、规则的执行，这都离不开学校的职能部门。在学校教学的日常工作中，往往是由学校各职能部门代表学校行使管理权限。二级教学单位作为教学实体，自主权落实得如何，在多大程度上获得学校办学资源的支持，都与学校职能部门有关。职能部门与二级教学单位在工作中既是密切配合的关系，也是矛盾中的对立关系。可见，不对学校职能部门进行审核评估，仅对二级教学单位进行审核评估，对学校教学工作中存在的问题就难以作出全面、客观的诊断，也会使二级教学单位对自身存在的问题有了一个推卸责任的合理借口。

二、关于审核评估的范围

教育部《审核评估方案》中明确指出：“审核评估范围主要包括学校的定位与目标、师资队伍、教学资源、培养过程、学生发展、质量保障以及学校自选特色等方面，涵盖学校的办学定位及人才培养目标，教师及其教学水平和教学投入，教学经费、教学设施及专业和课程资源建设情况，教学改革及各教学环节的落实情况，招生就业情况、学生学习效果及学风建设情况，质量保障体系的建设和运行情况等。”同时，在“定位与目标”这一审核项目下列了三项审核要素；在“师资队伍”这一审核项目下列了四项审核要素；在“教学资源”这一审核项目下列了五项审核要素；在“培养过程”这一审核项目下列了四项审核要素；在“学生发展”这一审核项目下列了四项审核要素；在“质量保障”这一审核项目下列了四项审核要素。另外，给出自选特色项目。从此可以看出，教育部《审核评估方案》对审核评估范围的界定清晰明确且内容系统全面，涵盖了学校本科人才培养的方方面面。

在嘉应学院组织实施的本科教学工作审核评估中，在评估范围的界定上，完全按照教育部《审核评估方案》进行。从学校的总体方案设计，到专家组的分工负责，再到各二级教学单位的《自评报告》和材料准备都在这一范围实施。从实际评估效果看，这次审核评估是对学校二级教学单位教学工作的一次全面系统的检阅和诊断，总结了成绩，查找出了问题和不足，帮助二级教学单位理清了下一步发展的思路，明确了进一步努力的方向。各专家组还结合实际，不仅为各二级教学单位的教学工作提出了具体的意见建议，也提出了进一步整改的措施建议。

但是，在学校内部对二级教学单位的评估完全套用教育部《审核评估方案》中的确定的评估范围是否合适，这是一个值得探讨的问题。二级教学单位是学校的重要组成部分，学校办学的指导思想、政策措施等都要通过二级教学单位来具体落实。但是，部分毕竟不等于整体，从整体上可行的政策措施在局部实施可能会发生问题，总体上的整齐划一往往掩盖着局部的个性和特色。因此，从理论上讲，对二级教学单位的审核评估完全采用教育部《审核评估方案》确定的评估范围，无论是对教学成绩的肯定还是对缺点、不足的审视，都存在着一定的局限性。

在实际审核评估过程中，也的确有类似的现象。比如，人才培养中心地位、教师队伍数量与结构、教学经费、质量信息及利用等评估要素，更多的是从学校层面来考虑，机械地应用到二级教学单位，对二级教学单位教学现状的分析一定存在失真的情况，指出其优势和特点，但不被其他单位认可；指出其存在的问题也难以被受评单位接受。如果将评估结果与评优奖励联系起来，这种不准确性就很难起到调动积极性的作用。

嘉应学院曾经连续两年开展过对二级教学单位的教学状态评估。为了大力推广这一有效地加强本科教学质量监控的手段，广东省教育厅曾经在嘉应学院召开过现场会议而在全省应用型本科高校大力提倡。教学状态评估的评估范围（指标体系）是完全针对二级教学单位的实际而设计的，将学校层面的内容大大压缩，而将二级教学单位发挥主观能动性能够做好的内容大大拓展，特别是将教学管理过程、教学改革、教学效果等作为重点内容来评估。这种针对性的加强，增强了评估结果的准确性和可信性，也更加有利于调动二级学院的积极性。因此，对二级教学单位的审核评估，在评估范围（指标体系）上如能结合教学状态评估来进行，也许会取得更好的效果。教育部《审核评估方案》也明确指出："省（区、市）教育行政部门负责组织本地区所属院校的审核评估工作，可结合本地区实际情况，在教育部审核评估方案基础上进行补充，制定本地区审核评估具体方案和评估计划。"既然如此，各高校在进行内部审核评估时，也完全可以结合本校实际情况，在教育部《审核评估方案》的基础上进行适当调整和补充，制定本校审核评估的具体方案和评估计划，突显学校在审核评估中的主体地位。

三、关于审核评估的重点

教育部《审核评估方案》中指出："审核评估核心是对学校人才培养目标与培养效果的实现状况进行评价。重点考察办学定位和人才培养目标与国家和区域经济社会发展需要的适应度，教师和教学资源条件的保障度，教学和质量保障体系运行的有效度，学生和社会用人单位的满意度。"这就是大家常说的"适应度""保障度""有效度"和"满意度"四个度。其中第一个度是关键，学校的办学定位与人才培养目标要与国家和区域经济社会发展相适应，这就要求学校办学定位与人才培养目标既要考虑到国家和区域经济社会发展的需要（地方高校主要是考虑区域经济社会发展的需要），也要考虑自身的办学传统、办学基础和办学条件。办学定位与人才培养目标确立之后，全校的教师和教学资源就要为实现学校的办学定位与人才培养目标提供保障，学校运作、教学过程、培养环节、质量监控和保障体系都要为实现学校办学定位与人才培养目标而有效设置和运行。学校办学定位与人才培养目标是否实现的检验标准，就是学生和社会用人单位是否满意。

审核评估的最大特点就是"以你所说""用你所做"来衡量你，用你自己的尺子量自己。当然，这个"说"，绝不是"随意说"，更不是"胡说"。你所说的，要符合"两个实际""两个规律"，即要符合学校实际，要符合地方经济社会发展的实际；要符合高等教育的发展规律，符合高校的办学规律。偏离了这个，就是“想当然”，就是“胡说”。我们不要以为在高校工作了几十年，高校的一切我们就都了然于胸。其实，高等教育的形势已经发生了巨大的变化。昨天的太阳晒不干今天的衣服，如果我们“抱住昨天的真理不放”，那无异于刻舟求剑。从学校总体来讲，学校要做好顶层设计，办学定位与人才培养目标这些关系到学校长远发展的大问题，要反复酝酿，充分论证，要在全校上下形成共识，并将这些共识在所有教职工中特别是广大教师中内化于心、外化于形，变成一种自觉、自愿的行动，主动体现于学校人才培养工作的方方面面。

在实际评估过程中，我们发现大部分二级教学单位，对学校办学定位与人才培养目标的认识是到位的，将学校办学定位与人才培养目标体现在学院的各项教学活动中，为实现学校办学定位与人才培养目标做了大量卓有成效的工作。但是，也有个别教学单位满足于学校怎么布置就怎么做，对学院定位、人才培养目标定位方向不明、思路不清，学院领导班子和学术委员会没有深入研究过，制定的人才培养方案与人才培养目标之间有明显距离，课程设置、培养过程、培养环节、保障措施都不能很好地体现人才培养目标，“适应度”“保障度”“有效度”和“满意度”之间关联性不强，没有形成人才培养的有机统一整体。

四、关于审核评估专家

教育部《审核评估方案》对评估专家也有明确的要求：“专家队伍应包括熟悉教学、管理和评估工作的教育专家，还应吸收行业、企业和社会用人部门有关专家参加。”教育部对审核专家自身的条件也有基本的规定：一是熟悉高等教育教学工作，对评估工作有一定的理论研究或实践经验；二是一般应具有高级职称、有专业背景和管理能力，能熟练掌握评估政策、方法、技术；三是作风严谨，工作勤奋，办事公正廉洁，能与他人合作共事。此外，还有年龄方面的规定等。嘉应学院的校内审核评估采用的均为校内专家。为保证评估质量，学校组织开展了专家培训，学习了审核评估的理论、政策、方法和技术。在实际评估过程中，绝大部分专家能本着为学校把关、对学生负责的精神认真负责地开展评估的各项工作，表现出了较高的职业素养和敬业精神，受到了各二级教学单位和广大教师的好评。

但是，由于审核评估在学校是第一次进行，很多教授也是第一次受聘为评估专家，对审核评估理论政策的把握上还存在一定的不准确性，对审核评估方法、技术的运用上也还不够娴熟，一定程度上存在死抠字眼、生搬硬套的情况，对各专业的个性、特点考虑也不足，执行规则有余而灵活性欠缺。另外，聘用校内专家的好处是节约成本且情况熟悉，进入角色迅速，但也会出现有碍于情面的缺点。对成绩能给予充分肯定，也能给予合理的建议，但对存在的问题正视不够，十分尖锐的意见比较少。

这也给我们提出了一个值得思考的问题：教授在做好教学科研工作的同时，是否应有一定的时间和精力参与教学管理工作？我们的一些教授勤勤恳恳，“两耳不闻窗外事”，三尺讲台忙耕耘，终日埋头做学问，这当然是非常值得肯定的。但在当今大学分类办学的情况下，同一个专业在不同的大学有不同的办法，同一门课程在不同的大学可以有不同的内容和不同的教法。我们的教授、教师如果能够明确学校的定位和人才培养目标，对于无论是教学工作还是科研工作，无疑都具有更强的针对性和更大的自主权。我们的教授如果能有更多的时间和精力参与教学改革，了解、参与教学管理工作，我们学校的办学指导思想、人才培养目标定位等也才能真正落到实处，本科教学工作才更能释放出本质的特色光芒。

“以评促建”构建人才培养新常态

吴　伟
（经济与管理学院教授）

一、审核评估及其认识

审核评估是我国高等教育在十八大尤其是十八届三中全会后这一新形势下，按《教育部关于普通高等学校本科教学评估工作的意见》《关于开展普通高等学校本科教学工作审核评估的通知》（教高〔2013〕10 号）及《普通高等学校本科教学工作审核评估方案》的要求而开展的本科教学工作审核评估。审核评估区别于过去合格评估与水平评估，它既总结了原有的评估经验，又借鉴了国内外先进的评估思想，是一种新型评估模式。教育部对审核评估的方法明确提出目标导向、问题引导和事实判断这一指引要求。审核评估的核心是指对人才培养目标与培养效果的达成度进行评价，旨在推进人才培养特色化、多样化，强调尊重学校办学自主权，体现学校在人才培养质量中的主体地位。引导高校合理定位、全面落实人才培养中心地位，健全质量保障体系。审核评估是对高校办学情况尤其是本科人才培养工作的一次全面体检，它着重于审核模式的评估，是基于对学校办学“状况”的核实所进行的评估；是通过评估学校内部质量保障体系来对学校办学质量进行间接而不是直接评估；是着重于评估的过程，寻求改善工作的适应调整纠偏机制，而不是追求评估的结果，进而划分优劣不同的等级。

二、审核评估要求“用自己的尺子量自己”

（一）用什么样的评估尺子

1. 审核评估的特点

（1）突出新形势下国家对高等教育的目标导向。审核要素指标充分反映了经济社会发展对高等教育的要求。审核评估基于学校自己设定的培养目标和与之相适应的培养标准，重点考察培养过程及实施培养过程的资源能否与培养目标相适应，培养结果是否与培养目标相契合。

（2）没有统一的质量标准。强调“用自己的尺子量自己”，评估不分类型、不设标准、不做结论，一定程度上避免了评估标准单一。审核评估形式上不分类型，各校可按自己设定的目标和定位进行分类，近乎“一校一类”；审核评估形式上不设标准，各校可按自己确定的标准进行评估，形同“一校一标准”；审核评估形式上不做结论，但对影响教学质量的每一件事都要做出评价，实同“一事一结论”。审核评估充分尊重了学校办学自主权及工作中的主体地位，鼓励学校开拓创新、办出特色。

（3）强调本科教学及人才培养是高校最基础、最根本的工作。促进学校围绕“五个度”（对学校人才培养效果与培养目标的达成度、学校办学定位与人才培养目标与社会需求的适应度、教师和教学资源对学校人才培养的保障度、教学质量保障体系运行的有效度、学生及用人单位的满意度）的内涵建设，提高学校“三强化”（强化办学合理定位、强化教学中心地位、强化内部质量保障体系建设）工作水平。

（4）自评加事实。审核评估是基于学校的自我评估，是对学校自评的核实与再评估，从而起到以“外”促“内”的作用，将质量保证的责任落到高校身上；审核评估以事实为依据、用证据说话，在事实基础上进行分析和判断，形成审核报告。

2. 审核评估的原则

基于审核评估的上述特点和要求，审核评估工作的一般性原则如下：

（1）目标性原则。审核评估是目标导向性评估，评估工作的内容中心是评价人才培养目标的符合度与达成度。培养质量主要取决于人才培养目标的符合度与达成度。因此，目标性决定了审核评估是以质量为核心的评估。过程包括审核确立目标、实现目标、达到目标及如何改进从而确保达到目标。

（2）主体性原则。确立高校是教学行为主体、质量主体和责任主体，审核评估是促进高校主动进行自我反思的评估，是在高校内部质量保障基础上的外部质量保障的一种方式。

（3）多样性原则。审核评估充分尊重高等学校的办学自主权，充分考虑高等学校办学和人才培养的多样性，以及培养质量的多元化。引导高等学校根据国家和社会需要，结合自身条件，进行人才培养定位，确立培养目标，制定质量标准，形成培养特色。

（4）发展性原则。审核评估是形成性评估，更加注重目标、过程、结果之间的关系，更加注重资源的有效利用，更加注重过程的改进和内涵的提升。审核评估以质量改进为目标，评估重发现问题，更重解决问题、重改进与纠偏。

（5）实证性原则。审核评估是以事实为依据的同行评审过程。在事实的基础上进行分析和判断，形成审核报告。

（二）设计问题，引导完成“用自己的尺子去量自己”

（1）人才培养目标质量标准与质量目标的符合度如何？人才培养质量保证体系与质量标准的符合度如何？人才培养质量保证体系的运行效果与培养效果质量预期的符合度如何？循此评估主线索进行定性分析与判断，发现问题、解决问题，更要审核问题改进的建议与方向。

（2）是不是制定了科学的人才培养目标？是不是采取实施了有效人才培养措施或做法？是不是人才培养目标与培养效果行之有效，以及如何改进与增效？从而指引评估重在自我反省，且用自己的尺寸衡量自己。

（3）人才培养质量保证体系建立、运行得怎么样？效果怎么样？高校应该依据一定人才培养质量保证标准，结合自身特点，建立自己的质量保证体系。这个体系应充分体现多样性和个性化。高校应该保证这个体系的高效运行，同时应对该体系进行经常性的评估和持续改进，从而保证人才培养过程的质量，进而保证人才培养的长期质量。审核评估不是直接评质量（结果），而是前移至过程，通过评估质量保证体系来间接评质量。

三、评建结合，重在建设，构建人才培养新常态

审核评估意在促进高校教学管理和人才培养工作的内涵建设与特色发展，需要从治理结构到人才培养方案进行全方位、全层次、全流程的系统性创新，探索新形态、形成新基因、建立新场景。尤其是人才培养要对接高校转型发展和融合我国经济发展新常态下对人才的新常态要求。要求我们的人才培养体系、结构和机制必须在战略上适应新常态要求。

（一）人才培养模式的多样化与新变化

1．人才培养模式多标准化

人才培养目标、规格多样化，如工程科学型、技术管理型、通才复合型等；人才培养过程多样化，如人才培养方案设计、理论教学、实践教学的多样化；教学管理机制多样化，如学分制、双学位制、特长班等多种管理机制；办学层次多样化，多种办学层次、学历层次；教育形式多样化等。

2．人才培养目标定位新要求

（1）更注重与科技进步和社会生产实际保持密切联系以及与应用研究相结合，既有专业针对性，又强调专业复合性，强调科学实践和工程实践的教学、学习活动安排。

（2）人才培养目标与规格设计具有一定的统一性的同时，更强调特色化和多样化，要求在教育教学过程中多模式、多规格地设计和实施人才培养改革方案。

总之，人才培养目标与规格的定位要兼顾地方服务面向，还要考虑知识、能力、素质等方面的具体设计和培养，以及人才的成长方向，即人才成长过程及结果的指向和终极目标。

（二）要适应课程设置和融入实践环节新常态

在课程设置上，很多课程要淡化学科体系，充分体现岗位和职业需求与导向。从我们现有课程设置状况来看，基本是按照学科逻辑设计，而不是按照职业或岗位需求的逻辑设计。因此，在当前形势环境下，更有必要在课程设计上有新改变，多数课程应根据行业企业需求、职业和岗位需求来设置。然而，课程开发并非一日之功，课程设置是高校转型发展、应用型人才培养必须面对且无法回避的一个难题。在实践教学环节，通过产学合作办学的市场性、现代性、职业性与大众性发展新要求，形成校企双主体的教育机制，做到“合作办学、合作育人、合作就业、合作发展”。人才培养新常态的关键是特色化、多样化，是与科学实践、生产实践、生活

实践、社会实践结合，是实践育人，在实践中开辟培养之路。

（三）教师队伍要构建转型发展新常态

要适应师资队伍建设新常态，“双师型”师资队伍是办好应用技术型高校不可或缺的重要条件，一支素质过硬的“双师型”师资队伍是培养真正应用型人才的组织保障。教师是传授学生知识、启迪学生思考、发掘学生潜能的灵魂工程师。要逐步改变长期以来的“黑板上开机床”式教学方式，彻底改变长期存在的教学与实践脱节、校企合作流于形式的局面，还要逐步改变长期以来存在的“重学轻术”思想，引导全社会尊重劳动、尊重技术、尊重创造。

（四）高校立足高等教育的定位与使命，要破解转型发展难题，积极构建自身“新常态”

（1）破解分类不清、定位不明、特色不显、模式单一等问题，找准科学的办学定位，从同质化向多元化、多样化转型，围绕办学目标树品牌、创精品、出特色，为学校的持续发展提供核心支撑，处理好“顶天”与“立地”的关系。“顶天”就是围绕高等教育功能的完善、人才培养目标的确立，真正承担起历史使命与社会责任，科学开展高屋建瓴、顶层设计。“立地”就是立足办学实际，彰显学科科研优势，利用地域文化特色，发挥地方优势，推动地方经济社会文化发展，构建出符合自身实际的办学新常态。

（2）以人为本与培养应用型人才一直以来是人才培养与教学改革的核心，新常态要求下的“以人为本”要突出“育人为本、德育为先”；“培养应用型人才”是要创新人才培养理念，化解人才培养与社会需求的结构性矛盾，提升经济发展的创新驱动力。要求理论与实践、知识与能力、专业素养与人文素养更好地结合教学改革，教学内容、方法与平台建设，注重专业素养与通识素质的培养，发挥师生之间的主导与主体作用，实现校地、校企的有机对接与深化协作。

总之，中国经济发展“新常态”急需各类应用型人才，要求创新动力机制，要求把应用型人才培养放在国家社会经济发展的大背景下和整个教育体系建设、结构调整和制度创新的大格局中。通过审核评估的外在动力促进，秉持人才培养观念创新、制度创新，真正契合习近平总书记提出的“产教融合、校企合作、工学结合、知行合一”的十六字方针，培养出满足“新常态”社会经济发展要求的“新常态”应用型人才。

瞄准办学目标定位，全力推进师资队伍建设

廖志成
（组织部部长、人事处处长，教授）

师资队伍是高校本科教学工作的第一资源，只有高水平的教师才能确保具有高水平的大学教学。为此，在教育部《普通高等学校本科教学工作审核评估方案》中把“师资队伍”作为六个审核项目之一。近年来，为了迎接教育本科教学工作审核评估工作，实现把学校办成“国内知名特色大学”的目标，我校采取多种措施，狠抓师资队伍建设，取得显著成效：高层次人才的数量持续增长，中青年学术带头人、教学骨干不断涌现，教师梯队日渐合理，实现了建设一支数量合理、结构优化、素质精良、充满活力、勇于创新、能适应经济社会发展和学校办学目标需要的师资队伍的理想。但各学院与各学科师资发展不平衡，还存在一些问题。这里结合笔者在学校审核评估中，负责“师资队伍”中“师资数量与结构”这一指标的评估实践，谈谈我校在师资队伍审核评估中存在的主要问题，以及如何以此为契机，全力推进师资队伍建设。

一、厘清概念，明确师资数量与结构的指标

在评估过程中，发现一些二级教学单位的负责人对本科教学审核评估有关师资队伍建设的几个基本概念不够清楚，有混淆现象。①师资：学校在编的具有教师专业技术职务的人员，即教授、副教授、讲师和助教，包括教学、科研、管理等岗位上的教师。②专任教师：具有高校教师资格、专门从事教学工作的人员，即这些人员一是要具有高等教育教师资格证书，二是要在统计时段承担教学工作。具体包括：具有教师资格证且承担教学任务的专职任课教师、“双肩挑”（行政、教学）人员、非高校教师专业职务系列人员、分管学生工作的正副书记、学生辅导员。与专任教师相关，生师比是本科教学审核评估中重要的指标体系。生师比是指在校学生数与折合学校专任教师数的比例。③主讲教师：在编的具有讲师及以上职务或具有硕士及以上学位，通过岗前培训并取得合格证的教师。

与此相对应，也有二级学院在《自评报告》中关于师资队伍建设栏目

做得比较好，如文学院、地理科学与旅游学院、化学与环境学院和生命科学学院等。这些学院概念清晰，数据准确。现截取文学院在“师资队伍”一栏的做法，以此说明。

表 1　文学院教师队伍职称结构一览表

学年	总人数	教授		副教授		讲师		助教		高职称教师比例	
		人数	比例	人数	比例	人数	比例	人数	比例	人数	比例
2013—2014	40	9	22.5%	18	45%	12	30%	1	2.5%	27	67.5%

注：文学院的师资队伍整体水平较高，且在职称结构上，已形成了层次分明的梯队，有利于师资队伍的整体发展。

表 2　文学院教师队伍学历结构一览表

学年	总人数	博士学位		硕士学位		学士学位		硕士以上学位	
		人数	比例	人数	比例	人数	比例	人数	比例
2013—2014	40	15	37.5%	16	40%	9	22.5%	31	77.5%

注：文学院的师资队伍中具有博士学位和硕士学位教师的比例还在逐年提高。

表 3　文学院教师队伍年龄结构一览表

学年	总人数	45 岁以上		35～45 岁		35 岁以下		平均年龄
		人数	比例	人数	比例	人数	比例	
2013—2014	40	16	40%	20	50%	4	10%	42.98

注：文学院的师资队伍比较年轻，平均年龄 42.98 岁。占师资总数 40% 的 45 岁以上的教师，具有较高的教学水平和丰富的教学经验，是教学工作的带头人。占师资总数 50% 的 35 到 45 岁之间的教师是教学工作的中坚力量，也是师资队伍发展的主要保障。

其学缘结构则是通过列表形式表现。详细列出全院专任教师 40 人的姓名、出生年月、学历（学位）、毕业学校、所学专业、现职称、开设专业课程等要素，非常全面直观，而且可以相互映照，便于审核。

二、各二级学院师资数量与结构建设发展不平衡

本次评估，各二级学院整体能够重视师资队伍建设，成绩显著；但各

学院重视程度与行动表现参差不齐。多年来，文学院非常重视师资队伍的梯队培养，建立了教师发展的长效机制，制定了较为完备的、切实可行的师资队伍建设发展规划，多项措施并举，促进学院青年教师成长。文学院首先恢复并发挥高学历、高职称的教师“传帮带”作用、在重点学科建设中有计划进行学术梯队的建设，特别是采取措施加强学科学术带头人的培养工作、创造条件鼓励中青年教师上学历、上职称和合理安排使用经费。在学历上、职称上不断推进教师发展。如上所述，文学院现有“教授 8 人，副教授 18 人，具有博士学历的教师 15 人，全院高级职称教师比例占专任教师的 60.5%，高学历教师比例占专任教师的 62.8%左右。全院教师中先后有广东省‘千百十人才工程’省级培养对象 2 人，校级培养对象 7 人，校级学科学术带头人共 10 人”。土木工程学院则采取了实施人才培养工程、教学名师工程、设立工作室、“五个优先”的助优工程、双师素质提升工程、社会服务能力、新教师导师培养责任制、校外兼职教师队伍建设和加强师德建设为主的八项措施来完善教师发展规划，突出应用型师资的培养。

在肯定各二级学院师资队伍建设取得的成绩的同时，我们也发现各学院师资队伍建设发展不平衡。反映在数量与结构指标上不尽合理，与办学目标的实现不相适应，如体育学院、土木工程学院等师生比超过 1∶35；一些学科还缺乏高职称教师等。

三、围绕办学目标定位，全力推进师资队伍建设

通过评估，我们也清醒地认识到，学校整体师资队伍力量不强，高学历、高职称人员少，学术梯队建设不完整。高层次人才队伍建设存在较大困难，特别是省级以上高端人才的引进竞争激烈，而我校受制于办学层次和地理位置，导致了引进和留住高层次人才的难度很大。教师访学进修、自我提升的积极性有待提高。青年教师对访学进修、参加培训缺乏主动性，对外交流、参加国际及国内学术交流的专任教师数量偏低。为此，今后在师资队伍建设方面，我们将采取多种举措，全力推进师资队伍建设。

第一，通过创新外引方式，全力推进师资队伍建设。经过近几年的努力，我校有的院（部）的师资队伍数量与结构有了明显的进步，整体素质得到大幅度的提高。有的二级学院尝试着“走出去”，主动与“211”“985”高校对接，引进博士生。从 2013 年至今，其中数学学院引进了 8 名博士生，化学与环境工程学院引进了 5 名博士生，政法学院和体育学院

分别引进了4名博士生。学校将加大人才引进优惠政策和措施，充分发挥二级教学单位在人才引进中的作用，创新人才引进和聘用方式，吸引更多高层次人才来校工作。

第二，通过创新内培方式，全力推进师资队伍建设。首先，通过职称评定。我校教师近几年来收获颇丰。2012年至2014年，共有93名教师获得高一级职称。其中，教育科学学院获得6名正高职称、7名副高职称，而且每年都有正高职称名额。化学与环境学院也有3名正高职称、3名副高职称的成绩。其次，充分利用省教育厅各项政策。学校认真完成省教育厅的计划项目，如2011—2014年共推荐了13人次国内访学，2013年推荐熊永柱博士赴美进修、2013年推荐了卢志成等三位教师成功入选省级优秀青年教师、通过“千百十人才工程”培养项目，2010年的省级培养对象实现零突破，2012年、2014年继续有省级培养对象。此外，积极利用和扩展校内资源。2010年底，实施《嘉应学院中青年骨干教师重点培养工程实施方案》，目前已选拔4批次共计60名青年教师。2013年重新修订《嘉应学院教职工进修规定》，对教师出外访学、学历提升、各类短期业务培训的条件、审批程序进行进一步放宽。今后，我校将进一步完善相关制度，营造教师主动发展氛围，推进海外访学进修项目，鼓励和支持国内外学术交流，拓宽国外访学进修途径，以此促进青年教师水平的提升。

第三，积极扩大合作渠道，充分利用校外资源。学校和二级学院主动聘请国内外著名学者，主动聘请来自具有丰富实践经验的基层教育机构的优秀人员来校讲学，如教育科学学院既聘请有国内知名的学者，通过“师陶名师讲坛”等活动扩充师生视野，增加学科知识的广度与深度，又聘请了梅州市中学和小学的教师，强化了教师教育的实践性。主动聘请校外应用型优秀人才为我校人才培养服务，有利于提高学生的动手能力，有助于增强我校应用型人才培养的能力。

第四，师德建设常抓不懈。教师的师德直接关系到高校师资队伍建设的水平，关系到学校培养人才的规格、质量与水平。为此，我们制定师德规范，实施综合素质考核，并将其作为职称晋升、评聘的一个重要条件，师德师风实行“一票否决制”。坚持开展师德师风教育月活动，师德征文活动和教学名师、师德标兵等一系列活动；各二级学院也不断加强师德师风建设，把已制定的相关制度措施落到实处。

重审核评估，强质量保障

张　晨
（教务处处长，教授）

一、评估前的顾虑

学校一直很重视教学评估工作，2012 年开始进行院（系）本科教学工作状态评估，2014 年在状态评估的基础上开展本科教学工作审核评估。为了做好本次审核评估工作，早在 2013 年底我们就启动了各项准备工作。作为教务处处长，对学校教学质量保障与提升负有重要责任。对于这轮校内审核评估，在实施前我们主要有以下几点考虑和顾虑：

（1）教育部的本科教学工作审核评估主要是对学校层面的总体审核，我们将此放到对二级学院的审核，评审依据如何科学界定，指标体系如何设计、衡量？

（2）学校从 2012 年开始进行院（系）本科教学工作状态评估，目前已进行了两轮，各院系已经比较适应，效果也已经凸显，开展新一轮审核评估，会不会增加二级教学单位的负担，进而影响正常的教学工作？

（3）审核评估还是一个新事物，真正能理解吃透的人很少，评估过程需要投入大量精力，如何找到真正的专家来把好这个“脉”？

围绕这些问题，我们做了大量的论证及前期工作。

二、首轮校内审核评估效果与原因

从学校党政领导班子一致决定开展校内审核评估以后，教务处全体人员便全力以赴做好这项工作。回顾整个审核评估过程，虽然头绪多、工作量大且历时一个学期，但是收获同样很大。

（1）教学中心地位突显，形成了全校重视教学的良好氛围。根据教育部《普通高等学校本科教学工作审核评估方案》要求，本次审核评估范围主要包括“学校的定位与目标、师资队伍、教学资源、培养过程、学生发展、质量保障以及学校自选特色等方面，涵盖学校的办学定位及人才培养目标，教师及其教学水平和教学投入，教学经费、教学设施及专业和课程资源建设情况，教学改革及各教学环节的落实情况，招生就业情况、学生学习效果及学风建设情况，质量保障体系的建设和运行情况等”。通过本次评估在办学观念、学校管理、教学条件等方面进一步加强了教学中心地位，出现了管理服务教学、科研促进教学、后勤保障教学的良好局面，为迎接教育部审核评估打下了坚实基础。

（2）各学院的高度重视，有力地推动了二级学院工作。特别是每个学院的自评汇报，深入思考学院办学定位，人才培养目标特色，专业发展、课程建设、师资建设、应用型人才培养模式改革等问题，经过对前一阶段工作的总结、梳理，为后来的教学工作提升打下了良好基础。

（3）培训了一批教学管理专家，为将来学校教学整体质量提升储备了人才。过去，不担任管理职务的教师较多关注自己的教学，比较少关注学校整体发展，较少思考整个学校的质量提升问题，这次通过对将近60位专业教师进行培训，提高了大家对教学管理的关注度，加深了对教学质量监控的理解，人才培养质量的提升有了更多方法。

（4）开创了许多新的工作机制。将教育部审核评估精神与二级学院的教学管理、教学质量保障体系相结合，可以说这是学校一项开创性工作。邱校长亲自带领，在两者结合上做了许多有益的尝试，将外部评估转化为内在自我评估方面有许多举措，进一步推动了整个学校的质量监控体系的完善。

（5）既看到了成绩也排查了不足，以评促建效果值得期待。经过这样一次系统评估，特别是各个学院互相对比，哪些学院与学校总体办学目标相符，哪些学院的专业发展规划清晰、发展目标明确、管理更规范等情况都有效显示出来了，问题也暴露出来了，为今后各学院的整改提高提供了依据。评估检查是保障，排名奖励是激励。

（6）本次评估促使很多年轻老师及管理工作者积极思考探索，为学校未来发展积聚了能量。评估以后，不少参与评估的秘书和学院的年轻老师都能认真总结思考，还有些查找了不少质量监控的文章、案例学习讨论，写心得体会。这种效果对学校非常宝贵，毕竟青年教师、青年教学管理者是学校的未来，大家都关心学校发展，学校才会有生机和持续进步的动力。

这次评估能取得这么好的效果，有赖于以下几个方面：党政一把手领导重视，亲自抓。这件事情得到党委会的通过，领导小组组长由校长直接担任，几位副校长都参加，这使得过程推动非常有利；各方面保障充足，财务预算也划拨了比较充足的经费，各个部门对教学线的支持配合到位；全校一直以来重视评估的良好氛围，学校有一大批不辞辛劳、乐于奉献的老师；前面两年的院（系）本科系教学工作状态评估也为这次内部审核评估打下了基础，各学院比较适应一边建设一边接受评审的状态，工作比较顺利；过程优化抓得好，这有赖于校长亲自设计整个过程，包括请教育部专家来开辅导讲座、到校领导亲自动员、文件起草、时间确定、基础材料准备、评审表格设计等科学规范合理。

三、进一步加强教学工作存在的问题

从这次评估可以看出，我们学校在教学制度规范等方面做得比较好，学校教学质量保障和监控体系已初步形成，但也存在不少深层次的问题需要在今后中探索完善。

（1）在如何通过评估推动专业建设方面还要下功夫，特别是专业内涵建设、专业标准制定、人才培养质量标准等问题研究要深入。

（2）评审过程还要进一步简化、常态化，尽可能减少对日常工作教学的影响。

（3）进一步加强课程教学改革。课程建设任务很重，这次评估暴露出课堂教学改革不够，基本还是传统多媒体授课模式，新技术、新平台使用不多；部分学院教学改革动力不足，需要学校层面调整政策，完善相应的激励的体制机制。

（4）院系发展极不均衡，有的学院发展方向不明确，特别是对专业规划、结构调整等问题研究不深入，缺乏改革措施。

（5）加强实践教学建设。这几年学校的总体教学条件明显改善，但部分专业的实践保障还是很欠缺，要加快建设；有些瓶颈问题不容易解决，需要学校层面花大力气解决。

总之，没有测量就没有质量，教学评估是质量监控的有效环节，对全面提高本科教育教学质量、提升学校整体办学水平具有重要意义。我们只有准确把握评估指标，坚持以评促改、以评促建，建立快速有效的质量监控反馈调节系统，才能使审核评估真正为提高人才培养质量服务，为学校长远发展服务。

浅谈审核评估视域下质量保障体系的构建

林勤青
（宣传部部长、统战部部长，教授）

为迎接教育部新一轮审核评估工作，我校在2014年9月至12月进行了全校范围的校级审核评估。评估期间，专家通过深度访谈、走访、座谈、听课、调阅毕业论文（设计）及试卷、查阅有关支撑材料等多种方式各自独立地开展工作，对学校本科教学工作进行了全面的考察与分析。基于此，本文就审核评估视域下教学质量保障体系的构建问题，谈谈自己的几点思考。

一、关于审核评估视域下质量保障体系标准的目标指向

在质量保障体系这个指标下，审核评估的重点是考察教学质量保障体系运行的有效度，即学校的教学体系、资源配置与利用、管理体制与机制适应目标达成的需要（支持有力）；人才培养质量符合学校定位的目标要求（质量达标）。在“用自己的尺子量自己”的审核评估原则下，学校制定有效的质量保障体系及其标准，就成为实现办学目标定位的关键。不同于“本科教学水平评估”和“本科教学状态评估”的质量标准，审核评估的重点关注的是如何更好地适应外部（社会）的要求，是通过适应外部评估要求“塑造”高校内部质量保障体系的建设和提升。这表明，学校制定教学保障体系的标准必须以学校的目标定位为前提。

学校办学的目标定位是一个有机的整体，其构架具有层级性。学校办学的目标定位是由学校、学院、学科专业、课程等定位所构成的，它们之间存在着横向和纵向的关联。学院是教学活动的具体实施部门，其办学定位就是学校的办学定位的表现，将学校的办学定位落实在教学管理的行政之中。学院通过专业设置、专业建设、教学保障及教学活动，在具体的教学行为中体现学校办定位的诉求与表现，这是学校办学目标定位的内化过程。而专业的定位，则是在研究了国内、省内高校同类同样专业办学面向和特点之后，根据自己的实际和条件，对所办专业的服务指向的确定，它要求符合培养层次、符合自身的特色、符合现实的办学条件以及符合自身

未来的发展。为了实现办学的目标定位，学校的教学保障体系的标准也必然是与之相对应的体系，而且这个质量保障体系必定是学校办学目标定位实现的保障。另外，学校发展的目标定位是学校未来一段时期长期坚持和努力达到的办学目标及在高教体系中的地位和层级位置。所以，质量保障体系得建设的各项指标具有很强的前瞻性和导向性。

二、关于审核评估视域下课堂教学质量的评价

审核评估中质量保障体系的基础是课堂教学质量，而课堂教学质量的评价是最为关键的也是最为复杂和隐性的。影响课堂教学质量的因素是多样的，有显性的，也有隐性的，有常规的，也有非常规的。这里就其中几个环节来看。

（一）课堂教学质量评价的前提设计

课堂教学质量评价指标和方法的设计，是一般性的、常规的、典型的课堂教学活动，是在对“标准”的课堂的一般性作出分析和研究的基础上，就无差别的课堂要素所作出的统一的规定。它是基准性的标准，是正常的、合格的教学活动的基本规范和要求的指标。这样的课堂教学评价设计是一个正向环境中的设计，即课堂的人文环境和课堂的硬件条件都是处于良好的状态、教学活动完善并符合课程目标。它可以从教学活动前的各项准备中得到检查，主要是课堂教学准备、课堂的讲授预期和教学活动效果的预期。

教学准备可分为“硬件”——教学条件和设备以及“软件”——人文环境和课堂内涵两个方面。在教学活动的实践阶段，撇开学校因学科、专业建设发展不平衡造成的课程环境、条件的差别，就教师的课堂教学准备来说，显性的教学准备表现为教学文件、课堂讲授内容、教学方法、教学效果考核等的准备。隐性的教学准备是老师对课堂教学驾驭的能力、学生接受状况的预期，后者是不可控的因素；如学生接受状况预期，是要在教学实施的过程中验证和不断修正的。

教学效果考核，即为课程考试。课程考试应考查学生对“渔具”的掌握程度，而非“鱼”的多少，即学生能在今后的工作中灵活应用、不断更新并提升自身的能力，以及学生通过对课程知识体系的学习而形成的专业乃至学科体系的理论和方法的能力。

课堂教学方法的设计主要是指讲课的技巧、内容的编排、手段的使用，它的指向是学生能否接受。

（二）课堂教学的效果评价

课堂效果评价的标准依据是课堂是否按教学大纲完成课程内容、课程的体系结构是否完整及教学的各种手段是否有助于教学目的的达成。但是，在目前所实行的学生对教师的评价中，实际情况是，学生并不完全了解课程的知识体系和课程的目的要求、对教师的讲解感性评价大于理性评价，导致在评判教师课堂教学质量也就不能从理想的课程目标的要求、考核标准等来对教师进行学识（知识）、手段（方法）等方面的客观评价，情感因素就占有很大的比例，对教师课堂教学的评价变成了对教师本人喜欢程度的评价。即根据自己的喜好、情感的满足程度来评价教师课堂教学，从而淡化了课堂教学内容的“硬”性，淡化了学习的强制性和学术性。这样，教学活动中管理的硬性要求，如上课点名等，就只能将学生身体约束在课堂，这也是产生“隐性逃课”的原因之一。

（三）教学的功利性因素

这也是影响课堂教学质量评价的一个重要因素。从学生方面来看，受社会环境的影响，学生的学习有比较明显的功利性。现实中学与业的不一致性、学好与业好的差别、分数与能力的不对等、校内与社会的落差等现实问题使学生对所学知识“有没有用”的判断产生偏差。严谨的理论和完整的理论讲述在网络文化“碎片化”思维下显得更加“枯燥”，使学生倾向于接纳实用和技巧性的东西。

从学校和教师方面来看，在社会政策环境的因素这个层面上，社会舆论和政策导向影响到高校的考核、排名。目前，以就业率为导向的社会评价思路制约了学校的发展，就业率成为高校办学的指挥棒。学生就业率以毕业率为基础，为解决学生就业问题、保持和不断提升就业率，就必须保持一个很好的毕业率。实际上，在高校因学业而不能毕业的学生已是少之又少了，学业情况对学生考核的强制力减弱，学校对学生以行为管理为主，而对学生思想状况的考核也通过各种具体活动作为显性的考核指标。虽然，大学学习不只是学习专业知识，更重要的是综合能力的培养，但是学业对学生考核评价的弱化，影响了学生对教师课堂教学效果的理解和评价。过度地强调快乐教学反而导致学习成为一个艰苦的过程，学习强制性、约束力的本质被淡化了。在教师方面，考核及评优、评职的政策、常规的教学规范、一般规则性的课堂教学评价，影响了教师个性特征的展示，也影响了课堂教学质量实质的显现。评比指标的情感因素主导，影响了教师对课堂教学考核、考试内容和形式的选择。

因此，对课堂教学质量的考核及考核结果的使用，应在研究其存在的前提及实施过程中进行修订和改变。各专业、课程应根据自身的特征，制定课堂评价的标准和方法，并与学校整体的考核构成层级评价系统，才能克服上述弊端。

三、关于审核评估视域下质量保障体系的设计

（一）质量保障体系的层级设计

学校的质量保障体系的顶层设计，主要包括学校机制、机构、政策的设计，教学平台和基本设施的配置，办学的方向、路线的选择等，是教学保障体系的首层次。

学院的质量保障体系设计，是质量保障体系中的中级层面，主要包括专业建设、学科建设、师资的配备、课程体系建设、教学资源的设计、计划和利用、课堂教学质量的监控等。

专业、学科建设的质量保障体系设计，主要包括师资的配备，教学实验设备的安排，课程体系的改造，教学改革研究，教材建设等。它以中观的教学管理和活动为内容。

但是在现实中，一个规范的设计在教师的教学活动实践中会受到非教学活动因素的影响，从而无法达到理想的结果，因此目前的考核在众多干扰下有非理性的现象。

课堂教学质量保障体系设计，其内容包括必要的场所、学时、内容、实践经费、教师的课堂教学过程、教学政策、学生管理、课堂教学活动作业和考核等，主要是以微观的教研室活动为指向。

（二）质量标准体系的构建

建立和健全质量标准体系，是教学质量保障体系成熟的根本标志，也是教学管理走向常态化、制度化和自觉化的标志。

教学过程的各环节的质量标准有两种表现：一是表意性的叙述；二是具体的数据。其内容指向主要是专业、学科、课程、资源环境所要达到的目标、原则及教学活动过程的记录。

它要求：①落实学校办学的目标定位。一是学院的各项建设标准要与学校的办学定位相符合。二是落实学校办学指标实现的具体部署，体现学校各项标准的具体数据，如重点、专业、建设的目标要求等。②体现学院自身办学定位和思路。学院的办学定位依据是在学校的位置和学校发展目标的建设思路。因此，学院各项工作的标准及标准的建设和实现，应体现自身的特色。③有具体的要求。要有专业各环节所要达到标准的具体表

述。④形成标准体系。⑤体现导向性和建设性。此外，高校必须在“质量文化”上狠下功夫，通过研究、讨论、宣传和激励等手段，树立教学质量管理的全员意识和氛围，形成重视质量的质量文化。

（三）质量保障系统的信息化建设

在审核评估中，学校教学质量保障体系的运行情况及效果，各项工作建设的规章制度及实施过程中的状况要充分显示出来，就需要对教学活动过程进行记录。它表现为学校的教学基本状态数据库，包括学校基本信息、学校基本条件、教师信息、学科专业、人才培养、学生、教学管理改革与质量监控等类别的信息。将学校基本信息导入后，由系统自动提取数据，这个过程需要从专业的角度，借助专业的数据机构等才能完成。

在审核评估中，教学保障体系的信息建设是一个重要内容，在实际操作中需要：①分类收集。科学量化教学活动过程，制定可操作的程序，准确填写数据。②显性的设计。充分利用电子、影视、纸张等可视性媒介作为载体。③规范化的操作。按照规范进行统计和填写。④分析反馈。分析存在的问题，反馈给有关的人员、执行者等进行整改。只有形成包含信息搜集系统、信息处理系统、信息反馈系统在内的完整的闭合循环，才能实现教学质量信息的搜集、处理、反馈，保障教学质量监控体系的有效运作。

对本科教学工作审核评估的认识和思考

韩小林
（科研处处长，教授）

为了进一步提高我国普通高校的办学水平和办学特色，教育部计划在全国高校开展本科教学工作审核评估。审核评估是在我国高等教育发展的新形势下，总结过去已有的评估经验，同时在借鉴国外的先进评估评价思想的基础上，提出的符合我国现阶段高等教育发展的一种教育评估新模式。

一、对本科教学工作审核评估的认识

教育部审核评估的核心是对高等院校人才培养目标和培养质量的现实

状况进行评价，其目的是逐步推进人才培养的多样化，进一步提高高校的办学自主权，体现高校在人才培养质量中的主体地位。通过审核评估，加强政府对高校的宏观管理和分类指导，引导高校合理定位、全面落实人才中心地位健全质量保障体系，办出水平、办出特色，切实提高高校人才培养质量。通过审核评估，进一步强化人才培养的中心地位，进一步强化人才培养质量的保障体系建设，进一步突出高校内涵式发展、特色发展，不断提高人才培养质量。本科教学工作审核评估，坚持主体性、目标性、多样性、发展性、实证性五项基本原则。由于我国高等院校数量庞大，各省、自治区以、直辖市情况差别较大，为了更好更有效地开展审核评估工作，针对不同地区和不同类型的高校，审核评估又分别实行中央和省级人民政府分级负责的原则，中央部委所属高校的审核评估由教育部统一负责实施，各省、自治区、直辖市结合本地区高等教育发展现状和发展需要，有针对性地制定本地区所属高等院校审核评估具体方案和评估计划。同时，要充分发挥第三方评估的作用，先行试点，逐步推行，有计划、有步骤、分阶段地组织实施高等院校的审核评估工作。

嘉应学院作为一所广东省属普通本科院校，一直坚持“立足梅州、面向基层、服务广东、辐射全国、延伸海外”的办学宗旨，树立了“育人为本、服务为荣、特色为魂”的办学理念，已经形成以本科教育为主体，兼有大专教育、留学生教育、成人教育等多层次、多类型的现代办学体系，培养了许多适应地方经济社会发展需要、具有创新精神和实践能力的应用型人才。为迎接教育部本科教学水平审核评估工作，嘉应学院党政班子科学分析了我校的发展现状，决定我校率先开展校内本科教学工作审核评估，使全校教师更好地认识和理解审核评估的特点和要求，以审核评估为契机，更好地突出我校的办学特色，提升我校应用型人才培养的质量，提升服务地方尤其是梅州社会经济发展的能力；同时做好本科教学状态数据采集工作，为我校的各项事业发展规划提供准确、客观、真实的依据和决策参考。

二、对本科教学工作审核评估的思考

本科教学审核评估工作是一项系统工程，是整个学校办学实力和人才培养质量的综合体现，必须依靠全校师生的共同努力、持之以恒，才能取得成效，不可能靠临时应急解决。十年树木，百年树人，要办好办成一所高水平、特色鲜明的大学则需要更长的时间，需要几代人长期坚持不懈，才能铸就辉煌。

笔者长期工作在教学科研和教学科研管理工作的第一线，并全程参与了嘉应学院校内审核评估工作。在具体评估工作进行过程中，评审专家的选择和评估专家组的构成非常重要，在某种程度上甚至是正确引导高校始终坚持教学工作在学校发展中心地位的关键，科学提升人才培养质量。评估专家是保证本科教学审核评估完成的关键因素。笔者认为，审核评估专家的选择应该遵循几条基本原则：

（1）必须了解现代教育理论和中国高等教育发展的历史和现状，既了解世界高等教育的发展现状和发展潮流方向，即具有高等教育的“国际视野”；又要熟知中国高等教育的过去、现状与未来，即掌握高等教育的“中国国情”。我们不要经验主义和教条主义的专家，更不要只会照搬照抄别地别校做法的所谓“专家”，即必须具有现代“教育家”的基本素质和品质。

（2）必须了解我国现阶段高等院校的基本情况，特别是高校基本体制和高校自身的运行情况，本科教学审核评估体系既全面又具体，包括“定位与目标”“师资队伍”“教学资源”“培养过程”“学生发展”“质量保障”等六大类一级审核项目、二十四个二级审核要素及“自选特色”项目等，这就必然要求评审专家对我国现阶段高等院校的内部结构、管理方式非常熟悉，或者长期研究我国现代大学制度、本身是从事高等院校教育教学管理的行家里手，即必须具有高校优秀教育教学管理者的基本素质。

（3）必须是高等院校教学工作的真实参与者，长期从事高等教育教学工作，是中国高等教育的“局内人”，并且业务精良，是某个学术领域或专业的专家或领军人物，必须具有丰富高等院校第一线课堂教学的素质和经验，具有教学名师的水平和素质修养的实干家。同时必须具有实事求是、认真负责、作风民主、公道正派、公正准确的基本品质。

（4）具有哲学家的素质和能力，能够一分为二、辩证客观地看待我国高等教育的成绩和存在的主要问题，善于发现问题、分析问题和提出解决问题的方法，具有较高的概括、总结归纳、科学分析能力，具有哲学家的理性和宏观把握能力。只有这样，我们才能用现代的高等教育理论、国际视野来找出、找准我国高等院校普遍存在的主要问题，有的放矢地提出针对性强的意见，指导学校科学、健康地发展。

（5）具有社会学家的洞察力和判断力。学校发展的根本任务是服务社会。学校面临转型发展、竞争激烈的形势，必须把教学中心工作抓好，把人才培养这个中心任务完成好，做到高校人才培养与社会需求、市场需求、产业需求主动对接。评估专家必须了解社会发展现状，了解社会对人才需求，这样才能通过审核评估，指导高校重新审视办学定位，强化人才培养中心地位，调整专业和课程结构，凝练办学特色，有效调动社会资源服务学校发展，从而促使我国高等教育又好又快地发展。

刍议审核评估中“度”的把握

谭兆风
（设备与实验室管理处处长，教授）

2013 年，在同济大学召开的普通高校本科教学审核评估试点工作会议上，教育部党组成员、部长助理林蕙青指出，审核评估方案坚持“以评促建、以评促改、以评促管、评建结合、重在建设”的方针；突出内涵建设，突出特色发展；强化办学合理定位，强化教学中心地位，强化教学质量保障体系建设，不断提高人才培养质量。把坚持目标性、主体性、多样性、发展性、实证性五项基本原则作为审核评估的主要特征和出发点。在实际操作中，审核评估重点主要是对学校人才培养目标和培养效果的达成度进行判断，要考察人才培养目标与社会需求的适应度、教师和教学资源对人才培养的保障度、教学质量保障体系运行有效度和学生和用人单位的满意度。这在理论上为审核评估工作的开展提供了指导，但在实际评估过程中，怎样根据学校的实际情况把握审核评估的主要特征，怎样客观地判断“五个度”，仍需要深入地研究，进行多角度的综合分析，只有这样才能得出相对客观的结论。审核评估千头万绪，一定要有所侧重，提纲挈领，抓主要矛盾，把握好评估的“度”。

一、人才培养目标的科学性及其达成度是审核评估的重中之重

教育的本质是培养人的社会活动。人才培养目标反映的是学生毕业时必须达成的基本标准，也是所有教学活动的出发点和归宿。从学校定位的角度来看，人才培养目标是一种顶层设计，教师的选用、教学资源的建设、教学质量保障体系的运行等都必须服从和服务于目标的实现。因此，

人才培养目标就是指挥棒和标尺，它既引领教学活动，又对教学活动具有评价和调节的功能，规定了我们将培养什么样的人、怎样培养人，其重要性是不言而喻的。因而在审核评估过程中，对人才培养目标的科学性的考察无疑应该是重中之重。诚然，对人才培养目标科学性的考察，应该是综合性和全方位的。首先，当然要考察人才培养目标与社会现实和发展需求的适应度，这个适应度要从学生素质结构的构建入手来考量是否适应社会需求，这既要立足现实，更要着眼未来。其次，要对包括学生知识体系的形成、专业能力的训练、非智力因素的培养等多个方面进行分析，考察其是否能满足达成人才培养目标的要求，这种要求有共性，但更要关注个性。再次，要全面考察以人才培养目标为导向、课程和教学内容体系为载体、教学方法和培养措施为手段、客观的教学质量考评为常态的教学体系的建立是否完善，各组成部分自身内涵的科学性及其相互关系是否协调，运行过程是否与人才培养目标的达成高度一致等，从而达到过程和结果的统一，也有利于实施反馈调节。抓住了人才培养目标，就抓住了人才培养活动的纲，纲举才能目张，人才培养的过程才可能做到目标清晰、措施得当、成效显著。毋庸置疑，人才培养目标的科学性及其达成度应该是审核评估的重中之重。

二、学生和用人单位的满意度是衡量学校社会价值的标尺

高校为社会服务功能的重要表现是培养社会发展所需要的人才，学生和用人单位的满意度是学校社会价值的体现，也是人才培养目标的科学性及其达成度的集中表现，提升学生和用人单位对学校办学的满意度应该是学校办学的重要价值取向。学生和用人单位的满意度，是衡量学校社会价值的标尺，两者呈正相关。但学生的满意度和用人单位的满意度是完全不同的两个角度。用人单位的满意度是对毕业生社会角色的评价，看毕业生能否适应相应的社会工作，在工作中有所作为，可以说是对我们的产品进行的一次综合评测。而学生的满意度反映的是学生对在学校期间的培养过程中的体验，应该既包括在校学生，也包括毕业生。主要侧重知识体系的构建、专业能力的培养、思维方法的训练、综合素质的养成以及对学生终身发展所能产生的积极影响等方面。如果能得到客观的结论，那么学生的自我评价及作为第三方的用人单位的评价，无论是积极的肯定还是中肯的批评，都是我们审视教学工作乃至整个培养过程并进行积极的反馈调节的重要依据。

三、审核评估中“度”的把握要力求客观

毋庸讳言，本科教学工作审核评估是一项复杂的系统工程，各个环节都有它特定的意义，它们既有侧重，又相互配合，从不同角度和不同层面实现对教学工作的全面审核，各项指标都是不可或缺的，但在审核评估实施的过程中，对人才培养目标的科学性及其达成度和学生与用人单位的满意度尤其值得重视。这固然与指标的重要性有关，但更是因为评价这两项指标的“度”不容易把握。人才培养目标制定的影响因素很多，涉及学生基础、办学条件、社会需求等，既要面对现实，又要考虑未来，无论是考察人才培养目标的制定是否科学，还是目标的达成程度如何，都必须进行动态的分析，对学校的这种顶层设计的科学性和实施效果的评价，难度很大，影响深远，必定要坚持客观性。

对学生和用人单位的满意度的评估，既是结果评价，也是一种诊断性评价，借此对我们教学工作的效果可以作出一个基本的判断，同时可利用这些反馈信息来优化我们的教学过程。但问题是，我们获取的第一手资料不一定是非常客观的。首先，学校获取资料的方式、途径和方法的选择，与调查单位的沟通，调查单位对调查要求的理解和配合调查的程度，无一例外地对调查结果都有直接的影响，但从调查实施的情况来看，似乎还不能说每个单位的工作都很严谨，调查结果都能客观地反映用人单位对毕业生的满意度。而学生的满意度调查则受学生的阅历、判断能力和认真程度等因素的影响，让学生准确地表达真实的感受也非易事。因此，在审核评估过程中要尽量做到去伪存真、去粗存精、综合分析，力求得出有价值的调查结果和客观的评估结论，使之真正符合审核评估的意图，为学校教学工作的不断进步产生积极的促进作用。

以审核评估推动二级学院走内涵发展道路

邓晋宜
（学校教学督导组，副教授）

近年来，高等教育教学质量被提到了前所未有的高度，越来越成为社会和公众关注的焦点。为了适应新时期高等教育改革与发展形势，持续推

动学校内涵发展，提升办学水平和人才培养质量，2014 年下半年，学校在省内率先启动了本科教学工作校内审核评估。通过校内审核评估，各二级学院进一步明确了坚持内涵发展，走特色发展之路的方向，激发了加强内涵建设的内生动力。这是我校开展审核评估的一个非常重要的收获。

一、校内审核评估是学校促进二级学院内涵发展的重大战略部署

党的十八大明确提出“推动高等教育内涵发展”，这是新形势下我国高等教育改革发展的重要指导思想，也是我国高等教育实现变革转型和科学发展的必然选择。质量是高等教育的生命线，提高质量既是二级学院内涵发展的核心，也是二级学院内涵发展的目标。提高高等教育质量包括高校人才培养、科学研究、社会服务、文化传承创新整体质量的提升。审核评估强调“用自己的尺子量自己”，使二级学院从总体上对自身教学工作有了更加客观的认识，更能全面地把握自己的教学工作状态。专家组形成的写实性审核评估报告充分反映了二级学院教育教学质量，以此为依据，二级学院能更有针对性地制订方案，加强整改，把工作重点放在教学工作的建设、强化教学管理、提高教学质量上。通过这次审核评估，为二级学院的发展注入一股强劲的推动力，是二级学院全面梳理、总结教学经验和成绩的过程，是认真查找和发现的问题的过程，也是推动二级学院教学质量不断提升的过程。可见，开展本科教学工作审核评估，是提高高校二级学院教学质量的重要举措，是学校促进二级学院内涵发展的重大战略部署。审核评估不仅能检阅二级学院教学工作的质量和水平，诊断二级学院教学工作存在的问题并提出改进建议，更能发挥“以评促建、以评促改”的作用，促进二级学院更新教育观念，明确发展方向和目标，促进二级学院的内涵发展和质量提高。

二、二级学院通过审核评估进一步明确了内涵发展方向

审核评估着重引导二级学院建立自律机制，强化自我改进，提升办学水平和教育质量。我校各二级学院在审核评估过程中，坚持“以评促建、以评促改、以评促管、评建结合、重在建设”二十字方针，致力于内涵建设，深入研究特色发展，做到强化办学合理定位，强化教学中心地位，强化质量保障体系建设，不断提高人才培养质量。

审核评估重点考察二级学院办学定位和人才培养目标与社会需求的适

应度。通过审核评估二级学院进一步明确了培养目标：应用型本科专业培养高级应用型人才既不同于研究型大学培养理论性人才，也不同于高职院校培养实用性技能人才。应用型本科培养目标就是培养面向生产、建设、管理、服务一线的行业高级专门人才。人才培养规格既不完全是研发人才，也不完全是熟练操作工与技师，而主要是以技术吸收及应用为基准，其不仅能掌握现代社会生产、建设与服务一线从事管理和直接操作的各种高级技能，还具有将高新科技转化为生产力的能力。二级学院都表示要继续坚持“举地方旗，打地方牌”，进一步确立以面向“应用”作为专业建设的指导思想，使我校二级学院能够更合理地选择自己的发展空间和更明确自己的发展目标。

审核评估后二级学院办学方向也更加明确：应用型本科教育既要立足区域，又要着眼行业。在现代社会的竞争环境中，行业市场需求对应用型本科院校起着导向作用，对其专业的选择更具目标性和针对性。特别是地方高校二级学院只有紧密结合地方经济发展和区域行业企业的需要来设置专业和确定专业方向，才能使培养的人才与区域社会经济发展相适应。例如当前专业资格证书是以行业为基础的，是应用型人才创业就业所需的通行证。因此，多数二级学院都表示今后课程设置体系中要增加或融合行业标准所需的专业或高级职业证书课程内容，帮助大学生在校期间考取与本专业相关的资格证书，增强学生的就业砝码，为学生的就业提供多重保障。

学科是人才培养和学术研究的共同载体。二级学院认识到要坚持以提高质量为核心推动内涵发展，就必须把学科调整、优化和建设作为重中之重，强化学科建设对人才培养的支撑作用，促进科研创新与人才培养的紧密结合，构建与学院自身定位相适应的科研基础、实践能力和人文素养融合发展的人才培养模式。通过审核评估，二级学院明确了专业想要寻求新的生长点，必须找准自身定位，坚持结合地方经济建设和社会发展需求，凝练专业特色，积极探索专业建设的新思路、新途径，在发展传统师范专业的同时，努力打造出新兴专业的特色和品牌，并且更加明确了如何进行专业建设，专业培养目标也更加清晰，对专业、课程体系及课程间的关系也把握更加准确。

在“以评促建、以评促改”的过程中，如何凝练自身特色，展现学院个性，体现根据经济建设和社会环境需要，走出自己的发展之路，是二级学院面临的一项重要任务。内涵发展除了必须全面强化人才培养、科学研究、社会服务和文化传承创新四大功能外，还必须推动二级学院的特色发展。强化特色是内涵发展的必由之路，就要深入实施特色发展战略。各二级学院内涵发展要依据自身的学科特色、学术传统、文化积淀以及地区和行业的特点，结合自身的办学条件和当地经济社会发展对二级学院发展的要求，形成二级学院独具风格的本学院文化，不断凝练和彰显特色，从而打造二级学院真正亮丽的品牌。

通过审核评估，师范院系专业对特色也有了更深的理解，明确了虽然拥有原生态的“教师教育特色”，但这种普遍的行业特色并不能代表本校师范院系专业在本科教学工作中独特的特色。特色的具体体现是人无我有、人有我优、人优我特，这就是自身办学特色的体现。特色必须是在长期的办学过程中根据自身经验、成绩进行摸索、总结出来的，优于其他院系，并一直坚持的独特方面。如太原师范学院的“通才教育”特色，即突破传统学科界线，以一个专业为主，跨学科、跨门类综合设置课程，实现多学科交融，培养具备多学科教学能力的复合型教师。华中师范大学提出“三博（博学、博雅、博爱）文化引领，教育信息化助推”的特色，是对教师教育特色的进一步凝练和升华。这些都值得我们在培育、凝练特色时学习借鉴。

三、全力以赴做好审核评估整改工作，切实推进二级学院内涵建设

在全省率先开展校内本科教学工作审核评估，是学校领导在全面分析高校面临的形势、我校现状和问题的基础上，做出的提高办学质量的重大决策。提高认识，端正态度，以主人翁的姿态积极主动地做好审核评估整改工作，是二级学院内涵发展的良好切入点，对改进二级学院的教学工作、规范教学管理是一个难得的机遇，将推动二级学院各项工作的全面发展。因此，我们不要错过发展良机，应积极主动地做好“重在建设”的整改工作。

从某种程度上说，审核评估就是学校开展的一场关于教育思想、办学理念的大讨论，是一场批评与自我批评的活动。新的一年我们要认真查找存在的问题，制订整改方案，认真整改。通过整改，进一步落实人才培养根本任务的要求，落实教学工作中心地位，落实本科教育基础地位，增强教育教学质量是学校生存和发展生命线的意识，明确办学目标与定位，审视办学目标与定位与社会需求的符合程度，加强教学资源建设，规范教学管理，深化教育教学改革，只有这样才能不断提高教学质量、办学水平和

管理水平，不断增强办学效益。只有继续做好审核评估整改工作，才能进一步促进二级学院内涵建设，提高审核评估工作的质量，保证审核评估的效果。

基于校内审核评估的教师发展与服务思考

杜德栎
（教师专业发展中心主任，教授）

为迎接教育部本科教学工作审核评估，进一步完善学校教学质量监控体系，嘉应学院于2014 年率先在全省开展校内审核评估工作。这里，以自己在校内审核评估中承担“教师发展与服务”评估要点为核心，对我校在教师发展与服务的基本情况与不足谈些自己的认识。

一、教师发展与服务是本科教学审核评估的重要指标

师资队伍建设与条件是本科教学工作的基础，在审核评估中是“资源保障度”的重要指标，是新一轮本科教学审核评估的六大项目之一。其中“教师发展与服务”是本项目的四个要素之一，它有两个基本要点：提升教师教学能力和专业水平的政策措施；服务教师职业生涯发展的政策措施。在实际判断时，一方面，要看师资队伍建设规划是否落实到基层教学单位，落实到每位教师身上，特别是青年教师。另一方面，要看教师的培养培训是否有计划、有措施、有经费、有实效；要关注青年教师的诉求。

围绕“在做什么？如何做？效果如何？问题如何？如何改进？”等问题，教育部就该要点中的具体内容拟定了六个引导性问题。

（1）学校教师队伍建设及发展规划落实情况如何？各二级教学单位是否有具体措施？效果如何？

（2）学校建立的支撑教师专业发展的专门机构开展工作情况？效果如何？学校每年用于教师学习、培训的人均经费是多少？

（3）学校在服务教师职业生涯发展方面特别是在关心青年教师成长、提升其业务水平和教学能力方面采取了哪些措施？效果如何？

（4）学校在鼓励教师在职进修、提升学历及国内外学术交流等方面的

政策措施情况？效果如何？

（5）学校如何在教师岗位聘用、考核评价及薪酬分配方面向教学倾斜？

（6）学校在关心与促进教师发展方面存在什么问题？如何改进？[①]

从上述对“教师发展与服务”要点内涵的解析中，我们可以看出此次审核评估中，对于在师资队伍建设方面学校与各办学单位要做到“硬”“软”一起抓，既要抓诸如“学校教师队伍建设及发展规划落实”“教师专业发展的专门机构开展工作情况”“服务教师职业生涯发展”“鼓励教师在职进修、提升学历及国内外学术交流等方面的政策措施”“在教师岗位聘用、考核评价及薪酬分配方面向教学倾斜”等“硬件部分”或显性指标，又要注重诸如上述教师队伍建设与发展规划、教师专业发展机构、鼓励教师进修、倾斜教学措施而形成的激励教师发展的长效机制与教师发展文化等“软件部分”或隐性问题。其中后部分在评估数据中难于把握，是评估的难点问题，也是该要素想实现的最终目的。

二、嘉应学院各二级学院教师发展与服务的基本情况

教师是地方高校办学的第一资源，只有高水平的教师才能办出高水平的大学。为了实现把学校办成“国内知名特色大学”的办学目标，必须大力提高教师专业水平，做好教师发展与服务。为此，在2010年制订的《嘉应学院十年规划中》明确提出：“到2020年，实现‘200名教授300名博士’的教师队伍建设目标；省级名师5名以上，省级‘千百十人才工程’培养对象12名以上；力争在国家教学团队、国家教学名师上取得突破。”这一目标是我校教师发展与服务的总目标，成为激励全校教师队伍建设、各学院各学科发展以及教师自我发展的极大动力。先后制定实施了《嘉应学院强师工程实施方案》《嘉应学院中青年骨干教师重点培养工程实施方案》《嘉应学院新教师培养实施办法》《嘉应学院课堂教学质量评估方案》等一系列提升教师教学发展与专业发展的政策，成立了教师专业发展中心，建立了教师发展生态馆，为教师自我主动发展提供了制度保障。

截至目前，我校现有教职工1 670人，其中专任教师1 243人（教授130人、副教授366人；具有博士学位者130人、硕士学位者682人）。其中，全国优秀教育工作者2人，南粤优秀教师17人，省级教学名师奖1

① 参见《普通高等学校本科教学工作审核评估方案》（参见教高〔2013〕10号）。

人，叶剑英基金优秀教师奖6人，“千百十人才工程”省级培养对象6人，省级优秀青年教师培养对象5人，造就了一批教学科研并重的名师。根据走访观察，在本次校内审核评估中各学院教师发展与服务的基本情况如下：

（1）各二级学院（部）重视教师发展与服务，已把教师发展与服务作为院部规划及工作的主要任务写入学院的“十二五”规划中，83.33%的院部有教师发展规划。

（2）能针对本院（部）所存在的问题提出相应措施，如加大人才引进力度，减少教师教学工作量。经济与管理学院、土木工程学院、体育学院等师生比超过1∶30，教师每学期教学工作量平均达到200节以上，教学压力大，各学院十分重视这一问题，积极采取措施引进人才或外聘教师，减少教师的教学工作量。

（3）多数院（部）制定了提升教师教学能力和专业水平的制度措施，如新教师导师制、教师博士化工程、鼓励教师进修访学制度、导师制工作量的业绩计算办法等。经管学院从2012年开始每学期实施公开听课制度，全院所有教师的课程欢迎全校师生观摩、监督；[①] 教育科学学院为了保障带多门课程的教师的教学质量，规定每学期担任多门课程的教师，在计算工作量时，采取一学期担任三门课以上者，分别把课时量按1.2、1.3的倍数计算等。

（4）措施实施的效果较好。如文学院、生命科学学院、化学与环境学院等教师发展与服务效果显著（见附表1、2）。基本实现了《嘉应学院十年规划中》提出的“我校高层次人才的数量持续增长，中青年学术带头人、教学骨干不断涌现，教师梯队日渐合理，实现了建设一支数量合理、结构优化、素质精良、充满活力、勇于创新、能适应经济社会发展和学校办学目标需要的师资队伍的理想”。

① 经济与管理学院“公开听课”邀请函. http：//www.jyu.edu.cn/news/2012－09/1347352947d83815.html。

表1　文学院、生命科学学院、化学与环境学院教师队伍职称结构一览表

学年	学院	总人数	教授		副教授		讲师		助教		高职称教师比例	
			人数	比例（%）	人数	比例（%）	人数	比例（%）	人数	比例（%）	人数	比例（%）
2013—2014	文学院	40	9	22.5	18	45	12	30	1	2.5	27	67.5
	生命科学学院	43	10	23.26	11	25.58	20	46.51	2	4.65	21	48.83
	化学与环境学院	37	10	27.03	16	43.24	11	29.73	0	0	26	70.27

表2　文学院、生命科学学院、化学与环境学院教师队伍学历结构一览表

学年	学院	总人数	博士学位		硕士学位		学士学位		硕士以上学位	
			人数	比例（%）	人数	比例（%）	人数	比例（%）	人数	比例（%）
2013—2014	文学院	40	15	37.5	16	40	9	22.5	31	77.5
	生命科学学院	43	11	25.58	24	55.81	8	18.60	35	81.40
	化学与环境学院	37	12	32.43	20	54.05	5	13.51	32	86.49

注：文学院、生命科学学院的师资队伍整体水平较高，且在职称结构上，已形成层次分明的梯队，有利于师资队伍的整体发展。

在肯定成绩的同时，部分院部在教师发展与服务方面也存在以下问题：①对教师发展与服务认识不到位，只在口头上，缺少提升教师教学能力和专业水平的具体措施；②缺少教师发展规划；③有措施制度，但缺乏实施过程与主动性，不能坚持实施，效果不佳；④教师教学的工作量大，周课时超过15节，教师缺少进修发展的精力与时间。

三、嘉应学院各二级学院改进教师发展与服务的建议

针对上述不足与问题，专家组向学校与各学院提出了以下改进教师发展与服务工作的意见和建议：

（一）认识教师发展与服务在教学中的重要性，营造尊重人才的良好氛围

一些院（部）对教师发展与服务的重要性认识不足，认为以前就是这

些教师完成了学院各项教学任务，今天教师增加了为什么反而不行；教师人数越多福利奖金就会减少。不愿引进更多人才，没有进一步优化教师素质，提高教学质量的意识。

如上所言，教师是高校办学的第一资源，只有高水平的教师才能办出高水平的大学。纵观世界一流大学的办学经验，其基本点就是“一流理念＋一流教师”①。当学校办学目标确定之后，决定目标实现的根本力量是师资队伍的水平。一个高水平的教师可以带动一个学科的发展，一群高水平的教师就可以带动一所学校的发展。因此，各院部班子必须充分认识到教师发展与服务在教学工作的重要性，将培养优秀教师队伍、获得优秀人才，甚至学术大师、学术领军人才作为学院管理工作成功的基本策略，树立“得人才者，善用人才者得天下”的理念，营造尊重人才、爱护人才的氛围。我校文学院、生命科学学院、化学与环境学院等之所以学院教学工作成绩显著，就是该院院长及其班子对师资队伍培养的重要性具有独特认识的结果。

建议各院（部）围绕学院的办学定位重新讨论教师发展与服务的规划，采取切实有效的措施，将此项工作做到实处；为了督促与服务各学院的工作，建议学校要与各二级学院院长签订教师发展近期与远期发展规划协议，并定期检查；将教师发展与服务工作的成绩计入各学院考核中，成为评价二级学院是否合格的重要指标之一。

（二）学校要加大培养高层次人才的力度，发挥学术带头人在教学中的引领作用

本次评估中，各院（部）共同不足之一就是高层次学术人才或领军人才缺乏，这一不足成为制约教学发展的瓶颈。我们知道，把学校办成“国内知名特色大学”，是由“知名特色学科”“知名特色教师”“知名特色学生”“知名特色社会效果”等各方面因素的综合。这四个“知名特色”发展中，具有“知名特色教师”是根本，只要有了一支在全国知名的特色教师队伍，其他知名就会迎刃而解。因为，“知名特色学科”需要“知名特色教师”来建设，“知名特色学生”需要有“知名特色教师”来培养，“知名特色社会效果”需要“知名特色教师”来创造。

培养“知名特色教师”是教师发展与服务的基本任务之一。“知名特色教师”即高层次人才，如学术大师、教学名师等，泛指在高校某一领域或专业中有突出成就、大家公认并且德高望重的人。它既是一所学校办学

① 罗海鸥．一流大学：一流理念与一流教师——从北大清华等早年办学经验谈起．高教探索，2006（1）．

的形象、一个学校办学水平与专业水平的标杆，又是衡量一个学校教学工作实现目标的资源保障度，是大学最核心的办学资源。1931 年 12 月 3 日，梅贻琦在清华大学校长就职典礼上，留下了中国大学史上最著名的一句话："所谓大学者，非谓有大楼之谓也，有大师之谓也。"其内涵就在此。简言之，大师是一个社会创新能力的创造者，大师是优质教学的生产者，大师是培养杰出人才的基础与榜样。因此，一所大学的办学水平如何，可以直接从它所拥有大师的数量来判断。

为了共建培养大师产生的生态机制，建议学校坚持内培外引的策略，完善优秀人才培养机制：在已有《嘉应学院中青年骨干教师培养工程》的基础上，进一步完善对各层次教师的培养，尤其是对有突出贡献的专家教授的培养，关心他们发展的需要，促使其在更高层次上发展，扩大社会影响；加大对高层次人才的引进力度，使其他机构与高校的学术人才愿意加盟我校，形成"我劝天公重抖擞，不拘一格降大师"的良好环境。

（三）改革人事制度，发挥二级学院的主动性

本次评估中，各二级学院在教师发展与服务方面的主动性不足是全校多数院部存在的又一个共同问题。教师的发展，学校对他们的成长服务，核心体现在各二级学院的各项工作中。因为任何一个教师必须在各学院的使用与服务中才能学有所用，发挥专业特长；才能展现自己的人生价值和人生理想。在评估中，专家组也了解到，有些专业教师长期一学期承担 3～5 门课程，周学时超过 15 节，教师教学工作量很大，甚至超过中小学教师的教学工作量，教师没有精力进行专业学习，进行研究工作；一些学院的管理者不尊重教师，对教师的正当发展需要不管不问，限制青年教师考博士，因而一些学院教师专业发展缓慢，没有人愿意进修；由于学校区域位置的劣势，许多学科，如外语、体育、音乐、土木、教育技术等专业的博士、教授等人才难以引进等。

上述各种问题的出现是学校与二级学院多种原因形成的，需要综合治理。但我认为加大人事改革，将选人、用人的主动权交给二级学院是当前解决问题的捷径。由于学校现有各种条件的限制，我校各项工作要达到其他同等院校的效果，教师在工作中要付出比其他高校更多的精力与努力。只有二级学院在用人方面有了主动性，以情感人，以事业留人，才能调动教师专业发展积极性，才能主动出击引进所需要的博士、教授等人才。同时，建议学校加大对在读博士支持的力度，鼓励他们安心读博，学业完成后自愿回学校继续工作；在引进外语、体育、音乐、土木、教育技术等紧缺专业教师时，政策可以灵活，可以引进具有专业发展潜力的硕士，帮助他们进校后再考取博士等。

第二部分

地方院校本科教学工作审核评估实务

嘉应学院本科教学工作审核评估方案（试行）

嘉应学院

根据《关于普通高等学校本科教学评估工作的意见》（教高〔2011〕9号）和《普通高等学校本科教学工作审核评估方案》（教育部2013年12月）要求，为进一步完善我校教学质量监控体系，提高我校本科教育教学质量，拟全面启动我校审核评估工作，此次审核评估将在学校试点审核评估的基础上全面提升、系统深化、科学可行、确保效果。

一、指导思想与总体要求

（一）指导思想

以党的十八大精神和教育规划纲要为指导，坚持“以评促建、以评促改、以评促管、评建结合、重在建设”的方针；突出内涵建设，突出特色发展；强化办学合理定位，强化人才培养中心地位，强化质量保障体系建设，不断提高人才培养质量。

（二）总体要求

审核评估坚持目标性、主体性、多样性、发展性和实证性五项基本原则，实行目标导向、问题引导、事实判断的评估方法。目标性原则注重以办学定位和人才培养目标为导向，关注目标的确定与实现；主体性原则注重以自我评估、自我检验、自我改进为主，体现在人才培养质量中的主体地位；多样性原则注重办学和人才培养的多样化，尊重办学自主权和自身特色；发展性原则注重内部质量标准和质量保障体系及其长效机制的建立，关注内涵的提升和质量的持续提高；实证性原则注重依据事实作出审核判断，以数据为依据、以事实来证明。

二、评估对象

各教学单位，包括校本部18个学院（部）和医学院、梅州师范分院。

三、评估范围与重点

（1）评估范围。评估范围主要包括办学定位与目标、师资队伍、教学资源、培养过程、学生发展、质量保障以及自选特色等方面，涵盖人才培养目标，教师及其教学水平和教学投入，教学经费、教学设施及专业和课程资源建设情况，培养方案、教学改革及实践教学等各教学环节的落实情况，招生就业情况、学生学习效果及学风建设情况，质量保障体系的建设及运行情况等。

（2）评估重点。评估核心是对人才培养目标与培养效果的达成度（实现效果）进行评价。重点考察办学定位和人才培养目标与地方区域经济社会发展需求的适应度、教师和教学资源条件对人才培养的保障度、教学质量保障体系运行的有效度和学生和社会用人单位的满意度。

四、评估安排

（一）专家组

组　长：邱国锋

副组长：刘明贵（常务）　薛访存　谭兆风　林勤青　吕鉴泉　王金道　张　晨

成　员：韩小林　廖志成　曾向前　潘春玲　张纬民　卜寿亮　冉正宝　刘红梅　杨期和　郭柏春　俞万源　何日胜　曾　辉　钟秀玉　曹知博　张长城　张　诺　麻爱民　胡解旺　张　镜　吴　伟　张爱红　王海燕　杜德栎　陈旭东　张恩德　林培松　林轶红　张国辉　邓晋宜　黄宣文　杨宇辉　张德生　高　旭　王赢利

（二）秘书组

秘书长：高　旭

成　员：杨仕立　李　诺　何优选　孙　涌　王永红　廖志凯　刘达志　周　铭　沈　霞

（三）分组情况（按审核要素划分）

组别	组长	审核要素	成员	秘书
一	邱国锋	1.1 办学定位 1.2 培养目标 1.3 人才培养中心地位 ＊自选特色	吴　伟 韩小林 胡解旺 冉正宝 张恩德 杨宇辉	杨仕立

（续上表）

组别	组长	审核要素	成员	秘书
二	刘明贵	2.3 教师教学投入 3.3 专业设置与培养方案 3.4 课程资源 4.1 教学改革	郭柏春 张　晨 曾　辉 何日胜 俞万源 麻爱民	李　诺
三	谭兆风	3.1 教学经费 3.2 教学设施 3.5 社会资源 4.3 实践教学	钟秀玉 曾向前 张国辉 张爱红 张德生 陈旭东	何优选
四	吕鉴泉	2.1 数量与结构（师资队伍） 2.2 教育教学水平 2.4 教师发展与服务 4.4 第二课堂	曹知博 廖志成 杜德栎 林铁红 林培松 高　旭	王永红
五	王金道	5.1 招生及生源情况 5.2 学生指导与服务 5.3 学风与学习效果 5.4 就业与发展	张　镜 潘春玲 张长城 卜寿亮 张纬民 黄宣文	廖志凯
六	林勤青	4.2 课堂教学 6.1 教学质量保障体系 6.2 质量监控 6.3 质量信息及利用 6.4 质量改进	刘红梅 杨期和 邓晋宜 王海燕 张　诺 王赢利	孙　涌

（四）评估时间

2014 年 9 月中旬至 12 月底，包括评估准备、实地评审和总结工作。

（五）评估程序

审核评估包含教学单位自评和学校评估两个程序，具体分为自评、专家组实地评估以及评估总结三个阶段。

1. 自评阶段（9月中旬至10月下旬）

学院（部）根据《普通高等学校本科教学工作审核评估方案》进行自评，同时提交自评报告（主要包括三部分：一是概述本单位基本情况；二是总结审核项目和要素内容，提炼教学工作的成绩、亮点与特色；三是查找教学工作存在的问题及其原因，提出意见和建议，字数不限）。自评报告要求提交纸质稿及电子稿一式一份于10月30日上午11：30前提交至教务处教学研究科（何侨生大楼208室，E－mail：jyk@jyu.edu.cn）。

2. 专家组实地评估阶段（11月上旬至12月中旬）

评估专家组按照《普通高等学校本科教学工作审核评估方案》对各学院（部）当年的本科教学工作通过听取汇报、查阅材料、个别访谈、集体访谈、问卷调查、实地考察教学设备设施、现场听课和观摩教学等方式进行评价，形成写实性报告。

受评单位依次为（按抽签结果）美术学院、数学学院、外国语学院、教育科学学院、物理与光信息科技学院、土木工程学院、音乐学院、文学院、地理科学与旅游学院、政法学院、医学院、社会科学教学部、教师职业技能教学部、化学与环境学院、计算机学院、生命科学学院、体育学院、电子信息工程学院、经济与管理学院、梅州师范分院。

专家组实地评估程序：

（1）听取汇报。听取教学单位对教学工作的思路、亮点及存在问题的分析，推进应用型人才培养建设的思路及对策等（30分钟）、座谈交流（15分钟）（全体专家组集中进行）；

（2）考察校内外实践基地；

（3）深度访谈（院领导、教师、教学管理人员等）；

（4）每个专家至少听两节课，看课次数不限；

（5）调阅材料（2013—2014学年的作业或实验报告、试卷等，2014届毕业论文/设计等，每位专家至少各调阅两门课程试卷（含空白试卷、试卷分析、成绩登记表、评分标准、标准答案等全套）、两个专业各10份毕业论文/设计、两个班级作业或实验报告（不少于10份）；

（6）做一次问卷调查（由各专家组自拟调查表）。

说明：

（1）此次审核评估学校总联络人为教务处张晨处长，各教学单位总联络人为分管教学的院长（主任）。

（2）梅州师范分院只进行教学工作汇报、座谈交流等。

3. 评估总结阶段（12月中下旬）

学校专家组将评估意见反馈给各教学单位，各教学单位制定整改方案并实施，专家组将于2015年上半年进行复审。

嘉应学院本科教学工作审核评估专家用表[①]

嘉应学院

（2014年10月）

专家用表目录

一、专家审读材料意见表（专家个人用）（表1）

二、考察阶段用表（7种）

1. 专家现场考察活动计划表（听课·走访·深度访谈等）（表2）
2. 专家调阅材料通知单（试卷·毕业论文/设计等）（表3）
3. 听课看课总体情况记录表（表4）
4. 听课评价表（表5）
5. 试卷情况总体评价表（表6）
6. 试卷评价表（表7）
7. 学生毕业论文（设计）情况总体评价表（表8）

三、总结阶段用表（2种）

1. 嘉应学院本科教学工作审核评估专家个人审核评估报告表（表9）
2. 嘉应学院本科教学工作审核评估专家组审核评估报告（表10）

① 这里只编辑了部分表格。

表1：

专家审读材料意见表

（专家个人用）

参评学院（部）名称：____________________ 考察时间：________________

总体印象	
主要问题	
拟考察计划	

注：①审读材料为学院（部）《自评报告》等材料。②审读意见应具体、有针对性，总字数一般不少于300字，页面不足时可加页。③每个参评单位填写一份。

专家（签字）：______________

年 月 日

表2：

专家现场考察活动计划表

（听课·走访·深度访谈等）

参评学院（部）名称：____________________

考察活动内容	时间	要求（年级、专业、对象等）	备注

（续上表）

考察活动内容	时间	要求（年级、专业、对象等）	备注

专家（签字）：______________

年　　月　　日

表3：

专家调阅材料通知单

（试卷·毕业论文/设计等）

参评评估学院（部）：____________________

名称	专业	年级	内容	要求	备注
试卷					
毕业论文（设计）					
其他					

专家（签字）：______________

年　　月　　日

注：(1) 关于“试卷”一栏，学院提供材料：被抽查课程的课程教学大纲（单行本）、教学进度计划表（教学日历）、课程考试试卷（包括命题计划、AB 样卷、评分标准、试卷分析表、学生成绩登记表、课程使用教材）。

(2) 关于“毕业论文（设计）”一栏，学院提供材料：每篇毕业论文（设计），须同时附有论文（设计）的开题报告、教师指导记录、学生答辩记录、教师评审意见、论文（设计）成绩评定，以及该届全体学生论文（设计）的选题名称、选题类型、指导教师职称、评定成绩分布一览表等。

(3)“其他”：可以是作业、实验报告等。

表 4：

听课看课总体情况记录表

参评学院（部）名称：____________________　　考察时间：________________

（填表说明：听课看课的方式、时间可以灵活掌握，既可以是听全 1 节课，也可以是几分钟随堂观摩，还可以对课堂教学进行巡视。请将听课看课的相关情况进行记录，并对课堂教学整体存在的问题提出建议。）

序号	课程情况（名称、学院、专业、年级等）	授课教师情况（姓名、年龄、职称）	考察形式（听课、看课等）	总体评价（请填写“好”“较好”“一般”“较差”）
1				
2				
3				
4				
5				
6				
课堂教学总体情况存在的主要问题及建议：				

（页面不足时可加页）

专家（签字）：________________

年　　月　　日

表5：

听课评价表

开课单位：________________　　课程名称：________________

授课时间：____年____月____日　　第____周　　星期____　　第____节～第____节

课程类型：☐基础课　☐专业基础课　☐专业课　☐实验课　☐实习实训

授课班级：________________　　授课教师：________________

教师职称：________________　　教师年龄层次：☐老　☐中　☐青

测评要素	参考内涵	很好	好	较好	一般	较差
1. 教学态度	尊重学生、治学严谨；讲课有热情、精神饱满					
2. 教学内容	教学目标明确、进度适宜；观点正确、表达清晰；内容充实，重点突出；注意介绍本学科研究和发展动态					
3. 教学方法	理论联系实际，善于启发思维；能够实现师生互动，课堂气氛活跃；能有效利用各种教学媒体					
4. 教学效果	学生理解和掌握了教学内容；学生相关能力得到培养和提高					
总评成绩						
优点、不足及改进建议						

专家（签字）：________________

年　　月　　日

表6：

试卷情况总体评价表

参评学院（部）名称：____________________　　　　考察时间：________________

（填表说明：每位专家需要调阅不少于2门课程的试卷和试卷分析报告。对试卷的审阅，必须把握泛读和精读相结合、以泛读为主的原则，注意把握试卷的整体情况。对调阅试卷的相关情况进行记录，并对试卷存在的问题提出建议。）

<table>
<tr><td>序号</td><td colspan="3">试卷情况
（课程名称、学院、专业、年级、份数等）</td><td colspan="2">审读方式
（精读、泛读）</td></tr>
<tr><td>1</td><td colspan="3"></td><td colspan="2"></td></tr>
<tr><td>2</td><td colspan="3"></td><td colspan="2"></td></tr>
<tr><td>3</td><td colspan="3"></td><td colspan="2"></td></tr>
<tr><td>4</td><td colspan="3"></td><td colspan="2"></td></tr>
<tr><td colspan="2">试卷审阅情况总体评价（请打钩）</td><td>好</td><td>较好</td><td>一般</td><td>较差</td></tr>
<tr><td colspan="6">存在的主要问题及建议：</td></tr>
</table>

（页面不足时可加页）

专家（签字）：______________

年　　月　　日

表7：

试卷评价表

参评学院（部）		专业年级（班级）	
考试课程名称		试卷份数	

（续上表）

<table>
<tr><th colspan="3">评价项目</th><th>好</th><th>较好</th><th>一般</th><th>较差</th></tr>
<tr><td rowspan="5">试题质量</td><td>1</td><td>命题规范情况</td><td></td><td></td><td></td><td></td></tr>
<tr><td>2</td><td>题量</td><td></td><td></td><td></td><td></td></tr>
<tr><td>3</td><td>难易程度</td><td></td><td></td><td></td><td></td></tr>
<tr><td>4</td><td>覆盖面</td><td></td><td></td><td></td><td></td></tr>
<tr><td>5</td><td>试题中考核灵活应用知识的综合性、提高性题目水平</td><td></td><td></td><td></td><td></td></tr>
<tr><td>卷面质量</td><td>6</td><td>试卷文字、插图</td><td></td><td></td><td></td><td></td></tr>
<tr><td rowspan="3">试卷评阅</td><td>7</td><td>评分标准</td><td></td><td></td><td></td><td></td></tr>
<tr><td>8</td><td>阅卷评分标准</td><td></td><td></td><td></td><td></td></tr>
<tr><td>9</td><td>试卷分析</td><td></td><td></td><td></td><td></td></tr>
<tr><td colspan="3">专家综合评价</td><td></td><td></td><td></td><td></td></tr>
<tr><td colspan="7">专家评语</td></tr>
</table>

专家（签字）：______________

年　　月　　日

表9：

嘉应学院本科教学工作审核评估专家个人审核评估报告表

专家个人审核评估报告要求说明：

按照审核方案的要求，审核评估核心是对学院（部）人才培养目标与培养效果的实现状况进行判断。重点考察办学定位和人才培养目标与区域经济社会发展需求的适应度、教师和教学资源条件的保障度、教学和质量保障体系运行的有效度及学生和社会用人单位的满意度。

专家个人审核评估报告中要对各审核项目及其要素的审核情况进行描述，明确学院（部）本科教学工作中值得肯定、需要改进和必须整改的方面，并围绕审核重点对学院（部）本科人才培养总体情况作出判断和评价。对学院（部）教学工作中需要改进和必须整改的部分应提出具体的建议和措施。

参评学院（部）名称：____________________

<table>
<tr><td>审核项目及要素</td><td>1．定位与目标
1.1 办学定位</td></tr>
<tr><td colspan="2">一、值得肯定之处：

二、需要改进之处：

三、必须整改之处：

四、改进教学工作的意见和建议：

审核评估专家（签字）：

分组专家组长（签字）：</td></tr>
</table>

文学院本科教学工作审核评估自评报告

曾令存
（文学院院长，教授）

一、学院基本情况

文学院是目前我校办学规模最大的学院之一，其汉语言文学专业是嘉应学院办学历史最长、规模最大的专业之一。1998 年我校与华南师范大学合办本科专业教育，汉语言文学专业是合办的专业之一；2000 年，嘉应学院获教育部批准独立升办本科教育，汉语言文学专业是第一批招收本科生的六个专业之一。目前，文学院已发展成为我校一个以本科师范教育为主体、与暨南大学联合培养硕士研究生为依托的二级学院。全院有汉语言文学、汉语言、新闻学三个本科专业和一个专科层次的语文教育专业，在校的全日制学生达到 1 192 人。汉语言文学学科是我校第一个省级重点特色建设学科（2012 年），汉语言文学专业是广东省特色专业（2011 年），汉语言文学专业主干课程教学团队是省级优秀教学团队（2014 年），中国现当代文学是省级精品资源共享课程（2014 年）。

表 1　文学院三大本科专业情况一览表

专业	汉语言文学	汉语言	新闻学
设置时间	2000 年	2007 年	2008 年
在校学生	654 人	173 人	218 人
获学士学位授予权时间	2004 年	2011 年	2012 年

在办学规模不断扩大、办学规格不断提升的同时，学院师资队伍建设也不断取得进展。升办本科教育以来，文学院在师资队伍建设中先后提出并实施“青年教师博士化工程”和“专任教师教授化工程”，并取得了初步成效。如今，学院拥有一支从年龄、职称到学历、学科结构等方面都比较科学、合理的师资队伍。在全院现有来自全国五湖四海的专任教师 40 人中，有教授 9 人、副教授 18 人，博士 15 人（其中 1 人在职攻读）、硕士 16 人，高职称、高学历教师分别占 67.5% 和 77.5%。另外，学院先后有

广东省“千百十人才工程”省级培养对象 2 人，校级培养对象 10 人，嘉应学院青年骨干教师培养对象 6 人。

多年来，文学院坚持“教学为本、学术强院”，以科研促教学的办学理念。据初步统计，升办本科教育以来，全院教师先后主持国家社科基金项目 3 个、教育部项目 9 个、省厅级项目 41 个，出版专著 45 部，在全国 248 种刊物上共发表论文 1 121 篇。另外，为加强与学术界的交流，文学院还不定时地邀请国内外著名专家学者和作家来院讲学。据初步统计，升办本科教育以来，文学院组织了各类学术讲座 160 场/次，其中仅近三年来组织了 44 场/次。国内许多著名学者等都曾到我院讲学，指导我院学科与专业建设。

与此同时，文学院还结合自身人才优势，积极开展客家方言与客籍作家作品为主体的客家研究，先后主持了教育部、国家社科基金项目各一个，省厅级研究项目一批；发表著作、论文等研究成果一批，参与主编了《岭南文化书系·客家文化丛书》，校疏整理了大型地方文史丛集《梅水诗丛》，同时参与了《客家与梅州书系》选题的编写工作。学院的客家研究已成为社会了解梅州客家历史人文的一个重要窗口。

经过多年的努力，文学院无论在办学规模、办学规格、办学实力（包括师资队伍建设、学科与专业建设）、办学特色与办学社会影响等方面均已发生巨大变化，一些学科与高级研究课题已在国内同类研究领域中产生了一定的影响。厚实的积累与良好的发展势头为学院的进一步发展打下了扎实基础。

二、本科教学工作的措施、成效与特色

（一）明确学院办学定位

根据教育部关于今后我国高等教育要坚持“稳定规模、优化结构、强化特色、注重创新”16 字内涵式发展的指导思想，结合我校办好应用型优秀本科大学，申办硕士研究生教育，创建国内知名特色大学的办学定位，近年来，文学院结合自身实际，重点从办学定位、办学层次、办学规模等三个方面思考文学院的发展定位。

在办学定位方面，学院全力以赴办好本科教育，密切与地方社会经济文化发展的关系，以服务地方为办学指导思想，培养“基础厚、口径宽、素质好、能力强”的综合应用型人才。

在办学层次方面，进一步巩固本科教育成果，推进联合培养研究生工

作，提升办学层次，既为学院开展本科教育提供了坚强依托，又提升了学院办学层次；要正确处理好培养应用型人才与办好本科教育相互促进的关系。

在办学规模方面，创新思路办好汉语言文学专业，改造、探索汉语言专业办学新途径，创造条件办好新闻学专业；在校全日制学生规模争取控制在 1 500 人以内，专任教师人数控制在 43 人左右。

在办学规模相对稳定情况下，要根据学校提出的“从规模扩大型发展转向质量提高型发展”的办学思路，树立以提高人才培养质量而不是扩大规模的思路来求生存与发展的观念。

（二）突出教学中心地位

根据学院的发展定位与人才培养目标，我们多年来坚定不移地将教学工作视为学院的日常中心工作。主要表现在：将教学工作纳入学院每周党政联席会议的议程；每学期至少召开一次教学工作专题会议，开展一次实践教学与人才培养的专题调研活动；保质保量完成听课评课任务；根据社会需求不断调整专业结构；修订人才培养方案；配合学校近年来教学状态评估工作的开展；不断加强学院自身的教学管理，等等。

（三）加强师资队伍建设

学院师资队伍建设坚持内培外引的指导思想，建设规划思路明确，效果显著。为加快青年教师的成长，学院在外出进修提高、项目申报等方面均有意识向青年教师倾斜；为不断改善师资队伍的职称与学历结构，学院继实施“青年教师博士化工程”之后，前些年又提出“专任教师教授化工程”；为充实学院实践教学师资队伍，学院还充分利用社会资源引聘校外兼职老师；为开阔教师视野，学院还积极配合国家汉办与省侨办安排教师出国对外汉语教育。另外，为保证本科教学质量，学院一直坚持教授、副教授为本科学生授课制度；为深化教学改革，学院一直组织和鼓励教师开展教改教研活动。

建设成效一：学院拥有了一支从职称、学位、年龄乃至学缘结构等方面都趋于合理、科学的师资队伍。目前全院共有专任教师 40 人，师资队伍数量充足，较好地满足了人才培养的需要，形成了良好的发展态势。

建设成效二：师资队伍职称与学历结构等得到改善。据统计，学院近三年来先后引进具有博士学位教师 1 人，具有硕士学位教师 2 人，安排 1 人在职攻读博士学位。学院教师中近三年来有 2 人晋升了教授、3 人晋升了副教授。目前全院专任教师 40 人中，有教授 9 人、副教授 18 人，博士 15 人（其中 1 人在职攻读）、硕士 16 人，高职称、高学历教师分别占

67.5%和77.5%。另外，学院先后有广东省“千百十人才工程”省级培养对象2人，校级培养对象10人，嘉应学院青年骨干教师培养对象6人。

表2　文学院教师队伍职称结构一览表

学年	总人数	教授		副教授		讲师		助教		高职称教师比例	
		人数	比例	人数	比例	人数	比例	人数	比例	人数	比例
2013—2014	40	9	22.5%	18	45%	12	30%	1	2.5%	27	67.5%

注：文学院的师资队伍整体水平较高，且在职称结构上已形成层次分明的梯队，有利于师资队伍的整体发展。

表3　文学院教师队伍学历结构一览表

学年	总人数	博士学位		硕士学位		学士学位		硕士以上学位	
		人数	比例	人数	比例	人数	比例	人数	比例
2013—2014	40	15	37.5%	16	40%	9	22.5%	31	77.5%

注：文学院的师资队伍中具有博士学位和硕士学位教师的比例还在逐年提高。

表4　文学院教师队伍年龄结构一览表

学年	总人数	45岁以上		35～45岁		35岁以下		平均年龄
		人数	比例	人数	比例	人数	比例	
2013—2014	40	16	40%	20	50%	4	10%	42.98

注：文学院的师资队伍比较年轻，平均年龄42.98岁。占师资总数40%的45岁以上的教师，具有较高的教学水平和丰富的教学经验，是教学工作的带头人。占师资总数50%的35到45岁之间的教师是教学工作的中坚力量，也是师资队伍发展的主要保障。

建设成效三：教学质量工程及教改教研上台阶。据统计，近三年来，学院教师先后主持省级质量工程项目3项（省级特色专业汉语言文学专业、省级优秀教学团队汉语言文学专业主干课程教学团队、省级精品资源共享课程中国现当代文学），校级、省级教育教学改革研究项目10项（其中省级1项：“应用型优秀本科教育”定位下的应用写作教学改革研究）。全院教师共发表教改教研论文43篇，每人达到1篇。陈红旗等4位教师合作完成的教改课题《中国现当代文学学科课程教育教学改革》获2012年度学校教学成果奖一等奖。

表5　文学院教师2011年以来主持省级质量工程情况一览表

质量工程项目	质量工程建设对象	主持人	立项时间
省级特色专业	汉语言文学专业	曾令存	2011
省级优秀教学团队	汉语言文学专业主干课程教学团队	陈红旗	2014
省级精品资源共享课程	中国现当代文学	曾令存	2014

表6　文学院教师2013—2014学年开展科研教研情况一览表

<table>
<tr><th rowspan="2">类别</th><th colspan="2">项目</th><th rowspan="2">著作</th><th colspan="2">教材</th><th colspan="2">论文</th></tr>
<tr><th>项目数</th><th>其中省级以上</th><th>教材数</th><th>其中省级以上</th><th>论文数</th><th>其中核心期刊</th></tr>
<tr><td>科学研究</td><td>8</td><td>3</td><td>7</td><td></td><td></td><td>52</td><td>12</td></tr>
<tr><td>教学研究</td><td>4</td><td>3</td><td></td><td></td><td></td><td>13</td><td></td></tr>
<tr><td>合计</td><td>12</td><td>6</td><td>7</td><td></td><td></td><td>65</td><td>12</td></tr>
</table>

建设成效四：促进了学院本科教学水平的提高。据统计，2011—2014学年，学院教师中有41人/次获嘉应学院课堂教学质量优秀奖，在嘉应学院青年教师教学竞赛中有1人获一等奖，1人获三等奖。另有3人获陈惠娜奖教金，1人获首届叶剑英基金优秀教师奖，3人获首届方直卓越教师奖，1人获首届方直卓越教育工作者奖。

（四）优化教学资源，建设基础设施

（1）采取有效措施加强专业与课程建设，即将专业、课程建设与学科建设有机结合起来，并形成良性互动。依托省级特色重点学科汉语言文字学学科的汉语言专业2011年通过学士学位授予权的评估；正在建设中的新闻学专业也于2012年通过学士学位授予权的评估。办学历史比较长、基础比较扎实、依托校级重点学科的中国语言文学学科的汉语言文学专业2011年被立项为省级特色专业建设对象，学科优势突出、教学质量比较优秀的中国现当代文学课程也从校级精品课程升格为省级精品资源共享课程建设对象。为了更好地培养社会需要人才，学院在严格执行人才培养方案的同时，每年还在学校统筹下结合自身实际进行专业人才方案的调整与修订。

（2）学院课程建设从课程教学大纲的制定到课程师资的配备、教材的使用及其他课程教学文件等方面都严格按照学校相关规定展开建设，三大本科专业必修课程基本上实行了课程负责人制度，建立了课程档案。本科专业课程原则上使用“面向21世纪课程教材”、教育部推荐使用教材。在选修课中鼓励使用教师编写（参编）的具有特色的高水平教材、讲义。

（3）教学基础设施不断完善，教学经费投入得到保障。据统计，学院近三年来校拨教学总经费达到83.438 5万元（包括教学业务与差旅费、专业与课程建设经费、专业见习实习经费、毕业论文经费等）。另外质量工程与教改教研部分就达68.1万元（其中省财政拨款60万）。学院目前课室均已安装多媒体设备。多年来，学院还积极争取毕业系友的支持，筹措经费近70万元改善教学环境（其中近60万元仍挂学校账上），建设藏书室、阅览室、多功能报告厅、新闻学专业实训室等。

表7　文学院2011年以来教学经费年度变化情况

年度	在校生人数（人）	教学经费（元）	生均四项经费（元/生）
2011	1 465	288 010	196
2012	1 233	321 495	260
2013	1 121	224 880	201

表10　文学院校友2011年以来捐赠财物改善学院教学条件情况一览表

捐赠时间	捐赠校友	捐赠数额（元）	备注
2011年3月	罗活活		72台旧电脑，旧电脑台（大12张、小52张）
2011年1月	李燕萍	2 000	
2011年12月	罗活活	100 000	
2012年1月	罗活活		42台旧电脑，电脑台8张
2012年7月	89（2）班校友	10 000	投影设备
2013年11月	罗活活	385 000	
2013年11月	814班	200 000	
合计		697 000	

（五）深化教学改革，加强实践教学

近三年来，学院围绕学院人才培养目标，开展教学改革与研究思路清晰，成效显著。具体表现在如下几方面：

（1）为加强文学院师范专业人才培养与梅州基础教育的对接，推进应用型人才培养，学院先后聘任了舒小梅等五位中学语文高级教师为文学院校外兼职老师，并在2009级学生开设了中学语文一线教师现场教学讲座共六次，加强了与基础教学现状的对接。与此同时，还邀请了梅县东山中学校区副校长姚勇文等两位中学副校长为本科师范生开设以“中学需要什么样的语文老师”为主题的中学语文教育教学校长论坛。

表8　文学院《中学语文一线教师现场教学》开课时间表

主讲	时间	专题系列
张教英老师（东山新城分校语文科教研组长）	2012年3月14日 14：30—16：00	中国传统文化与古诗文教学
	2012年3月21日	传统文化视野下的语文教学
	2012年3月28日	语言的文化符码与古诗词教学
林明老师（曾宪梓中学教务科副主任）	2012年4月11日 14：30—16：00	在历史与文化语境中解读古文 大林与你谈作文教学
	2012年4月18日	写作训练成效最大化策略
	2012年4月25日	作文评改成效最大化策略
梁素霞老师（东山中学语文科教研组长）	2012年5月2日 14：30—16：00	语言教学与文学欣赏的融合路径
	2012年5月9日	课例赏析：在文学欣赏中重视语言魅力
	2012年5月16日	语言教学与文学欣赏相融合的方法探讨

（2）进行应用型专业人才培养专题调研。学院结合广东省特色专业汉语言文学专业建设，2013年，在教学管理部门的支持下到五华县教育局和四所中学进行专业人才培养专题调研；2014年，学院又争取得到学校分管教学领导及教学管理部门的支持，到兴宁市实验学校举行特色专业实训基地授牌暨应用型人才培养调研活动，利用实验学校丰厚的实践教育教学资源和强大的语文教师队伍弥补学院师范生实践技能培养的不足，提高人才培养的质量，同时结合课题研究，为我院乃至我校探索一条培养应用型人才，特别是师范类人才培养的新路子。

（3）实施《文学院学生专业综合素质训练计划》，并制定严格有效的管理办法，真正收到成效。据统计，近三年来，学院共组织教师100多人参与学生专业综合素质训练的指导，尤其是课外写作的审阅、批改，并从广东省特色专业汉语言文学专业建设经费中投入近7.482 15万元。2014学年度，学院在近年来实施的基础上予以完善，建立起以学生自我管理为主、班主任督促检查为辅、专业教师专题指导三级管理新机制。

（4）坚持从学年论文到毕业论文循序渐进的论文写作训练模式，在毕业论文工作中坚持“端正态度、诚信写作、重在过程”的管理理念，保证论文写作质量。据统计，近三年来至少已有5篇优秀毕业论文经过指导老师修改后发表。与此同时，为强化学生的师范技能，学院还积极策划、组织了以三笔字、说课为主要内容的第四、五、六、七届共四届文学院学生师范技能大赛。仅近三年来参与的学生就达2 620人，极大地提高了学生师范技能。

此外，近两年来学院还分批安排了13名学生到台湾多所高校交流学习，开阔学生视野。组织的中文戏剧之夜与诗乐舞大赛等专业密切相关的第二课堂活动，不但使参加演出的学生感受了重新创作文学名剧和自导自演的乐趣，而且使观看演出的学生感受到了文学名著的震撼力。

表9　文学院赴台高校交流生一览表（2013—2014学年第一学期）

专业	学号	姓名	性别	民族	交流高校
汉语言文学	101040165	钟小敏	女	汉	玄奘大学
汉语言文学	103040061	梁义云	女	汉	玄奘大学

表10　文学院赴台高校交流生一览表（2013—2014学年第二学期）

专业	学号	姓名	性别	民族	交流高校
汉语言文学	121040043	陈巧玲	女	汉	侨光科技大学
汉语言文学	113040023	卜煜朋	男	汉	玄奘大学

表11　文学院第二课堂主要活动一览表（2013—2014学年度第一学期）

时间	活动内容
9月	1. 嘉应学院“新生杯”篮球赛 2. 文学院教师节“弘师德，感师恩”活动 3. 文学院宿舍文化创意PPT大赛 4. 文学院啦啦队招新及培训活动 5. 文学院“十大歌手”活动

（续上表）

时间	活动内容
10 月	1. 嘉应学院第十二届校园文化艺术节之“激扬青春，缤纷校园”微电影大赛 2. 嘉应学院2013年新生杯篮球赛“最型得分”摄影、视频比赛（嘉应学院第十一届校园文化艺术节之校园摄影大赛活动） 3. 义工团到大和特殊学校进行义教 4. 嘉应学院“新生杯”羽毛球比赛 5. 义工团迎新晚会
11 月	1. 文学院“我是中文人”系列活动 （1）书者 （2）说者 （3）辩者 （4）印者 2. 嘉应学院排球锦标赛 3. 嘉应学院第十届田径运动会 4. 嘉应学院第十届“新生杯”毽球团体赛 5. 义工团福利院探访活动 6. 百花洲汉字听写大会
12 月	义工团嘉园第三届手语大赛

表12　文学院第二课堂主要活动一览表（2013—2014学年度第二学期）

时间	活动内容
3 月	1. 百花洲文学社文学原创大赛 2. 文学院第六届师范技能大赛 3. 文学院2013—2014学年第二学期献血活动 4. 文学院女生节游园活动 5. 文学院为1203班陈弈可同学捐款活动 6. 文学院义工团福利院之行
4 月	1. 百花洲文学社广告词征集 2. 文学院宿舍文化装饰大赛 3. 新闻部摄影大赛 4. 义工团爱心形象大使大赛 5. 新闻部开展“我喜爱的嘉园生活”主题微视频竞赛活动 6. 嘉应学院“文祠杯”足球赛 7. 文学院第十一届“戏剧之夜”活动

（续上表）

时间	活动内容
5月	1. 广东省师范技能大赛 2. 嘉应学院网球锦标赛 3. 文学院趣味运动会 4. 义工团热血青年活动
6月	广东省高校反腐倡廉文艺作品创作交流及演展览活动：艺术类有摄影及微电影的作品征集
7月份	1. “客都梅州，美不胜收”微美文有奖征文大赛 2. “我的中国梦——正心笃志、崇德弘毅”主题拍客大赛 3. “我的中国梦——最美校园”主题微电影创作大赛 4. 文学院志愿者服务队到大埔大东进行社会调查

（六）重视招生就业工作

（1）学院注重学风建设，认真贯彻学院各项学生管理制度，树立学生自觉遵守校纪校规的良好风气；在入党、评优等方面严格执行“公平、公正、公开”的原则，培养学生积极向上的人生态度；健全和完善政治辅导员、班主任工作机制，每学期定期召开学生工作研讨会，集中解决学生中普遍存在的种种问题；建立特困生档案，成立“特困生资助基金”，帮助他们完成学业。

（2）近三年来，学院在加强自身办学实力的同时，还积极配合学校开展招生宣传活动，积极向社会用人单位推荐学生毕业就业，并取得了比较理想的成效。据统计，学院近三年来三大本科专业的招生状况一年比一年好，其中近两年的三大本科专业的录取生源均为第一志愿。毕业就业率近三年来在90%以上，其中考取公务员人数达77人。

表13　文学院2011年以来生源情况·各专业生源数量与结构特征

<table>
<tr><th>年份</th><th>专业</th><th>招生人数</th><th>报到人数</th><th>学生教育背景</th><th>党员人数</th><th>男生人数</th><th>女生人数</th><th>少数民族人数</th><th>贫困学生人数</th></tr>
<tr><td rowspan="3">2011</td><td>汉语言文学</td><td>154</td><td>147</td><td>本科</td><td rowspan="3">44</td><td rowspan="3">51</td><td rowspan="3">253</td><td rowspan="3">0</td><td rowspan="3">64</td></tr>
<tr><td>汉语言</td><td>50</td><td>45</td><td>本科</td></tr>
<tr><td>新闻学</td><td>40</td><td>36</td><td>本科</td></tr>
</table>

（续上表）

年份	专业	招生人数	报到人数	学生教育背景	党员人数	男生人数	女生人数	少数民族人数	贫困学生人数
2012	汉语言文学	167	167	本科	26	38	206	4	77
	汉语言	45	42	本科					
	新闻学	45	45	本科					
2013	汉语言文学	149	142	本科	2	58	275	2	64
	汉语言	49	48	本科					
	新闻学	90	88	本科					
2014	汉语言文学	100	99	本科	3	25	299	4	77
	汉语言	50	49	本科					
	新闻学	55	54	本科					

（3）学风建设成效：首先，体现在研究生报考与录取方面。据统计，2011—2014 年我院共 186 名学生报考研究生，其中考取研究生 52 人，录取率达 27.96%（其中考取“985”院校 2 人，“211”院校 21 人）。其次，体现在毕业就业方面。人才培养成效还体现在学院学生参与的各种技能竞赛中：在近两年组织的第一、二届广东省高校师范生技能大赛中，我院学生取得两个一等奖、一个二等奖、两个三等奖；在由团省委、省教育厅、省文化厅、省学联共同举办的第七届广东大学生校园文化艺术节之“演绎青春”广东大学生话剧小品大赛中，我院参赛作品《偷天换馅》荣获大赛二等奖，该剧主演卢劲峰获得“最佳男演员”称号；在第十二届挑战杯广东大学生课外学术科技作品竞赛中，丘森才的作品《客家山歌传承人才的培育与发展方略探析》获三等奖；2014 年，学院 1205 班贾忠杰等申报的《校园微电影宣传片的开发与制作——视觉工作室》获得广东大学生科技创新培育项目立项。

（七）完善质量保障体系

（1）制定科学可行的措施，加强日常教学秩序的管理；发挥教研室主任作用，组织本教研室老师开展听课评课活动；发挥学院教学督导组协助学院教学管理职能；完善和发挥课堂教学信息反馈制度，促进课堂教学质量的提高；科学把握学生的课堂教学质量评价结果，积极改进学院的课堂教学质量。

（2）建立学院的常规教学检查制度，加强对教学质量的监控。学院领导不定期进行突击听课检查；每学期期中配合学校教务处的教学检查，组织学生座谈会，听取学生对教师课堂教学的意见，并及时召开全院教师大会进行通报分析，把意见反馈给授课教师，以促改进。

（3）为了更有效地抓教风促学风，在学院营造一种良好的教与学的风气。学院要求教师们既要具有坚守岗位的意识，又要具有一种担当精神：要求老师们对教师这一教书育人的身份内涵有正确的认识与理解，对学生严宽相济，用自己的精神品格去影响学生；对自己所从事工作有一种敬业精神，对教学要有足够时间精力的投入，使自己的教学内容能够体现本学科最新的研究成果；对课堂心存敬畏感，用好课堂这一传道授业的平台；要有一种责任感和使命感，要想到自己肩上承担的培养国家与社会未来人才的重任。

（八）不断强化办学特色

（1）科研与教学相促进，以科研促教学，通过教学转化科研成果，提高教学质量，培养优秀人才。主要表现在：以学科建设优势作为专业与课程建设的依托并取得了显著成效，通过发挥学科人才作用，辅导学生备考研究生，提高人才培养质量的显示度；通过专题选修课程的开设转化科研成果，提升课程品位（据统计，上学年我院开设的这类专题选修课程共有10门）；利用学术网络资源，邀请著名专家、学者来校指导专业与课程建设，指导青年教师等。

（2）充分发挥自身人才优势，开展以客家方言和客籍作家作品为主体的客家文化研究，在弘扬客家文化、为学校创建知名特色大学添砖加瓦的同时，尝试通过课程开设与毕业论文写作指导等途径，将地方文化进课堂并渗透到人才培养中，使培养的人才更好地与地方经济文化建设服务，并取得了一定成效。据统计，近三年来，以客家方言和客籍作家作品为毕业论文选题的学生共有54人，在一定程度上彰显了学院的办学特色。

三、存在问题及其原因、今后努力方向

（一）存在问题及其原因

1．传统专业如何培养应用型人才的问题

学院的汉语言文学专业属传统专业。面对我国高等教育的转型，特别是我校的办学定位与人才培养目标，该专业如何更好地适应形势发展需要培养应用型人才，仍在思考与探索中。近年来学院在这方面虽然做了一些

努力与尝试，如坚持实施《文学院学生专业综合素质训练计划》，组织师范技能大赛，以提高学生的写作能力以及师范职业技能；加强与基础教育现状的对接，探索与地方基础教育一起培养专业人才的新途径等，也取得了一定成效。但受制于汉语言文学专业的性质，这种努力与尝试空间还是有限的。

2．专业结构不够科学，新闻学专业建设投入不足

一是汉语言专业在与汉语言文学专业存在一定重复的同时，其专业口径相对显得更为狭小，要办出该专业的特色难度更大，近几年来的招生资源与就业状况均不够理想。

二是新闻学作为2008年开始开办的一个本科，由于来应聘的人才比较少，该专业的师资力量多年来一直都没有得到很好的充实。同时，作为实践性比较强的专业，由于各种原因，该专业的设备投入严重不足。以上情形均在一定程度上影响到专业人才培养的质量。

3．教改教研不够深入，课堂教学质量参差不齐

教改教研不少流于形式，真正能够解决实际问题的教改教研课题不多。由于各种原因，学院课堂教学质量参差不齐，从而在一定程度上影响了学院整体教学质量。

（二）今后努力方向

（1）结合专业特点与人才培养进行分流的实际，做好汉语言文学专业应用型人才的科学规划。

（2）考虑待审核评估结束后停办汉语言专业，或者通过开设对外汉语教学专业方向形式进行调整。

（3）在继续引进专业师资的同时，争取通过“双聘”等途径，利用地方媒体资源，引聘业界新闻工作者加强专业师资力量。同时，建议学校通过相关政策的制定，真正实现办学资源共享，使新闻学专业的教学与实训基本实施得到保障；争取学校领导与相关部门的支持，通过中央财政专项资金资助的途径，改善专业教学与实训设施。

（4）走出为立项而立项的教改教研观念，设计若干对学院专业与课程建设、人才培养具有积极意义的教改教研课题，开展跨学科与专业（课程）的教学改革与研究，让更多的教师参与进来。

（5）在加强日常教学管理、完善课堂教学质量监控体系的同时，通过“传、帮、带”等途径帮助一些教师提高课堂教学水平。

政法学院本科教学工作审核评估自评报告

蔡国芹
（政法学院院长，教授）

为规范本科教学活动，突出内涵建设，强化质量保障，不断提高人才培养质量，根据《嘉应学院本科教学工作审核评估方案（试行）》（嘉院〔2014〕114号）文件要求，对照审核要素评价标准，结合学院实际，我院自主进行了本科教学工作的评估与自查，现将有关自评情况总结报告如下。

一、政法学院基本情况

政法学院现有思想政治教育、法学、历史学和公共事业管理（含社会工作方向）四个本科专业以及一个法律事务专科专业。其中，思想政治教育专业和法学本科专业授予法学学士学位、公共事业管理专业授予管理学学士学位、历史学专业授予历史学学士学位。法律事务则属于高职类专业。至2014年9月30日，学院的全日制普通高等教育类在校学生共1 167人，其中，本科生1 127人、专科生40人；24个自然班，包括23个本科班和1个专科班。生源大部分来自广东全省范围，少部分来自全国其他省（市、自治区）。

学院下设政治系、法律系、历史系、公共事务管理系四个教学系，并设有思想道德教育研究所、科学技术与社会发展研究所、池田大作文化哲学研究所和区域治道研究所四个院属研究所。2013年10月，学校与省人大常委会合作建立了以学院法学专业为主要依托的省级科研项目基地“嘉应学院广东省地方立法研究评估与咨询服务基地”。

至2014年10月1日，学院现有在编教职工40人。其中，专任教师33人，行政人员7人，另有行政兼课教师15人。在48名任课教师中，有教授14人、副教授9人、讲师21人、助教4人。其中3位教授兼职华南师大历史文化学院专业硕士生导师，1位教授兼职信阳师院政法学院硕士研究生导师。在学历（学位）结构方面，有博士后1人、博士3人、硕士35人（含在读博士2人）、学士9人。此外，在法学专业教师中，属于“双师型”的教师（具有律师执业资格证）5 人，有法律职业资格证（含律师资格证）的老师3 人。

二、本科教学工作开展情况和主要成效

（一）合理确定办学定位，明确人才培养目标，突出人才培养中心地位

1. 办学定位与人才培养目标的确定依据与内容

我校是一所地处粤东北中心城市、省市共建的省属地方高校，根据《中华人民共和国高等教育法》的有关规定，以及学校的“教学服务型”办学定位和“努力办好应用型优秀本科教育，尽快取得硕士学位授权资格，创建国内知名特色大学”的发展目标，结合我校生源质量的现实情况，政法学院确定的办学定位是“以服务地方社会为主的应用型优秀本科教育”，即以“培养知识、能力和素质全面协调发展，求真务实、敢于创新，适应地方社会管理和服务需求的高级应用型专门人才”为目标的普通高等本科教育。以“立足梅州，面向广东，辐射全国”的办学理念，坚持以马克思列宁主义、毛泽东思想、邓小平理论、“三个代表”重要思想和科学发展观为指导思想，坚持社会主义办学方向，全面贯彻国家的教育方针，为我国社会主义现代化建设特别是广东的社会经济发展服务，培养具有创新精神和较强实践能力的政法、管理、社会服务和中等教育的应用型高级专门人才，努力成为广东省内社会影响好和办学声誉高的二级办学主体。

基于务实、合理的办学定位，学院确定了符合地方社会经济发展现实需要的人才培养总体目标，即通过四年的本科教育学习，让学生成长为“基础理论知识扎实、应用能力较强、综合素质较高，用人单位较满意或者具有继续深造潜力”的应用型高级专门人才。其中，各专业人才培养目标分别如下：

思想政治教育本科生的培养目标：培养能够适应21 世纪基础教育发展需要，具有较高的政治素质、道德素质和马克思主义理论素养，具有创新精神和实践能力，德、智、体、美等方面全面发展的中等学校政治课教师和辅导员，以及能够胜任党政机关、企事业单位和社区从事思想政治教育工作和管理工作的专门人才。

法学本科生培养目标：培养能够适应 21 世纪社会主义现代化建设需要，具有创新精神和实践能力的，德、智、体、美等方面全面发展，能为经济建设和社会发展服务的应用型高级法律专门人才。毕业生能在立法机关、党政机关、检察机关、审判机关、企业事业单位、社会团体、仲裁机

构、法律服务机构或基层组织等胜任有关法律实务工作或者继续更高层次的专业深造。

历史学本科生培养目标：培养能够适应21世纪基础教育发展需要，具有较高的政治素质和马克思主义理论素养，具有扎实的历史学基本理论和基础知识，掌握基本教学理论、教学方法和现代教学技术，具有创新精神和实践能力，能够从事高（初）级中学历史教学的教师。同时，本专业培养能胜任政府机关、企事业单位的行政工作，新闻、出版部门的编辑工作以及博物馆、文化站等部门工作的高级人才。

公共事业管理本科生培养目标：培养适应21世纪社会主义现代化建设需要，具备现代管理理论、技术与方法，以及较高的综合素质，能在各级政府机关、城市管理、人力资源管理和社会公共服务等公共事业部门从事管理工作，具有创新精神和实践能力，德、智、体、美等方面全面发展，能为经济建设和社会发展服务的应用型高级专门人才。

2. 采取有效措施，落实人才培养中心地位的基本政策

在深刻理解当代大学“人才培养、科学研究、社会服务、文化传承与创新”的历史使命基础上，立足于本院的办学定位和人才培养总体目标，坚持和突出人才培养中心地位，本科教学工作始终是学院的工作重心。相关政策和主要措施如下：人才培养方案的制定在考虑培养规格基本规范的同时，尽量契合生源质量实际情况，并积极参考社会用人单位的意见和建议；学院领导分别负责和协调一个本科专业的相关工作，以帮助和促进各专业的建设与发展；学院党政联席会议和教职工大会，教学工作是主要研究或会议议题；学院绩效工资的分配以教学工作量为主要依据；教师年度考核评优，须在课堂教学质量排名前50%之内，且排名靠前者优先；教师职称评定，教学质量是重要考核内容之一；引进专业教师时，须先行试讲，其教学能力是重要考核指标；学院教职工普遍树立了善待学生、积极服务和帮助学生身心发展的工作理念；各项学生活动的开展，须以不影响正常教学工作为前提；加强校际交流，虚心向其他院校学习教学工作的成功经验。例如，以沈健教授为主的“哲学精品课程”教学团队，到西南石油大学进行学习交流；韶关学院法学院院长率队来院交流法学专业的建设与发展情况等。

（二）重视师德师风和教学能力建设，努力打造适应人才培养目标的师资队伍

1. 现有师资队伍的现状及发展建设规划

学院现有专、兼职任课老师48人，师生比为23.47%。在学历（学

位）结构方面，有博士后1人、博士3人，占比8.3%；硕士35人（含在读博士2人），占比72.9%；学士9人，占比18.7%。在年龄方面，50岁及以上的，共11人，且临近退休的有3人，占比22.9%；40~49岁的共22人，占比45.8%；30~39岁的共8人，占比16.6%；30岁以下的7人，占比14.5%。在“双师型”教师方面，只有法学专业具有6名“双师型”教师，占全体教师的12.5%。总体而言，在任课教师中，具有博士学位的教师比例偏低；30岁以下年青教师数量偏少；“双师型”教师数量明显不足，生师比略为偏高。

为保证课堂教学质量和教师队伍的延续性，进一步优化师资结构，学院连续三年向学校上报人才引进计划，重点引进40岁以下的博士、副教授或者35岁以下的青年博士，共6~8名。在2013—2014学年，学院成功引进了1名博士和1名博士后。与此同时，学院还加强了教学团队的建设力度，并取得明显成效。其中，以韩小林教授为负责人的《中国史教学团队》，经过前期建设，被评为优秀教学团队；以索光举教授为负责人的《民商事法学教学团队》，列入学校“创新强校工程——高水平教师队伍建设类项目的总体规划”。

2. 通过师德师风建设促进教师教学投入，提高教学教育水平

为打造质量过硬的师资队伍，学院十分重视师德师风建设，并取得了明显成效。其中，郭柏春教授、韩小林教授先后荣获“嘉应学院教学名师”称号，郭柏春教授还先后荣获了“梅州市拔尖人才”“全国优秀教师”“梅州市五一劳动奖章”“梅州市政府特殊津贴专家”荣誉称号。同时，“身边的先进”起到了弘扬正能量的榜样示范效果，整个学院师资队伍正呈现出积极向上、团结和谐的发展态势。

在教学安排上，坚持“教已所学、发挥特长、服从大局、相对稳定”的原则，最大限度地保证教学安排的科学性。在安排教学任务时，学院尽可能地由教授、副教授和博士学位以上的教师担任各专业的主干课程。现有的14名教授和9名副教授，都分别担任了四个专业的主干课程教学任务。从本院近三年课堂教学质量评估结果来看，高职称教师的获奖比例一直保持在2/3以上，其他教师的评分结果则在85分以上。

建立领导听课和同行评课制度。按照要求，院领导以及系主任在一个学期内听课不少于5节，普通教师则不少于2节，并且要将发现的问题及时向教师本人反馈。

在抓好课堂教学的同时，积极鼓励和支持教师开展教学研究，参与教学改革与建设。其中，学院有两位教师获得校级教学改革项目立项：法学

专业的“卓越法律人才计划”获得学校“创新强校”质量工程项目立项。

3．通过政策鼓励支持教师教学能力和专业水平发展

在积极利用学校优惠政策引进专业人才的同时，学院还鼓励和支持教师在职攻读博士学位或者专业进修、参加与教学有关的专项短期业务培训，以提升教师教学能力和专业水平。其中，对于在职攻读博士学位的教师，在规定的学习年限内，每年可以报销往返差旅费一次；对于专业进修的教师，期末酬金分配可按在职人员的半数享受待遇；对于参加与教学有关的专项短期业务培训的教师，往返差旅费和培训费，据实全额报销。

（三）充分有效利用各种教学资源，为人才培养提供基础保障

1．合理分配和使用教学业务经费，保证了各项教学活动的顺利进行

学校每学年下拨给学院的教学经费由教学业务费、教学差旅费、学风建设经费和用以课程见习的专项实践教学经费四大部分组成。其中，教学业务费的标准是（800 元/人 × 教师总数 + 20 元/人 × 学生总数）；教学差旅费的标准是（800 元/人 × 教师总数）；学风建设经费的标准是（10 元/人 × 学生总数）。课程见习专项实践教学经费则视每学期申报的课程见习的实际学生人数下拨。2013 年，学校共下拨教学业务费和教学差旅费共计 87 520 元。2013—2014 学年下拨课程建设经费共计 185 925 元。教学经费实行专款专用，具体用于教师业务培训、教学事务差旅、学术讲座酬金、校际交流、课程见习、学生实习以及教学办公用品、耗材等项目的开支。

2．充分、有效利用现有教学基础设施，做到物尽其用

学院现有教学基础设施包括专用多媒体教室 9 间、法律诊所实训室 1 间、系教研活动室 1 间、图书资料室 1 间、教学档案室 1 间、模拟法庭 1 间以及教学行政用房 7 间。全部设施均能实际使用。其中，法律诊所实训室、模拟法庭（平时用作多媒体教室进行日常课堂教学）以及藏书近 1 万册的学院图书资料室能够完全对学生开放使用，真正做到物尽其用，无所闲置。

3．完善教学信息化基础条件，丰富了课程教学资源

学院为公共事业管理专业专门购置了“国家公务员考试”“电子政务”和“人力资源开发与管理”等课程教学软件系统，并已经建设在学校公共计算机平台上正常运行，学生可以在相应的课程中进行有效利用，发挥了软件系统的教学与实训功能。

4．科学规划专业建设，适时完善教学计划，优化人才培养模式

由于社会形势的发展变化，思想政治教育在招生和就业方面遇到了较大的困难。基于现实考虑，学院决定对该专业进行改造，其中的措施有

三：一是减少本专业的年招生人数；二是对该专业课程进行调整，增加法学及管理类的课程，以扎实打下学生报考国家公务员或者研究生的知识基础；三是继续利用该专业教师资源，在公共事业管理专业增设社会工作方向，为新增社会工作本科专业打下前期准备。同时，还为积极进行科学论证，正式申报了社会工作本科专业。历史学专业的建设规划，则在为申报硕士授权资格做好基础性准备。法学专业则充分利用学校卓越人才培养计划的平台，开展形式多样的专业实践活动，以培养学生的专业技能，为学生做好职业能力作储备；公共事业管理专业则进一步加强了与实践部门的横向业务联系，通过开展项目合作的方式来扩大该专业的社会影响面。

在制订人才培养方案时，学院坚持以高等教育由精英教育向大众教育、从理论型向应用型转变的指导思想，而且一般需要经过调研和科学论证，以保证其内容的科学性与合理性。如果在实际执行过程中发现课程设置不合理，则会果断采取措施，及时调整和修订人才培养方案，尽可能加以完善。经过不断努力，各专业的人才培养方案和教学计划一年比一年完善和科学，专业建设步入规范化的运行轨道。

5. 落实课程建设规划，加强优质课程资源建设

为了加强优质课程资源建设，各教学系对本专业的课程建设进行了规划，并予以落实。经过一定时期的建设，《马克思主义哲学》课程于2014年被评为省级精品建设课程，《经济法学》课程则被评为校级精品课程。另外，《刑法学》《刑事诉讼法学》《中国法制史》《公共政策分析》等课程则被列入学校精品课程建设规划。

6. 选用优质教材，支持和鼓励教师积极参与本科教材编写

为了保证课程教学质量，选用优质且适合于本校学生实际的教材，教材版本的选择由科任教师决定，学院的教材征订原则是：一是应当尽量选择权威出版社或者国家一级出版社的教材；二是教材的内容应当有助于应用型人才培养目标的实现。在保证质量的前提下，允许教师优先选用有本院教师参编的教材。近三年来，学院教师参编的教材有《知识产权法》《国际私法》和《证据法学》等。

7. 积极利用相关社会资源，合作育人模式初见成效

为了有效提高人才培养质量，学院积极利用相关社会资源，与地方社会机构或者实践业务部门进行有机合作，构建符合专业个性的合作育人模式，并取得了初步成效。具体合作方式有：一是学院与梅江区江南街道办事处、金山街道办事处等机构建立长期稳定的合作关系，为公共事业管理专业的学生提供了内容广泛的实践锻炼机会；二是学院与梅州市法律援助

中心建立合作关系，让法学专业的学生有机会参加相关的基层法律服务和法制宣传实践活动，从而有效训练其专业技能；三是卓越法律人才教育培养计划从梅州市的法院、检察院、公安机关、政府法制和律师事务所等部门聘请了六名实践专家担任兼职指导教师；四是聘请了多名外校专家、教授担任学院的客座教授，不定期来校为学生作学术报告；五是思政和历史学师范专业聘请中学的名校长、教学名师、骨干教师等来学院开设讲座和担任校外导师，实现借力培养；六是历史学的三位教授担任了华南师范大学历史文化学院的兼职硕士研究生导师，指导硕士学位论文和课程实习等工作，为今后的历史学专业申硕进行了经验积累和专业准备。

此外，积极做好校友联络工作，调动校友资源关心、支持学院教育教学工作。其中，政法学院校友分会和广东客都律师事务所捐赠了两台空调机、两块 LED 显示屏，为学院教学办公条件的进一步改善助了一臂之力。与此同时，政法学院校友分会设立的 3 万元学生考研奖励金，对学生今后考研起到了正面鼓励作用。

（四）重视培养过程，坚持以生为本，确保人才培养质量

1. 推进教学改革，创新人才培养模式，实现教学及管理信息化

推进教学方式方法改革，倡导教师尽量利用多媒体手段和网络信息资源进行课堂教学，以丰富课程教学信息量，提高课堂教学质量。目前，除少数理论性较强的课程外，其他课程基本上实行多媒体手段课堂教学。

为了创新人才培养模式，学院正式启动卓越法律人才教育培养计划。该项计划以教学质量为核心，以社会需求为导向，以培养知识、能力、素质、法律职业技能结构科学合理、具有创新意识和创新精神、适应能力较强的应用型、复合型法律人才为目的，在保障专业理论知识的基础上，着重培养训练学生的法律实践技能，使法律专业培养模式发生了有效转变。与此同时，“法学类专业结构优化与人才培养模式改革探索”和“地方高校卓越法律人才教育培养模式创新实验区”两个教学质量工程项目获得学校立项，为人才培养模式创新提供了资金保障。“犯罪心理学课程实践性教学之困境与出路”的校级高等教育教学改革立项，有力保证了该课程的教学改革。

另外，学院为教务秘书配备了专用电脑，课程安排、学生学业成绩录入和与存档、学生学籍资料等均实现了信息化管理。学生的选课与评课，均可以充分利用学校教学管理系统进行，从而实现教学管理手段的信息化。

2. 规范课堂教学活动和规范考试考核方式，促进学生自主学习

为了保证课堂教学质量，学院严格规范课堂教学行为。任课教师首先应取得授课资格并填写授课任务书；正式上课之前应先行公布本课程教学日历；教师上课时应当携带教案或者教学课件，并对学生进行考勤，且上课期间不得接听手机；教师因公因私需要调课的，事先应得到学院分管教学的领导批准，并如实向教务秘书填写调课单，学院领导要对事后补课的情况进行检查。

实行严格的考试管理制度，制定考试管理规范。其中，学生期中和期末课堂考试时，开卷和闭卷都一律实行单人单桌，每间试室安排两位监考教师，学院领导巡查；命题必须同时有 AB 卷，专业必修课程原则上要求必须闭卷，阅卷方式实行三人以上的集体评卷，且不得将试卷带离学院教学办公区域；同时要求试卷评分规范，成绩录入准确无误。

3. 完善实践教学课程体系，重视校外实习基地建设，注重学生实践技能训练

在制订人才培养方案时，实践教学课程必须达到合理比例；应用性较强的课程，应当设置课内实践教学环节。各专业每学期的见习时间不得少于一周。作为师范类的思想政治教育和历史学专业，除教育实践类课程外，还设置了教育技能类实践课程和专业考察见习活动环节，以及教师职业技能、现代教育技术和微格教学等专业必修课程。对照专业人才培养目标和培养规格的要求，各专业的实践教学课程体系设置总体合理、完备。

为了保证学生的实践锻炼机会，各专业都建立了相应的校外实习基地。除师范类专业的教育实习基地统一由教务处建设并对教育实习实行统筹安排外，非师范专业的法学和公共事业管理也建立了充足的专业实习基地。其中，除了有一个法律诊所校内实训设施外，法学专业实习的校外实习基地还包括梅州市中级人民法院、梅州市人民检察院、梅州市政法委、梅州市公安局、梅州市法制局、梅州市司法局、广东客都律师事务所、广东世纪华人律师事务所（梅州）等十多个法律实务部门；公共事业管理专业实习基地则有梅州市城市综合管理局、梅州市人力资源和社会保障局、深圳一家亲社工中心、广州明镜社工中心等九个单位。

人才培养方案的各项实践内容均能够得到有效落实。其中，法律诊所实训对学生实行按年级选拔，并划分成若干小组，由相应的教师进行分类指导。课程见习活动，由科任教师负责带队指导；专业见习则由各系主任负责统筹安排业务指导和管理；毕业论文写作则有具体的管理制度：其一，指导教师必须具有讲师以上技术职称或者硕士以上学位，每位教师指

导论文的数量，原则上不超过 10 篇；其二，学生对论文的写作应当在一稿、二稿的基础上才能形成正式文稿；其三，学生论文全部实行小组答辩；其四，评定优秀毕业论文，必须经过专家复审。正是有了规范的实践教学管理，学生的各项专业实践活动才得以顺利进行，且取得切实提高学生知识应用技能的成效。

4. 开展丰富多彩的第二课堂活动，校园文化建设效果明显

第二课堂活动作为第一课堂教学的延续和补充，是实现大学教育目的的重要途径和手段之一，是大学生学习课外知识、丰富实践经验、培养个性情操、树立正确的人生观世界观价值观的重要阵地。近年来，学院重视并加强了第二课堂建设，着力打造第二课堂育人体系，充分发挥第二课堂的育人作用，推动学生素质的全面提升，取得了积极成效。

一是第一课堂与第二课堂有机结合。学院把第二课堂活动纳入人才培养范围，构建起包括文化艺术、体育活动、实践技能的“综合类活动”和与学生专业紧密相关的“专业类活动”相结合的人才培养体系，旨在提高学生人文素养和专业技能。从而既促进学生全面发展，又尊重学生的个性，与第一课堂有机结合，促进育人系统的整体优化。二是第二课堂与学生社团活动紧密对接。三是课内与课外、校内与校内互相结合。四是为第二课堂提供人、财、物的保障机制。学院成立学生工作领导小组，统筹学生第二课堂活动的开展。

学院还十分重视校园文化建设，以学院文化艺术节为主体，开展了形式多样的校园文化活动，包括演讲比赛、辩论赛、政法讲坛开讲啦、模拟法庭、12·4 法制宣传、大学生形象设计大赛、大学生暑期实践、文祠杯足球赛、学院十大歌手比赛、排球锦标赛、羽毛球赛、班级篮球赛、宿舍文化装饰大赛、职业生涯规划大赛、摄影比赛、主持人选拔大赛、义工义教活动等。丰富多彩的校园文化活动，起到了陶冶学生的情操、启迪学生心智、促进学生的全面发展的积极成效。

第二课堂的开展和校园文化的建设，对促进我院优良学风的形成，提高学生的综合能力起到了积极作用。近年来，我院大部分学生学习目的明确，学习态度端正，学业成绩总体较好。2011—2012 学年奖学金完成率在 97.16%，位居学校第三，2012—2013、2013—2014 学年奖学金完成率均为 100%。毕业生的毕业率在 98% 以上。此外，学生个人或者与指导教师合作，公开发表论文 7 篇，其中学生为第一作者的有 2 篇。

在教师的精心指导下，我院学生在省市级、校级竞赛活动中也取得了较好成绩。例如，2011—2012 学年，我院学生黄婷在嘉应学院第二届师范

技能大赛说课比赛环节中荣获一等奖，林建川、钟媚娣两位学生在钢笔字比赛环节荣获二等奖；何慕齐在嘉应学院第二届演讲比赛获冠军；李瑜华在嘉应学院第三届“精英杯”辩论赛中获冠军。思想政治教育和历史学专业的5名学生参加2013年9月由广东省教育厅主办、华南师范大学承办的第一届广东省高校师范生教学技能大赛，最终夺得特等奖两项、一等奖三项的优异成绩。2014年有四位同学参赛，获一个二等奖、两个三等奖。2012—2013学年，姚沛伟和李云香两学生在古惠文老师的指导下，分别获得第十二届“挑战杯”广东大学生课外学术科技作品竞赛二等奖和三等奖；我院学生陈顺红申报2013年国家级大学生创新创业训练计划，成功获得立项。

与此同时，为进一步扩大学生的学习视野，学院鼓励有条件的学生到境外交流学习。其中，2013至2014学年，根据学校合作项目，我院有6位学生到台湾高校进行了交流学习。

（五）多方位指导与服务学生发展，促进学生成长与就业

1. 学院招生及生源基本情况分析

学院的招生以广东省内为主，少数学生来自外省（自治区、直辖市）。在广东省籍学生中，以珠三角地区、粤东地区和梅州地区的学生居多。2011年至2014学年的新生报到率分别为93%、95%、96%和98%。各个专业学生以文科生源为主，兼有一部分理科生源。学院女生占较大比例，达到70.3%，各个专业学生中女生也占优势。我院本科录取分数基本与广东省招办公布的二A线持平，生源质量较一般化。

政法学院现有在校本科学生1 127人，其中男生335人，占学生总人数的29.7%；女生792人，占学生总人数的70.3%。录取的文科学生有929人，占学生总人数的82.4%；录取的理科学生有198人，占学生总人数的17.6%。学生中来自珠三角地区的有342人，占学生总人数的30.3%；来自粤东地区（梅州除外）的有284人，占学生总人数的25.2%；来自粤西地区的有120人，占学生总人数的10.6%；来自粤北地区的有29人，占学生总人数的2.6%；来自外省的有101人，占学生总人数的9.0%；来自梅州的有251人，占学生总人数的22.3%。

2. 建立健全领导机制，分类指导与服务学生，取得良好成效

学院坚持“以生为本”的理念，建立了学生指导与服务工作领导机制，成立了学院学生工作领导小组、思想政治教育工作领导小组和学院关心下一代工作委员会等协调机构，积极组织和开展学生指导与服务工作。通过以辅导员、班主任为主的政工队伍、学生干部队伍、党员队伍三支队

伍，具体做好学生的指导与服务工作。通过网站、微信、宣传栏、QQ 群等及时传达上级、学校、学院的各种信息，使学生尽快了解和掌握相关动态。同时，重视团总支和学生会的组织建设，使其成为学生自己的组织，成为联系学院和学生的桥梁，成为学生锻炼自己的重要平台。同时，为了确保服务与指导学生成效，学院根据各年级学生的身心特点有侧重地开展各项学生指导与服务工作。其中：

对于大一学生的指导与服务，主要是新生入学教育、新生心理适应及学习生涯规划教育、班集体、团支部建设及宿舍文化建设。使学生尽快从高中阶段向大学一年级阶段的学习心理过渡。开展遵纪守法、文明礼仪、思想政治理论教育及心理健康教育。新生入学教育阶段，注意进行专业思想教育，明确各专业的学习要求和培养目标，进行学习目的教育和学习方法的指导。对贫困学生进行摸底和了解情况，为以后的助困工作打下基础。

对于大二、大三学生的学生，则继续开展学习生涯规划教育及理想信念教育，提高学生学习的兴趣与积极性，开展各种学术讲座，增强学生的学术意识，帮助学生构建完善的知识结构。开展心理健康教育，鼓励学生积极参加社会活动；通过党、团工作和第二课堂活动（如每年的政法学院文化艺术节、师范生技能大赛等），锻炼学生的专业技能，提升学生的综合能力。进行考研、考公务员、村官班的宣传教育，为学生发展创造条件；积极开辟和拓展与学生专业相适应的社会实践基地，鼓励学生自觉投身社会实践，培养学生的社会适应能力及独立工作能力。

对大四毕业生的指导与服务，主要是对加强职业规划教育和进行就业指导，为毕业生就业提供全方位的服务工作。同时，注意加强思想政治教育，要求毕业生遵规守纪，为师弟、师妹树立学习榜样，使自己的大学生涯画上圆满的句号。

从对学生的调查访问情况来看，大部分学生对学院的学生指导与服务工作感到满意，认为学院工作“以人为本”，从小事抓起，从具体抓起，老师不仅在课堂上履行教书育人的神圣职责，把教书育人寓教学之中，还在不同时机、不同场合以自己的人格魅力影响、感染学生，成为广大学生的良师益友。

3. 通过学风建设，促进学生自我学习与成长

学院重视学风建设，引导学生端正学习态度、树立发展目标，促进学生自我学习与成长。主要措施包括：

一是发挥教师的课堂主导作用，通过优良教风促进学风建设。二是加

强管理，建立健全学风监督评价体系。三是积极开展各类学风建设创建活动，提升学生专业技能。学院的文化艺术节系列活动紧密围绕提升学生专业技能展开，如“三笔字大赛”“公关礼仪大赛”“师范技能大赛”“模拟授课大赛”“辩论赛”等，形式多样、内容丰富的学风创建活动在丰富学生课余生活的同时，在潜移默化之中提升了学生的专业技能。四是强化两支队伍，深入开展教育工作。

由于组织保障到位和措施得力，学院学风建设取得良好效果。具体表现为：一是学生出勤率较高。2011—2012 学年，我院学生整体出勤率为 98.7%；2012—2013 学年我院学生整体出勤率为 99.9%，2013—2014 学年我院学生整体出勤率均达到 98.9%。二是学生在有关考试、竞赛及论文发表方面成绩较好。其中，学院学生的计算机过级率、大学英语四、六级过级率排名均在学校前列。2012 年，考上研究生人数为 9 人，考研率为 3.11%（应届本科生学生人数 289 人）；2013 年考上研究生人数为 10 人，考研率为 2.75%（本科毕业生人数为 364 人），2014 年考上研究生人数为 8 人，考研率为 2.86%（本科毕业生人数为 279 人），较 2013 年增长 0.11%。在应届法学专业学生通过国家司法考试方面，2012 年的通过率为 22.28%；2013 年的通过率为 36%。在国家公务员考试方面，2012 年录取人数为 35 人，2013 年录取人数为 39 人。

4. 重视就业工作，服务学生职业发展

学院重视毕业生就业工作，成立了毕业生就业工作领导小组，研究和部署与学生就业有关的工作。为适应社会对学院各专业人才的新要求，加强对人才需求情况的调查研究，逐步修订完善教学计划和培养方案，为毕业生就业指引方向。注重毕业生就业教育，帮助毕业生树立正确的就业观。加强与实务部门及杰出校友的横向联系，获取更多的就业信息，为学生进一步拓宽就业渠道。发动教职工参与学生的就业工作，利用他们的影响力推荐毕业生，尽力为我院毕业生就业提供服务。

由于全院上下的共同努力，学院近年来的毕业生就业工作取得较好成绩：2012 届毕业生总体就业率达 99.7%；2013 届毕业生总体就业率达 99.75%；2014 院毕业生初次就业率达 89.49%，均高于全校全省平均水平。

从实际就业岗位看，学院大部分毕业生职业发展符合专业培养目标与方向，多数用人单位认为我院的毕业生思想觉悟高、工作态度好、基础知识扎实、业务能力和业务水平较高，且有敬业精神和团队合作精神，体现了“刻苦耐劳、开拓进取、勤勉好学、爱国爱乡”的客家精神风貌，不少人较快地成为单位的业务骨干，收获了较好办学声誉。

（六）建立健全教学质量保障体系，确保教育教学质量

1. 完善的教学质量保障体系，为质量监控提供了制度保障

随着教学规模的扩大以及促进学生个性发展和培养应用型人才的需要，在学校教务处的指导下，逐步形成了三级（学校、学院、教学系）质量监控为主、两级（学校、学院）教学督导为辅导的教学质量保障体系。学院教学质量监控体系由目标体系、组织体系、方法体系、制度体系和反馈调控体系五个部分组成。其中，目标体系包括人才培养目标系统、人才培养过程系统、人才培养质量系统；组织体系由学校、学院、教学系三级监控组织构成；方法体系包括常规教学检查、专项评估、教师课程教学质量评价和教学信息监控；制度体系包括听课制度、校院教学督导制度、学生教学信息员制度、教师职称评定教学质量参考制、主讲教师和新开课教师资格审核制度、教师教学工作考核制度、教学事故责任追究制度、学生评课选课制度和青年教师教学竞赛制度；反馈调控体系由常规教学检查反馈调控、专项评估反馈调控、毕业生社会评价反馈调控、教学督导反馈调控、学生常规教学信息反馈调控和课堂教学质量评价反馈调控组成。以上五大体系的构建，在目标设计、组织保障、监控措施、反馈调控之间形成一个闭环，通过内部的协调和外部的沟通，促进学院教育教学质量在现有的办学条件下达到最佳的状态。

2. 质量监控组织运行有序，为自我监控提供了组织保障

一是明确教学管理机构及管理人员的分工和职责。学院的教学管理的分工与职责确定为：院长是教学工作第一责任人，分管副院长为直接责任人，教务秘书负责教学管理日常事务，系主任负责人才培养方案的拟定与实施、组织教研活动，院教学指导委员会负责专业发展规划与决策、人才培养方案审核；院教学督导组负责教学行为监督与决策咨询。职责的明确和科学的分工，保证了质量监控体系的有效运行。

二是通过“分级管理、分工负责、协同监控”的原则实现教学质量各环节的逐级监控。其中，院长和教学副院长负责全院教学质量监控工作的总体协调；负责对本院的整体教学工作、教师的教学情况、学生的学习情况进行监控；学院充分发挥教学委员会、教学督导组的决策、咨询、监控功能，确保教学质量稳步提高。教学系主任则负责教学环节的日常监控，即负责组织本系的听课、试卷命题、阅卷、试卷质量分析、毕业论文质量分析等工作，并通过校、院、系（教研室）组织的各类检查评估（教案、作业布置与批改、教学进度计划、学生评教、教师公开课评教、教研活动的开展等），严把各个教学环节的质量关。

3. 监控方法体系完备，实现了教学过程监控的全覆盖

以评估检查为重点，以教学信息监控为辅助，针对教学全过程实施监控。一是通过教学系的常规教学检查，尤其是“期初”“期中”和“期末”的教学检查来规范教学活动。二是通过教学工作状态评估的激励和导向作用，推动教学管理改革，不断提高教学质量。三是开展课程评估，促进课程建设，提高课堂教学质量。四是对学生学习质量进行评估。五是对教师课程教学质量进行评估。将学生评教、同行评教、领导和督导评教相结合，全面评价教师的课程教学质量评价，对评价结论不合格的教师，对学生评教结论后面排名的教师，组织专家进行诊断性听课，督促教师努力提高教学质量。

4. 监控措施切实可行，确保了监控体系的有效运行

根据质量目标体系，学院采取了以下措施来确保质量监控体系的有效运行：①科学制订并严格执行人才培养方案。②制订规范的教学大纲。③强化教材建设与管理。④加强教师队伍的管理与选聘。⑤严格课堂教学要求，规范教师课堂教学行为。⑥深入推进教学方法和手段改革。⑦完善实践教学管理及评价体系。⑧加强考试管理和考试质量分析工作。⑨加强毕业论文的质量监控。

5. 充分利用质量信息为改进教学管理服务

学院教学质量信息的反馈机制包括常规教学检查反馈、专项评估反馈、课程教学质量评价反馈、教学督导反馈、学生教学信息反馈和人才培养质量反馈等内容组成。如果是全局性的问题，如人才培养方案的不足，激励机制不健全、教学活动安排不合理等，由学院通过制度或者管理机制改进的方式予以解决；如果是教师个人的问题，如教学行为不规范或者教学方式方法不适合学生实际，则通过个别反馈方式予以及时解决。无论何种情况，学院均能直面现实、不回避问题，并及时研究整改，以促进教学质量提高。属于学校及有关部门权力范围的事项，学院则及时上报反映情况或者做好解释说明工作。

（七）充分发挥专业优势，积极参与和服务地方社会管理，彰显办学特色

学院现有的本科专业均属人文社会科学。为加强各专业与现实社会的联系，学院与梅州市的有关部门之间建立了稳定、友好的合作关系。在学院通过自身的专业和学科理论知识优势，积极为地方社会管理和发展提供智力服务的同时，也取得了相关社会实践部门对学院人才培养工作和专业发展的有力支持。相互借力，合作共赢，让学院探索出一条“立足应用、

校地合作，对接地方社会管理与服务需求”的地方高校育人模式，彰显了办学特色。

作为粤东北地区唯一的高等院校，我校发挥地方社会智库的优势尤其明显。学院根据各专业的特点，与地方实务部门建立了业务合作机制。其中，法学专业的合作部门是梅州市的公、检、法、司、律师事务所等法律实践部门，公共事业管理专业的合作部门为城市管理、政府机关和人民团体等单位，历史学专业则与文化行政管理、历史博物馆等机构建立横向业务联系。相关的社会实务部门不仅与对口的专业建立了实习、见习基地，为学生实习或见习提供实践平台，更为重要的是这些部门或机构与学院不定期开展了业务合作，让学生在专业教师的指导下，用业余时间实际参与和服务地方社会管理。例如，法学专业的学生利用315消费权益日、12·4宪法宣传日、626禁毒宣传日、426世界知识产权日等特定主题日或双休日参与法制宣传或法律咨询，以及参与梅州的法律进村（居）法律服务活动；公共事业管理专业学生则参与了梅州市城市综合管理局、江南街道办事处联合举办的“同创文明江南　共享幸福家园”市容整治周期活动和梅州市妇联的中长期志愿者服务项目；历史学专业学生则以参与专业教师的“粤东古代文明研究”课题的形式，开展了粤东古代文明考古活动，参与梅州市文化事业的发展活动。学生在为地方社会提供专业服务的同时，也训练并提高了自身的知识应用能力。学生通过实践参与，还能发现自身理论知识的缺陷与不足，反过来又促进其加强专业理论的学习。这种参与和服务地方社会管理的实践学习方式，使得我院的人才培养内容真正贴近社会真实需求，从而有利于人才培养目标的最终实现。

从实际效果来看，学生的实践参与不仅有效地缓解了实务部门人力资源的不足，为其带来了新的观念和信息，学生的敬业、勤勉与工作热情还促进了单位工作精神面貌的变化。就学生而言，亲身体验的实践学习方式，不仅升华了课本知识，扩大了视野，锻炼了应用能力，而且对知识的掌握印象较为深刻，有利于适时把握今后需要努力的方向。

三、本科教学工作存在的主要问题、原因及整改思路

（一）本科教学工作存在的主要问题及主要原因

总体而言，学院的办学思路清晰，培养目标明确，办学定位基本合理，本科教学工作较为规范，人才质量不断提高，社会声誉趋向良好，以较低的投入产出了较高的办学效益。但在现实工作中也存在一些不可回避

的问题。

1．教师队伍的整体教学水平和结构性问题不容忽视

学院现有的任课教师总量虽然不少，但对于横跨四个一级学科的专业而言，却仍显不足，生师比偏高，二级学科的人员数量、质量不平衡；教师的年龄结构不合理，35 岁以下的青年教师较少，具有博士学位的教师比例偏低，“双师型”的教师明显不足；缺乏学界有较大影响的学科领军人才，具有发展潜力的学科后备人才还有待大力培养或引进；法学专业的教师职称总体较低；公共事业管理专业的教师专业结构有待优化；教师整体科研水平不高，标志性科研成果少；部分教师专业水平和教学能力还有待提升；部分教师的教学任务重偏重，教师开展教学研究和教学改革的情况还不够广泛，缺乏高水平的教学成果；学科教研活动的规范性和成效性需要进一步加强；优秀教学团队建设起步较晚；学院对教师的教学激励机制和评价机制还不够完善。

2．教学基础设施与人才培养的现实要求不完全适应

学院可支配的多媒体教室数量较少，排课紧张，致使个别班级从早到晚都得安排课程；多媒体教室的设备老化、故障率高，对课堂教学效果影响较大；模拟法庭的空间狭小、设备陈旧，法律诊所的设施不完善，难以满足培养卓越人才的需要；缺乏可灵活支配使用的中型学术报告厅，对学术交流活动形成制约；学科教研活动的场所不足；受全校整体课程安排的影响，建立在公共计算机平台上的公共事业管理软件系统的利用率有待提高。

3．专业结构优化和课程资源建设力度有待加大

学院已经充分意识到思想政治教育专业在招生和学生就业方面的困难，除了申报社会工作新专业外，对思想政治教育专业如何优化或调整，尚未形成共识和明确的思路。现有的优质课程资源显得不足，校级和省级精品课程门数太少，建设的成效也不够突出，建设的水平有待进一步提高。在同行中有影响力的教材仍属空白。另外，各专业的课程结构也存在一定不足，公共必修课所占的学分比重较大，压缩了专业课程的教学时数。

4．社会教学资源的利用仍有较大空间

除了校外见习、实习基地和合作育人机制外，充分利用社会资源办学的空间依然较大。校际教学工作经验交流的广度和深度可以拓宽，外出学习取经的工作应该继续加强。共建教学资源的形式，可以进一步深化。争取包括广大校友在内的社会捐赠，工作效果不够显著。

5. 教学与管理信息化建设任务有待继续加强

总体而言，教学与管理信息化工作相对滞后。对教学资源的网络化建设工作重视不够，网络课程资源匮乏，利用信息化手段进行学习答疑和课外辅导的尚未真正展开。教学状态数据采集不够及时、全面、准确，教学档案文件收集不够齐备，利用率不够高。

6. 学风建设和第二课堂的建设任务依然较重

部分学生的学习目的不明确，学习热情不高，主动学习的动力不足，对公共课程（英语和计算机除外）重视不够，学习成绩不理想。学风建设教育活动形式多样化不足；学生参与学院学风建设活动的积极性有欠缺；评价考核机制不完善。学风建设发展不平衡，不同专业、年级、班级间差距较大。少数学生专业思想不稳定，发展目标不明确，个别学生甚至存在厌学情绪。此外，学生对参与省、市或者校级大型第二课堂活动有畏难情绪，学院第二课堂活动的创新性略显不足。尽管学校进行了大力宣传与鼓励，但学生报考研究生的热情普遍不高，每年报考和实际考取的比例偏低。部分学生对教师课堂教学质量的评价不够理性。

7. 招生和就业工作仍存在不足之处

随着高等教育的大众化，受制学校招生录取的批次顺序，学院生源的总体质量有逐年下降的趋势。由于就业形势的严峻，作为传统专业的思想政治教育专业的招生，困难较为明显。公共事业管理专业品牌宣传不够，则导致该专业的第一志愿报考人数较为有限。另外，由于受到职业资格考试时间和成绩的限制，各专业的初次就业率不够理想。公共事业管理专业的就业质量明显不高。同时，本院应届毕业生的自我创业意识较弱，自我创业的路径不宽。

8. 教学质量保障环节仍然存在一定问题

教学质量监控体系的总体构架完整，但在具体落实方面难度大。政法学院专业比较多，学科跨度大，教师各主要教学环节质量标准无法统一。同时，由于学院专业跨度大，开设课程较多，教师课程教学质量评价标准不一。学院在教学质量监控方面的资源缺乏，改进的途径和方法有限。在现行考核与评价体系中，教学状况却在多数时候表现为“软指标”，无论奖惩都难以落到实处。

9. 办学特色的凝练，还有待实践的进一步检验

经过多年的探索和经验总结，学院把“立足应用，校地合作，对接地方社会管理与服务需求”概括为自身的办学特色。由于这种办学特色的凝练重在人才培养的过程，尽管已经初见成效，但它仍然需要更多的时间来

进行检验。

（二）改进今后本科教学工作的主要思路

结合本科教学中存在的各种问题和学院的实际情况，我们拟从以下几个方面进一步改进今后的本科教学工作。

继续抓好师资队伍建设，优化师资结构。根据学校的人才引进政策，要千方百计选聘有发展潜力的中青年博士和紧缺专业的优秀硕士，力争在三年内能增加3~5名中青年高素质教师。继续鼓励和支持现有的青年教师在职攻读博士学位或者脱产进修。

采取政策措施鼓励和支持教师进一步提升教学能力和专业水平，如参加短期的教学技能培训、教学方法改革或课程建设经验研讨会等。配合学校政策，积极培养优秀学科带头人。

争取学校资金或者校友捐赠，尽力改善和优化教学基础条件。

积极推进课程建设，使校级精品课程有所增加。制定奖励政策，激励有条件的教师自编优质教材。

进一步健全和完善合作育人机制，落实合作育人或者合作办学所需的资金和指导师资。继续强化实践教学的管理，确保实践教学的成效。

健全和完善学风建设工作机制，创新学风建设手段，不断提升学风建设水平及学习成效。完善各项规章制度，用制度管理好学生，努力培养学生自主的良好习惯。建立学生考研奖励机制，充分调动学生报考研究生的积极性。加强学生指导和服务工作，健全指导工作团队，提高指导成效。

优化专业结构，着手研究思想政治教育专业的改革方案。做好法学、公共事业管理和历史学专业的正面宣传工作，扩大专业正面影响，擦亮专业品牌。

进一步做好毕业生就业指导工作，调动多方工作积极性，帮助学生拓宽就业渠道，鼓励学生自我创业。做好用人单位对毕业生评价的情况调研，为今后人才培养方案的优化与改进提供有益参考信息。

建立健全教学质量信息统计、分析和反馈机制，完善教学质量评价和考核机制，加强教学质量监控工作。

生命科学学院本科教学工作审核评估自评报告

廖富林
（生命科学学院院长，教授）

生命科学学院前身为生物系，创建于1983年，2002年开办全日制本科教育，2008年10月生物系升格为生命科学学院。学院下设生物科学、生物工程和园林三个教学系，开办生物科学、生物工程、园林、食品科学与工程四个本科专业，在校全日制本科生1 135人。有国家级专业综合改革试点生物工程专业、省级生物科学特色专业、省级生物学实验教学示范中心、省级大学生校外实践教学基地（食品质量与安全检测实践教学基地）、省级植物学精品开放课程建设项目、省级生物化学与分子生物学优秀教学团队建设项目、省级大学生创新创业训练项目等17项，校级生物学重点学科、校级风景园林学一般扶持学科；校级优秀教学团队两个、校级精品课程五门等多个校级质量工程项目。目前，学院拥有一支素质优良、结构合理的师资队伍。现有教职员工43人，行政兼课教师4人，其中有教授等正高职称人员10人，有副教授等副高职称人员11人；博士11人，其中博士后2人，年轻教师全部硕士化。专任教师中有广东省“千百十人才工程”省级培养对象1人，广东省高等学校优秀青年教师培养对象1人，广东省南粤优秀教师2人，省部企业科技特派员8人，校级教学名师1人，享受梅州市政府津贴专家1人；另外还聘请中山大学等国内著名高校的教授、专家共20人担任我院荣誉教授、客座教授和兼职教授。

近五年来，生命科学学院教师共承担各类科研和教改课题70项，其中国家财政部项目1项，省级项目19项，广东省科技创新重点项目1项，市（厅）级项目18项，横向科研课题10项，资助经费近400万元；公开发表论文300多篇，其中在国内外权威或核心期刊上发表论文80余篇，出版著作和教材13部；有10多人次获得省级奖励，有1个项目获得广东省哲学社会科学优秀成果二等级、7个项目获得梅州市科学技术奖三等奖，有15人次获得校级教学成果奖；授权发明专利11件。近几年来，我院有35人次获得广东省大学生“挑战杯”课外科技学术作品、职业规划、创业计划、生化实验技能竞赛等奖励，在第一届广东省高校生物学专业师范生教学技能大赛中，我院有6位学生分获一、二、三等奖，第二届再传佳绩，在大赛获奖比例大幅减少的情况下，我院 6 位参赛选手有 4 位获奖。

学院坚持“以人为本、学术兴院、特色强院”的办学理念，以服务区域社会经济发展为引领，以内涵建设为重点，以校企合作、联合办学为载体，以协同创新为动力，坚持开放办学，服务社会，着力培养“下得去、用得上、留得住、干得好、有发展”的高级应用型人才。

经过长期的办学积淀，学院初步形成了“院地合作，协同创新培养服务区域经济社会发展的应用型现代生物科学与工程、岭南园林技术人才”的办学特色。学院将继续坚持自己的办学理念和定位，努力实现规模、结构、质量、效益、特色协调发展，成为省内同类院系有优势、粤东有地位、省内有影响，办学特色鲜明的知名学院。

一、定位与目标

（一）办学定位

1. 学院办学方向、办学定位及确定依据

（1）办学方向：认真贯彻落实科学发展观和党的教育方针，坚持社会主义办学方向，坚持依法治院，坚持内涵发展；以服务区域社会经济发展为引领，以内涵建设为重点，以校企合作、联合办学为载体，以协同创新为动力，以办好应用型优秀本科教育为目标，坚持开放办学，服务社会，着力培养“下得去、用得上、留得住、干得好、有发展”的高级应用型人才。

（2）办学定位：以理、工、农多学科协调发展的教学服务型地方学院。

（3）确定依据：学校属于一所地方性、综合性 2A 的普通本科院校，办学规律、学校的层次、服务地方的办学特色、办好知名特色大学目标、学校发展实际、高校的四大社会职能决定了学院办学方向和定位，该方向与定位有利于更加开放办学，服务社会，有利于更好地开展校企（地）合作、协同创新。该方向与定位是克服同质化倾向，服务学生个性化发展，克服千人一面，形成自己的办学理念和风格，在不同层次、不同领域办出特色，争创一流的需要。学院遵循高等教育发展规律，努力贯彻国家提出的分层次办学的指导思想，坚持办学定位与地方经济社会发展对高等教育的要求相符合，与学院的办学指导思想和办学传统相符合，与学院办学的内部条件和外部环境相符合的原则。通过对梅州及周边地区的经济发展趋势，特别是珠三角地区对支柱产业和战略性新兴产业发展对人才和服务的需求进行了充分调研，邀请相关专家和企业家进行研讨，并组织全院师生深入讨论，反复凝练，达成共识，确定了学院的定位。

2. 办学定位在学院发展规划中的体现

学院根据办学定位，制定了《生命科学学院"十二五"发展规划》，提出了"以邓小平理论和'三个代表'重要思想为指导，全面贯彻落实科学发展观，坚持为地方经济发展服务的办学宗旨，坚持走内涵发展为主，以教学为中心，以科学研究为抓手，以学科建设为龙头，以专业建设为平台，以改革为动力，以生物学取得硕士学位权为奋斗目标，稳步发展本科生教育，创造条件开办研究生教育，全面提高教育教学质量和办学效益，把生命科学学院建成较高水平、彰显特色的二级学院"的目标。

"到 2020 年，把生命科学学院建设成为省内同类院系有优势、粤东有地位、省内有影响，办学特色鲜明的知名学院。"

（二）培养目标

1. 学院人才培养总目标及确定依据

学院根据办学定位和地方经济社会的发展需要，以坚持办应用型优秀本科教育为目标，在全体教师、同行专家、行业企业专家广泛讨论、论证的基础上，确定了"培养具有良好的思想品德、社会公德和职业道德，基础理论扎实，实践能力强，有创新精神和创业能力，能下得去、用得上、留得住、干得好、有发展的高级应用型人才"的人才培养目标，该目标符合学院实际，与学院办学定位高度契合。

2. 专业培养目标、标准及确定依据

（1）专业培养目标及确定依据。

生物科学专业培养目标：培养能够适应 21 世纪基础教育发展需要的，具有创新精神和实践能力的，德、智、体、美等方面全面发展的中等学校生物学及相关学科教师。

生物科学专业（生物安全与检验检疫方向）培养目标：培养能够适应 21 世纪社会主义现代化建设需要的，德、智、体、美、劳全面发展，具有生物学、生物安全学和动植物检验检疫科学的基本理论、基本知识和基本技能的各类检验检疫应用型人才。

生物工程专业培养目标：按德、智、体、美全面发展的要求，培养掌握生物技术及其产业化的科学原理、工艺技术过程和工程设计等基础理论、基本技能，能在生物技术与工程领域从事设计、生产管理和新技术研究、新产品开发，能为经济建设和社会发展服务的应用型高级专门人才。

园林专业培养目标：培养具备生态学、植物学、园林植物培育与应用、绿地养护等方面的基本理论和基本知识，系统掌握植物生理生化、园林植物与观赏园艺、生态学、园林植物应用等方面的基本技能，能从事园林植物培育、应用、绿地养护、园林设计等方面的高素质应用性复合型技术人才。

园林专业（风景园林方向）培养目标：培养具备建筑学、城市规划学、园林规划与设计、园林工程、园林植物应用等方面的基本理论和基本知识，系统掌握园林设计、园林建筑、园林工程等方面的基本技能，能从事城镇各类园林绿地规划、设计、施工管理以及园林植物配置等方面的应用性复合型人才。

食品科学与工程专业培养目标：培养能够适应21世纪社会主义现代化建设需要的，德、智、体、美、劳全面发展，具有化学、生物学、食品工程和食品技术知识，能在食品领域内从事食品生产技术管理、品质控制、产品开发、科学研究、工程设计等方面工作的食品科学与工程学科的应用型专门技术人才。

（2）专业标准及确定依据。

根据学院人才培养总目标和各类专业培养目标，经过全院教师与同行专家、相关行业企业专家广泛研讨，学院制订的人才培养方案包含了每个专业的培养目标和培养标准在内的整个培养体系，是学院日常教学工作的基本文件。人才培养方案明确了各专业的知识、能力和素质要求及实现途径，并对课程设置、毕业规定、实践教学等制订了必须达到的标准。

（三）人才培养中心地位

1．落实学院人才培养中心地位的措施

强化以人才培养为中心的理念，把人才培养质量作为衡量办学水平的最主要标准；深化教育教学改革，创新人才培养模式；加强教师队伍建设，提升教学水平；规范教学管理，完善质量保障体系。

2．人才培养中心地位的体现与效果

领导重视，确立人才培养中心地位。建立工作制度，保障人才培养工作良好开展。建立院领导联系教学单位和学生以及定期课堂巡查、巡考、听课制度。激励教师潜心教学，不断提升教学能力。2012年以来，教师承担各级教研教改项目18项，获各级教学成果奖3项，发表教研教改论文15篇，获得校级（含）以上优秀教师、教学名师等荣誉称号的有3人。以“质量工程”项目为抓手，努力提高教育教学质量。现有国家级生物工程综合改革试点项目1个、省级实验教学示范中心1个、省级特色专业1个、省级教学团队和精品课程建设项目各1个、省级大学生校外教学实践基地

1个、省级大学生创新创业训练项目17项、广东省大学生科技创新重点项目1项。

3. 学院领导对本科教学更加重视

领导重视教学，管理服务教学。一是在思想上牢固树立教学工作在学院各项工作中的中心地位的观念。二是每年定期召开教学工作会议，以专题的形式研究和探讨教育教学改革中的理论和现实问题，统一思想、形成共识，确保办好高水平的本科教育。

制度规范教学，政策倾斜教学。学院大力加强教学管理规章制度建设，严格和规范教学工作的过程管理。以制度规范教学行为，提高教学质量，以科学管理服务教学。完善考核办法，在评奖、评优、考核和职称（职务）评定（晋升）中实行教学事故一票否决制。

二、师资队伍

（一）数量与结构

1. 教师队伍的数量与结构

（1）总量结构。

我院现有教职员工43人、行政兼课教师4人；其中，包括专任教师38人、专职政治辅导员4人、管理人员5人。外聘兼职教师10人，另聘请中山大学等知名高校、研究院所等专家20位担任我院荣誉教授、客座教授、兼职教授。

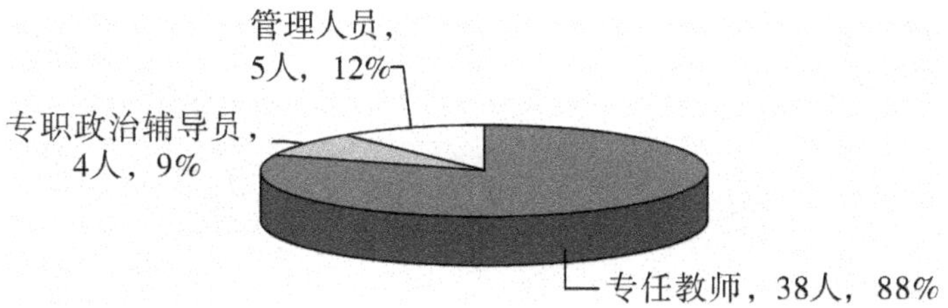

图1　教职工类别结构

（2）整体结构状态与发展趋势。

年龄结构：我院教师队伍年龄结构合理，45岁以下教师占教师总数65.8%，其中35岁以下青年教师占教师总数23.7%，年龄结构合理。

学历、学位结构：近三年来，我院教师队伍学历、学位结构逐年提高，目前具有硕士以上学位的教师总数86.8%，其中博士学位教师占教师总数28.9%（见图2），学历、学位结构基本合理。

职称结构：教师队伍职称结构合理，教授、副教授占专任教师的55.3%，讲师占44.7%。45岁以下教授、副教授占高级职称教师总数47.6%（见图2），职称结构基本合理。

学缘结构：教师队伍学缘结构合理。在职教师中，具有外校学缘的教师比例达100%，毕业于中科院、“985”“211”等重点院校的教师32人，占总数的84%，学缘结构合理。

学院现有专任教师职称结构、年龄结构合理，知识和能力结构符合人才培养目标要求。

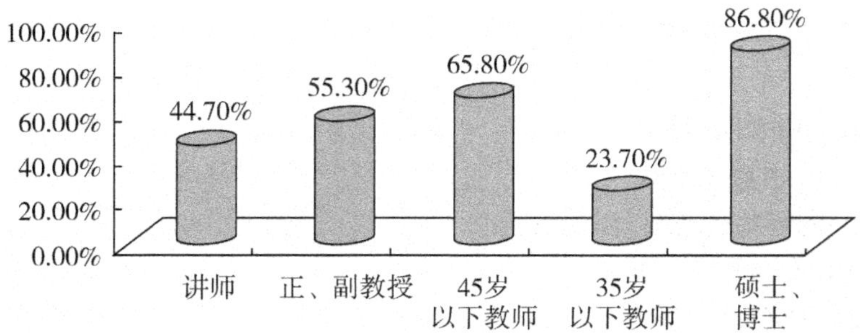

图2　生科院教师基本情况统计图

教师队伍稳定，发展趋势良好。近四年来，我院师资队伍建设得到了长足的发展，专任教师中具有博士学位教师的比例，近四年分别为14.9%、19.1%、21.3%、23.4%，逐年提高（见图3）。除向外引进人才外，我院还开拓多种途径，积极支持教师参加各种进修、培训和学术交流。

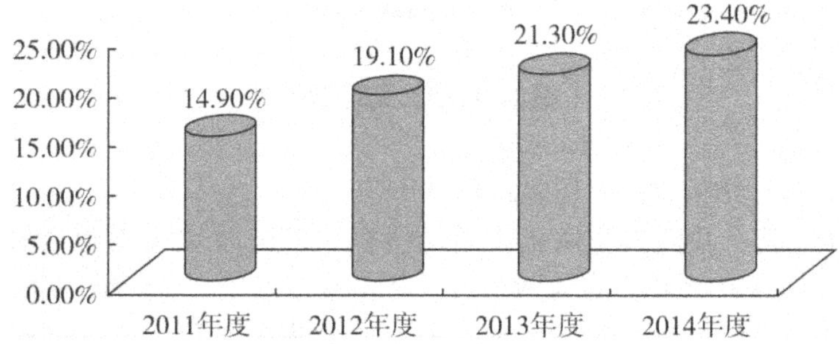

图3　2011—2014年具有博士学位教师占专任教师比例

2. 教师队伍建设规划及发展态势

2011 年，学院编制了“十二五”发展规划，师资队伍建设规划主要内容有：

保持专任教师数量的适度增长。力争“十二五”期末专任教师达到 45 人，兼职教师达到 15 人，以满足学院不断发展对教师队伍建设的要求。

制订教师培养计划。制订了包括到政府及企事业单位实践、国内访学、攻读各类学位、脱产进修或合作科研等在内的专任教师培养计划；制订了中青年教师实践能力提升计划。

（二）教育教学水平

1. 专任教师的专业水平与教学能力

学院专任教师的学历、职称、学缘结构合理。具有高级职称的教师超过 50%；具有硕士、博士学位的教师比例超过 80%；毕业于中科院、“985”“211”等重点院校的教师超过 80%；具有行业或工程背景的“双师型”教师 12 人，占专任教师的 32%；具有 50% 的专任教师具有一年以上政府、企事业单位工作经历或与政府、企事业单位合作研发经历。

专任教师的科研与社会服务能力较强。2012 年以来，教师共承担省部级科研项目 10 项（其中直接面向地方经济社会发展的项目 6 项），市厅级项目 13 项（其中直接面向地方经济社会发展的项目 11 项），横向课题研究项目 6 项（均为面向地方经济社会发展的项目）；授权专利 4 项；发表科研论文 138 篇，获各类政府科研成果奖 5 项。获得国家“教学质量工程”项目 1 项，省“教学质量工程”项目 7 项，发表教学论文 18 篇，主编出版著作教材 9 部。目前建有 1 个省级生物学实验教学示范中心，与广东科伦药业有限公司合作建有植物细胞工程联合实验室。

2. 学院师德师风建设措施与效果

领导重视，全员参与；建立健全师德教育榜样示范机制；组织教师参加师德征文比赛。近年来，我院有两人被评为南粤优秀教师，一人被评为梅州市劳动模范，两人被评为“方直”卓越教师，一人被评为校级教学名师，评为学院师德模范的教师有 15 人次。

（三）教师教学投入

1. 教授、副教授为本科生上课情况

本科生重要基础课由高水平师资担任，教授、副教授为本科生授课率 100%（详见每学期学院的开课登记表），在学院绩效工资分配政策中明确提到，教师应完成每学期的教学基本工作量，并对完成情况进行考核，考核结构与分配直接挂钩。

2. 教师开展教学研究、参与教学改革与建设情况

学院从教师主持的质量工程项目划出专项资金资助教师进行教学研究与改革。2012 年以来，学院资助教改教研项目 6 项，经费 3 万元。教师积极申报国家、省、校级教学研究与改革课题，2012 年以来，承担各级教研教改项目 18 项，仅 2013—2014 学年就有 8 项，发表教研教改论文 19 篇。

教师全面参与专业和课程建设。学院每年人才培养方案的制订经过了全院反复讨论，各系组织全体教师参加了方案的调研、酝酿和研讨；学院从 2013 年初开始探索“卓越工程师”人才培养模式改革。

教师积极参加学院实验室建设工作。2013 年学院新建了嘉应学院—科伦植物细胞工程联合实验室，生物工程系全体教师积极参与了实验教学内容的确定和实验室建设方案的研讨与实施，确保了实验室建设项目顺利完成。

(四) 教师发展与服务

1. 提升教师教学能力和专业水平的措施

动员、支持教师攻读学位、进修访学及科研合作。近年来，学院有三位老师在职攻读博士学位，并顺利拿到博士学位；国内进修访学每年有 1 ~2 位教师，行业培训每年有 10 人次；同时，积极为教师科研合作搭建平台，如朱远平老师与广东长荣林业发展有限公司开展科研合作取得 10 万元科研合作经费，学院还与二十多家地方企事业单位建立产学研合作基地，为教师开展科研合作提供了很好的平台。一是组织专门培训。二是实行新教师导师制。

2. 服务教师职业生涯发展的措施

建立有利于教师职业生涯发展的培训体系；鼓励教师进修访学、攻读学位；完善人力资源绩效评价制度。

三、教学资源

(一) 教学经费

学院在经费预算、日常运行、教学专项、实验室建设、图书资料、信息化建设等方面建立了相应的管理制度。在主管院长领导下，计划统筹、合理使用各项教学经费。教学经费严格执行专款专用的原则。制订了《嘉应学院生物学实验教学示范中心实验室开放项目管理方案》《生命科学学院实验低值易耗品管理办法》等院级教学经费管理规定，并严格执行。

（二）教学设施

1. 教学设施满足教学需要情况

近几年，学院实验室条件得到大幅度改善。现有2个专业实验室，15个实验分室，教学科研仪器设备1 647台件（套），资产总值1 143万元，生均教学科研仪器设备值11 433元，现有装备条件基本能满足实验、实习、实训和科研训练的需要。

2. 教学、科研设施的开放程度及利用情况

学院要求实验室对学生全面开放、共享教学资源，提高实验室的开放率和综合效益。2013—2014学年，学院实验室完成开放的实验项目总计为286个，学年实验人时数86 250；辅助了127项毕业论文实验工作。

3. 教学信息化条件及资源建设

学院与学校对接网络系统，建立了教务管理系统、固定资产管理系统、实验室综合管理系统、生命科学学院网站、生物学实验教学示范中心网站和9门精品课程网站，每个网站均设有负责人并负责管理。2014年，学院被学校评为优秀网站。

（三）专业设置与培养方案

1. 专业建设规划与执行

生科学院根据上级精神，制订了《生命科学学院十二五教学工作规划》，对专业建设、课程建设等各方面进行了规划。还针对目前设置的四个本科专业各自制定了专业规划。各专业设立均经过充分论证，各专业有相应的学科作依托，符合学校定位，符合社会和教育部要求，按照专业规划建设，师资队伍配备完善、教学资料具备，实验室及实习基地能满足教学需要，教学质量较高。

2. 专业优化、调整与建设，优势专业与新专业建设

根据社会需求，2012年开设食品科学与工程专业；为拓展学生就业渠道，2013年招收生物科学（生物安全与检验检疫方向）。参与高技能人才培养改革，2014级招收食品科学与工程2+2班，与广东农工商联合招生。通过建设，提高了人才培养质量，生物科学专业成为省级特色专业，生物工程专业成为国家级专业综合改革专业，园林成为校级专业综合改革试点专业。

3. 人才培养方案的制订、执行与调整

根据本学院人才培养方案制订执行调整办法，依据学校的统一原则，制定了符合培养目标和专业定位的培养方案，在课外科研训练等方面体现创新、创造教育，制订教学计划过程中除体现统一原则外，突出动手能力

训练和应用能力的培养。在培养方案的制订中，对行业企事业用人单位进行了调研，并由校内外专家进行研讨论证。根据社会及学科发展情况对每届的培养方案进行微调，大调整按照学校统一部署进行，各年级严格执行对应培养方案。

（四）课程资源

1．课程建设规划与执行

课程建设规划由生科院教学工作“十二五”规划及生科院创新强校工程规划中有关课程建设的内容组成。课程体系按照平台+模块设置。各专业8~10门主干课，重点打好专业基础；各专业设置两个方向，重点培养学生具体专业应用能力；再通过任选模块扩展学生的视野，提高学生素质和创新能力。课程体系经过整合，改变了原来较凌乱的状况，理顺了专业基础课和专业课的关系，避免了部分课程大量内容重叠的问题，在化学、生物化学、微生物学等课程中实验课与理论课分别开课，保证实验实践教学课时，突出动手能力的培养。

2．课程数量、结构及优质课程资源建设

课程结构。按照不同分类，课程包括必修课与选修课、理论课和实践课、专业主干课程和专业选修课等。以精品课程、优质课程和课程群建设为抓手，目前有省级精品共享资源课程建设1门、校级精品课程5门、校级精品资源共享课程1门。对课程、课程群进行了改革探索，其中“分子生物学”课程群实验教学研究与实践、地方院校实验教学示范中心建设的实践与理论探讨——以生物学实验教学示范中心为例、地方高校植物学课程群教与学新模式的探索与实践、生物工程专业生物制药课程群设置与优化、基于应用型人才培养的生物类《基础化学实验》教学改革与实践等项目得到省级或校级立项。加强教学团队建设。按照课程群组建了8个教学团队，其中省级优秀教学团队建设项目1个、校级优秀教学团队2个。教学团队在承接日常教学任务、进行教学改革等方面发挥了很好的作用。

（五）社会资源

1．合作办学、合作育人的措施与效果

食品科学与工程（2+2）专业：由嘉应学院与广东农工商职业技术学院联合培养。第一、二学年在嘉应学院校本部学习，第三、四学年在广东农工商职业技术学院（广州）学习。学院与校外二十多家企业建立了紧密的产学研合作关系，校企共享资源，企业为学院学研结合、顶岗实习实训培养人才提供服务，学院成为企业的培训基地、技术研发基地，成为行业、企业重要的科技创新和新技术推广力量，实现了与行业、企业的深度融合，为学生创设了开放的学习环境和实践平台，形成了内外一体的实践教学体系。

2. 共建教学资源情况

2012 年，学院与广东科伦药业有限公司合作，在校内共建“嘉应学院—科伦植物细胞工程联合实验室”；联合实验室现已成为协同科技创新平台和创新人才培养基地。广东科伦药业出资 15 万元购置相关仪器设备，并提供专门的经费在我院提供的专门实验室开展南方红豆杉悬浮细胞培养和提取紫杉醇的研究。

3. 社会捐赠情况

广东科伦药业有限公司出资 15 万元购置仪器设备；广东虎形山生物科技有限公司与生科院合作开发优质金线莲组培种苗；捐赠了金线莲组培苗，梅州市盛通科技有限公司捐赠了被喻为“植物大熊猫”的金花茶优质苗一批，用于师生开展科研试验。学校百年校庆期间，学院筹集校园绿化提升工程植树款 34.64 万元，院庆三十周年筹资 14.93 万元。

四、教学改革

（一）总体思路及保障措施

根据学校要求，制定了符合本院实际的教学改革规划（创新强校教学类规划）、总体思路与目标：创新人才培养模式，使专业结构更趋合理，应用型人才培养的质量显著提升，重点领域取得突破，具有鲜明特色，在省内同类型院校中处于先进水平。在建设周期内，争取在人才培养模式改革、教学名师与团队建设、实践教学基地建设、重点专业建设、教育教学改革等方面取得突破性成绩。

2. 人才培养模式改革，人才培养体制、机制改革

为了培养符合社会需求的应用型人才，我院积极探索人才培养模式改革，目前已开展生物工程和食品工程卓越工程师计划、食品与发酵行业校企协同育人平台建设、食品科学 2 + 2 高技能应用型人才联合培养等项目。另外还邀请企事业单位技术人员到学校开设讲座，使学生更多接触生产实际。在人才培养过程中，我们还利用产学研合作等一切条件，不断地提高学生动手能力和创新精神的培养，取得了较好的效果。

3. 教学及管理信息化

学院与学校教务处对接网络系统，建有正方教务系统，对每位专任教师均采集了完整的信息，学院网站建有教学师资队伍信息，及时反映教学

改革、教学竞赛和教学成果信息。

学院有专门的计算机储存相关档案材料，如历年老师的教学档案、培养方案、课程大纲、教案及开课计划、工作量统计、各类计划总结等。目前日常管理主要通过网络达到上传下达及资料、档案收集。

教师教学过程中充分利用各类信息资源，采用多媒体教学，通过课程网站及网上教学平台等辅助提高教学效果。目前已建设9门课程的网站。

（二）课堂教学

1. 教学大纲的制定与执行

学院制定了课程大纲制定规范，由各系组织编写了所有课程的大纲，课程应适应人才培养目标。教学中依据教学大纲组织教学内容，不得随意更改。

2. 教学内容对人才培养目标的体现，科研转化教学

教学内容体现培养应用型人才的要求，重点突出动手应用能力，强调实验实践教学，加大综合性设计性实验的比重。

科研促教学是我院的亮点。及时将教师科研成果结合进授课内容，利用教师科研项目开展创新训练或实验室开放训练，通过产学研合作、建立联合实验室等，吸收学生参与实际的研究开发项目，使学生毕业论文（设计）中超过60%来源于各类型项目，且通过这些训练，提高学生动手的能力和创新意识。

3. 转变教师教学方法、学生学习方式

鼓励教师进行教学方法改革，积极探索引导式、启发式、探究讨论式、参与式教学，充分调动学生学习积极性，激励学生通过课程网站、互动学习平台自主学习，要求教师更新教学观念，注重因材施教，利用信息化技术完善教学手段。

4. 考试管理与考试方法改革

制定了学院考试管理规定，出题、监考、改卷、成绩评定等均按规定执行。

鼓励教师进行考试方法改革，目前有闭卷、开卷、课程论文、操作考核等多种考试（考核）方式同时应用。

（三）实践教学

1. 实践教学体系建设

从培养学生综合素质、专业技能与专业训练、创新精神与解决实际问题能力三方面着手确立了比较科学、系统、操作性较强的实践教学体系（见图4）。实践教学按功能目标要求分为军训、国防教育，实验教学，实

验室开放、学生科研立项训练、专业实践、毕业实习、校园文化实践活动、专业技能训练、生产劳动、社会实践与调查、毕业论文/设计 11 个层次，每个层次由相应的实践教学内容组成。为提高师范生教学基本技能，学院坚持“四年不断线”对师范生开展教学基本技能强化训练（见表 1）。

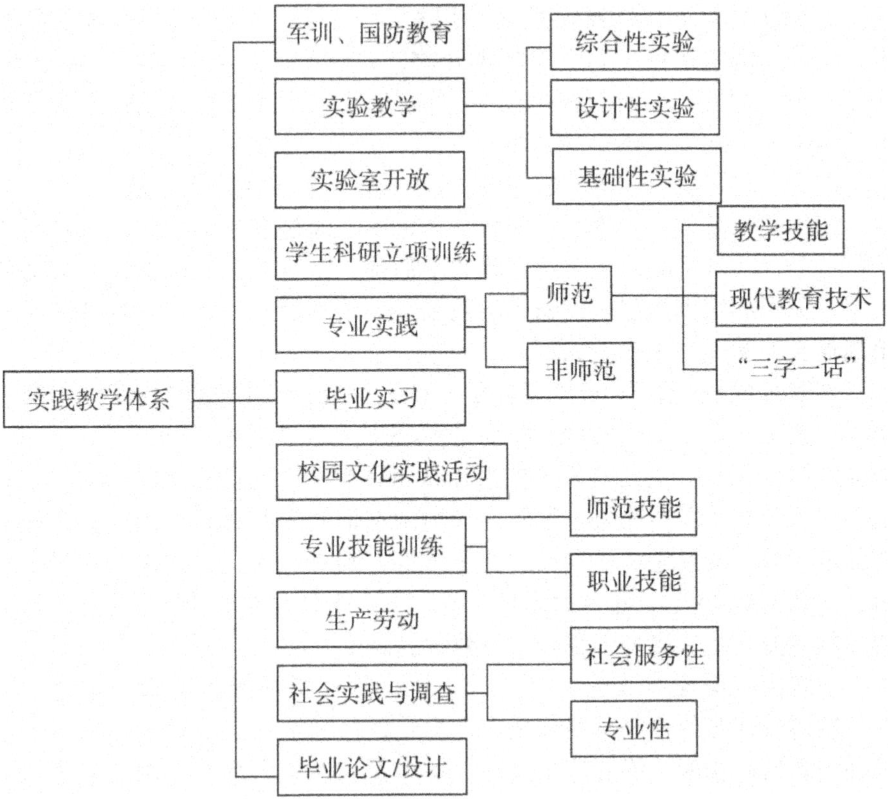

图 4　生命科学学院实践教学体系

表 1　“四年不断线”教学基本技能强化训练内容

年级	内容
一年级	爱岗敬业、普通话、钢笔字
二年级	粉笔字、教育工作文体写作、现代教育技术、计算机操作、教育调查
三年级	教学技能、班主任工作、教师口语、教育见习
四年级	教学研究、微格教学、教育实习

2. 实验教学与实验室开放情况

学院依托广东省质量工程项目，建有省级“生物学实验教学示范中心”，学院实验室面向全校，开出实验课程 23 门，实验项目数 200 余个，年实验人时数达到 10 万，服务学生人数每年都在 1 500 ~ 2 000 人，是省内同类实验中心中规模大、服务面广的代表之一。

为提高实验室和仪器设备的利用率，培养学生的实践能力和创新精神，学院始终坚持将实验室向师生开放，并以项目立项形式开放实验室，2013—2014 学年，学院获得学校 40 实验室开放项目立项并结题，参与人数达 461 人，达到 13 830 人时数。

3. 实习实训、社会实践、毕业设计（论文）的落实及效果

校内实习基地。生物学实验教学示范中心通过多年的建设，已具备了较好的条件，基本满足了专业实践教学需要，生物科学、园林专业的部分实习、见习和实训课程在校园、学院温室、植物园、与学校后勤处共建的苗圃场实习基地在校内完成。

学院采取校企合作的实践教学模式，推进产学研密切合作。在校外企、事业单位建立学生实践、实训教学基地，让学生在专业实习、见习、毕业实习（实训）的过程中，能直接参与行业企业的各个实践环节，较好地培养了学生的实践能力。学院充分利用本地的产业和经济优势，实现合作优势互补，满足学院各专业的实习需要。到目前为止，共在校外建立实习、实训基地 26 个，建立教育实习基地 126 个（全校共享），涵盖了我院所有的专业，基本满足了我院实习教学的需要。

学院高度重视毕业论文（设计）工作，对指导教师职责、选题、组织、答辩及评分等作出了明确规定。学院发挥教师科研项目多的优势，将教师的科研课题融入毕业论文选题，每年有 40% 以上的毕业论文选题均来自教师的科研课题，毕业论文在核心期刊等刊物上公开发表有署名学生的论文每学年 10 篇以上。此外，还有部分毕业论文（设计）选题来自企业实践，并为企业解决了一些实际问题。

（四）第二课堂

学院重视第二课堂体系建设、资源投入、活动指导等工作，坚持以学生为本的理念，促进学生的成长和成才，尊重学生的主体价值，为学生的思想、学习、实践、生活发展等方面提供良好的平台，以多姿多彩的第二课堂活动成功地提高学生的综合素质。同时，我院设立学生课外科技活动专项资金和奖励基金，以及实施《生命科学学院学生综合素质测评实施办法》鼓励学生参加各类第二课堂活动。

1. 第二课堂育人体系建设与保障措施

我院注重建立并完善第一课堂与第二课堂紧密结合的人才培养体系，以科技学术节与校园文化艺术节为主线支撑起整个学年的第二课堂培养体系，并且我院注重在学院内建设良好的学风气息与浓郁的文化熏陶，本着以思想政治教育（党建、雷锋月、感恩月）为主、活动带动为辅的方式来培养学生。第一学期以文娱文体教育（才艺大赛、新生杯、锦标赛）为主、新生入学教育系列活动为辅，引导新生尽快适应大学的生活和学习，引导全院学生“走出宿舍，走下网络”；第二学期以专业实践教育（生物风采节）为主、毕业生就业教育为辅，培养学生的专业实践动手能力，增强学生就业创业意识，为努力构建良好的院风营造氛围。为了保障第二课堂育人体系的顺利进行，我院还建立并健全了相关工作制度、管理制度、考核制度。

2. 学生国内外交流学习情况

我院积极鼓励学生参与国家、省、市级活动，让学生尽可能把握机会去争取跨校、跨省甚至是跨国的学习交流机会，其中我院姚思妍同学已赴台游学。学院组织的第二课堂学习活动在院内引起了强烈反响，学生们参加第二课堂活动的热情高涨，报名人数与参与人次逐年增加，促进学生健康成长成才的效果显著。

五、学生发展

学院坚持以生为本，通过对学生进行思想引导、学习辅导、职业生涯规划和创业教育、就业指导、心理辅导、生活帮扶等方面的指导与服务，促进学生全面发展，提高学生适应社会需求能力，连续三年毕业生初次就业率达87%以上，就业质量不断提高。

（一）招生及生源情况

1. 学院生源数量及结构特征情况

生命科学学院的前身是嘉应学院生物系，创建于1983年5月，2002年开办全日制本科教育，是学校规模较大，教学、科研、管理工作好，发展潜力大的重点理科学院之一。生源以广东省为主，同时面向全国9个省和自治区招生。

2. 学院提高生源质量的措施与成效

近年来，学院采取了多种措施吸引优秀学生报读我院。一是由于近年来学院积极开展人才培养模式的改革，人才培养质量不断提高，学院的声誉不断提升。二是构建了具有侨乡特色的大学生奖、助、勤、贷、减、免、补的助学体系，种类多、受奖助面大，2013—2014 学年有近 37% 的学生获得奖助金，家庭经济困难学生受助面达 100%，使学生来校能够安心学习。三是加强招生宣传力度，通过组织在校生、教师与更新招生网站等渠道广泛进行宣传。

（二）学生指导与服务

在过去的一年里，我院本着以生为本的原则，为学生提供了一个健康成长成才的平台。动员全院教职工帮扶学生成长，充分做到“全员育人，全程育人”；健全了工作制度、管理制度、考核制度、督促检查制度，全方位培养学生；以学生思想教育指导、学习指导、生活指导、就业创业指导、心理健康教育、特困生资助、公益志愿与服务为中心开展工作。

1. 学生指导与服务的组织与条件保障

学院建立并健全了以党总支为领导、党政分工合作、辅导员为骨干、班主任为主体、学院老师全面参与、新生学长朋辈为补充、学院系列相关制度为保障的学生指导与服务工作体系，把育人与教学工作紧密结合起来，贯穿于教育教学的各个环节。

2. 学生对指导与服务的评价

在本院专业授课情况方面，91% 的参与者对学院授课教师的教学能力、专业水平表示满意；91% 的调查人员对学院实验教学过程表示满意；在学院学生工作情况方面，调查人员中 83% 对班主任、辅导员对学生的交流沟通与引导感到满意；91% 的参与者认为学院在考研平台搭建，包括引导、教育、支持性措施方面做得较好；89% 的调查人员对学院为学生开展的职业规划课及相应的职业规划大赛工作感到满意；82% 的参与者觉得学院在为学生运动与健康提供平台这方面的工作做得不错。

（三）学风与学习效果

1. 学风建设的措施与效果

学院对学风建设高度重视，坚持以科学发展观指导学风建设，构建学风建设的长效机制，采取了许多有效措施，为学生的全面健康成长营造了良好的育人环境，取得了良好的效果。

2. 学生的学业成绩和综合素质

学生学业成绩稳步上升。学生学生成绩平均绩点分别为：3. 12、3. 28、3. 24。2012 届和 2013 届我院在校生大学英语四级通过率分别为 60. 93%、73. 93%。学生近三年的初次就业率分别为 96. 28%、98. 70%、87. 44%。

3. 学生对自我学习与成长的满意度

为了掌握我院学生在大学期间的对自我学习与成长的满意度，我院随机派发150份大学生对自我学习与成长满意度问卷。据调查研究结果显示，在课外锻炼能力方面，有71%的参与者表示曾经担任学生干部、75%的参与者表示曾经参加学生社团。对于本专业的学习，73%的参与者对自己的本专业感到满意以及对本专业比较热爱；而在学习成绩方面，43%的参与者对现在的成绩比较满意，45%的人认为自己的成绩有待提高。在参与者中，89%的人表示自己现在的大学生活基本达到预期；对自己的大学生活感到比较满意的人占总人数的93%。

（四）就业与发展

1. 提高毕业生就业率与就业质量的措施

学院重视就业工作，形成全员参与就业的机制。坚持把毕业生就业工作摆在重要位置，成立了由党总支书记以及院长为组长的学生就业工作领导小组。同时，召开就业促进会，要求全院上下高度重视就业工作，辅导员和班主任要确保每一位毕业生都知晓并利用好国家的就业政策，引导全体毕业生积极主动就业创业，到国家需要的地方建功立业。

2. 毕业生就业率与就业质量

近三年，我院毕业生初次就业率都保持85%以上，其中生物工程以及园林专业的就业率在2012届以及2013届两年都达到了100%。

3. 用人单位对毕业生的评价

用人单位对毕业生的评价，实际是对社会需求和培养质量进行持续跟踪和动态测量，可以帮助各专业全面、客观、科学地评价教育质量，帮助各专业科学地测定社会需求，检验我院人才培养质量，诊断并提出改进人才培养方式的建议。为了更好地了解、掌握毕业生的表现情况及用人单位对人才培养使用的要求，从而进一步明确我院学生培养方向和培养目标，针对2013届、2014届毕业生所在单位，我院进行了毕业生情况反馈调查。

六、质量保障

（一）教学质量保障体系

1. 质量标准建设

根据学校人才培养目标定位，制定了专业人才培养质量的具体要求及主要教学规范，具体表现在人才培养方案及专业标准中。

2. 学院质量保障模式及体系结构

在学校统一领导指挥下，我院形成了包括运行管理系统、质量监控系统、信息采集系统、质量保障系统等的质量保障体系。

运行管理系统由教学工作委员会、教学副院长、教务秘书及系主任组成，负责本院教学方面的决策及日常运行。

质量监控系统由教学工作委员会、督导组、师生共同构成，负责常规教学检查、听课检查、同行评价、学生评课等工作。

信息采集系统主要由教学副院长、教务秘书、系主任、教学信息员等构成，负责收集各类教学信息，进行分析统计，并作出信息反馈。

质量保障系统由党政联席会、教学工作委员会、行政办、学工办、实验室、系等组成，负责教学资源保障、教风学风建设等。

3. 质量保障体系的组织、制度建设

质量保障体系组织包括学院党政联席会、教学工作委员会、学术委员会、分管教学副院长、分管实验室副院长、教学秘书、督导组、系主任和实验室主任等，负责做好教学运行、监控及信息采集、教学保障等各项工作。

4. 教学质量管理队伍建设

教学工作委员会成员 8 人中正高 5 人，硕士以上 7 人。学院现有教学副院长、教务秘书、系主任等专兼职教学管理人员 5 人，其中硕士以上 4 人、博士 2 人；高级职称 4 人、正高 2 人；40 岁以下 2 人、40 ~ 50 岁 3 人。另外教学团队负责人是教学保障体系的重要一环，他们对教学任务进行了具体承接分配，很好地保障了教学质量，团队负责人均为高职称的课程群带头人。

（二）质量监控

1. 自我评估及质量监控的内容与方式

我们结合学校的教学状态评估、专业评估等对本院的教学工作开展了自评，并在学校评估过程中及时掌握教学状况及存在问题。

建立了日常教学的监控体系，以教学工作委员会、督导组、学生信息员及教学管理人员为主体，以教学检查、师生座谈、同行评教、听课、教学督查、学生评教、教学信息员信息反馈、巡考等为手段，对日常教学运行情况、课堂教学情况、实践教学、毕业论文（设计）等教学环节进行监控，以各类各级教学会议及个别通知等为反馈渠道，建立了较为完善的教学质量监控体系，形成了全员参与的良好氛围。

通过监控及时发现问题，提出改进意见，将教学质量评价结果与教师晋级、评先、考核挂钩。

2. 自我评估及质量监控的实施效果

通过自我评估与质量监控，及时发现问题并采取有效措施，取得明显效果。

增强了教师的质量意识。通过在考核、绩效分配、晋级等方面对教学效果的要求，有效地提高了教师的质量意识，对于各类信息的反馈谦虚接受，教学态度更加端正，教学过程更加认真，如论文试卷的检查中可看到逐年规范，已经不再出现原则性错误，历年未出现教学事故。

促进了学风建设。通过评估评比，及时发现存在的问题，有针对性地加以解决。如我院学生参与课外科技训练多，但参加各类竞赛较少，对此我院加大投入，鼓励学生参与各类竞赛，表现出自己的优势，近两年取得明显进步，有效地提高了学生学习的兴趣。

提高了教学质量。通过质量监控，及时发现问题并加以解决。通过课堂教学质量评估，保障了课堂教学质量；通过对实习实践环节计划、检查、总结的强化，有效保障了实习实践的质量；通过对毕业论文开题、中期检查、答辩等环节的监控，有效提高了毕业论文质量，使该项工作更好地结合实际，培养学生解决问题的能力。通过对评估及质量监控的重视，我院在2011—2012学年获得教学评估第一的基础上，2012—2013学年再次获得第一。

（三）质量信息及利用

1. 教学状态数据库建设情况

我院在历年状态评估中，均有对本学院的各项数据进行了统计。

2. 质量信息统计、分析及反馈

主要利用学生评教、学生信息员反馈信息、师生座谈会、督导听课等获得课堂教学相关信息。经过汇总分析，属于老师方面的各类问题直接反馈回本人进行改进，共性问题在教学会上提出供全员共同改进；学生信息进行答复，涉及其他部门的问题也提供给相关部门参考；课堂教学质量评价后10%的教师书面反馈并谈话提出警示。对学校评估过程中发现存在的问题，在大会进行分析总结，并提出改进措施。

目前也开展对用人单位进行调查，收集用人单位对我院毕业生培养的意见。

3. 质量信息公开

我院对学院的各项工作通过宣传橱窗、网页等渠道公布动态。我院网页在学校评比中获第一名。学院所在的田家炳科学馆各项宣传栏的设置受到了学校表扬。

（四）质量改进

1. 质量改进的途径与方法

我院根据学生的反馈信息进行了分析，及时掌握了教学过程问题，对学生评教信息进行了分析，对老师存在的问题及时反馈，要求改进。同时对教学中存在较明显问题的老师进行重点督导，并提请学校督导组协助督导，有效地提高了教师的教学水平。

教学工作的全程规范及监控，有效促进了教学质量提升。具体途径包括：每年教学工作要求有计划总结；培养方案制订、开课计划及授课任务分配、教学过程听课、考试的教学全过程有规范要求；对于实践环节，要求必须计划、检查、总结齐全；对毕业论文要求开题、中期检查、评阅答辩要规范完整；对考试的出题、监考、批改试卷及分析总结有明确规范。

用人单位参与专业设置及人才培养方案的论证能保证人才培养切合社会需求和人才培养质量的提高。我们开设新专业或对培养方案进行较大调整时均邀请了校外专家，特别是行业单位专家进行研讨论证，提高人才对社会的适应度。

2. 质量改进的效果与评价

通过学校评估过程中发现的问题专门进行分析并向全体教师反馈，商讨改进措施。

针对往年评估中出现教研论文偏少的问题，专门鼓励教师积极申报各类质量工程项目及教研项目，发表教研论文，版面费由质量工程项目统一解决，承担项目或发表论文均在目标管理津贴中进行奖励。目前我院在质量工程项目建设及承担教研课题方面处于学校前列。

七、特色发展的实践与展望

我院经过长期的办学积淀，逐步形成了“院地合作，协同创新培养服务区域经济社会发展的应用型现代生物科学与工程、岭南园林技术人才”的教学工作特色。

学院将依托与行业结合紧密的优势学科专业，借助地方在食品饮料、园林园艺、农业种植与深加工、生物医药等优势产业领域，广泛与政府机构、企事业单位、社会团体等密切合作，大力开展应用型人才的协同创新培养，为学生提供创新实践机会。学院还将继续大力开展院地合作，通过联合共建实验室、共建实践创新基地、开展科技合作、建立战略联盟等形式，建立产学研结合的教育平台，把理论教学与实践教学、课堂教学与课外活动、校内教学与校外实践有机地结合起来，有效改变高校目前“以教师为中心”“以课堂为中心”“以教材为中心”的封闭式课堂教学模式。合作各方以产学研合作教育平台为支撑，合力开发产业前沿课程、专题研讨课程、问题中心课程等新型课程，为创新实践育人新体系奠定了坚实的基础。

我们相信，坚守学院的办学理念，坚持学院的办学定位，坚定学院的人才培养目标，通过不断努力，生命科学学院一定能办好应用型优秀本科教育，办成特色鲜明的知名学院。

八、存在的问题与改进措施

（一）“双师型”教师偏少，高水平教师难以引进

近年来，我院加大力度引进高层次人才，整体师资水平有了较大提高。但由于地处山区，交通不便，经济发展水平较低，吸引和留住高层次人才相对困难。对于紧缺专业如园林、食品科学与工程等专业，要引进高水平“双师型”人才更加困难，直接影响了实践教学和应用型人才培养的质量。

改进措施：加强师资队伍建设，优化师资结构，增强师资实力。采用引进、外聘、内培等多种方式优化师资结构，以改变现有师资格局，增强师资队伍活力；采取政策支持、资金投入等积极有效措施，吸引高层次人才、“双师型”教师来院工作；出台相关政策，要求青年教师每隔一段时间必须到相关企事业单位锻炼，完成培训目标后才能评审职称，以增加“双师型”师资队伍数量和质量，更好地优化师资队伍结构；此外，学院将大力实施“教授培养工程”“青年教师博士化工程”和“千百十人才工程”；营造良好的人文氛围，吸引和稳定各类优秀人才，不断提升我院教师队伍的层次和水平。

（二）实践教学用房面积不足

学院田家炳科学馆建筑面积 2 725 平方米，实验实践教学实际使用面积 2 083.10 平方米，生均实验室面积仅有 1.84 平方米，实验室用房面积难以满足学生实践教学的需要。

改进措施：积极争取学校加大实验室建设力度的扶持，科学调配及挖潜学院现有用房，最大限度地提高实验用房使用率，以适应学院办学规模适度发展的需要。

（三）精密教学仪器设备稀少

学院重大设备（单台件 40 万以上）仅有 3 台件（套），大型设备（单

台件10万以上）有14台件（套），而高效液相色谱、气相色谱仅有单台件（套），难以满足师生科研、实践教学的需要；没有高效液相质谱联用仪，难以满足学生在检测检验等方面的实践教学需要，导致学生在企业实习实训时很难胜任操作精密仪器设备的岗位工作。

主要原因：学院对申请大型教学仪器设备的紧迫性认识不足，主动性不够。

改进措施：通过专家论证，加大申报大型教学仪器设备的力度，申请成立检验检测中心，探索仪器设备校内共享的新机制，打破各实验室间的条块分割管理现状，统一管理精密通用仪器和设备，提高仪器设备的使用效率。

审核评估专家组（定位与目标）审核评估报告

胡解旺
（教育科学研究所所长，教授，第一评审组执行组长）

一、概述

根据《嘉应学院本科教学审核评估方案》（嘉院〔2014〕114号）和学校审核评估的相关安排，学校从提高教育教学质量的发展战略高度，进行了一次为期两个多月的审核评估工作。第一小组负责评估指标体系第一大项“定位与目标”及自选特色，共四个小项，分别是办学定位、培养目标、人才培养中心地位以及自选特色。

本小组所负责项目虽然属于“形而上”、比较抽象，却是事关学校发展的顶层设计和方向指引。可以说：定位和目标决定高度和方向，人才培养是办学关键，而特色左右办学厚度和质量。如果定位不准、目标不清、人才培养质量不高、特色不明，会对学校发展不利甚至产生负面影响。可见，其重要性非同寻常。

本次审核评估，我们本着“替学校把关、为院（部）服务”的原则以及公平、公正、客观的精神，认真细致地听、看、问、查、记，也切身感受了审核评估对各院（部）的显性和潜在的促进作用。主要体现在各院（部）对审核评估的认识上了一个新台阶；对自身定位目标及特色的把握逐步清晰；主动挖掘自身潜力和借用外力，为本院（部）确定的定位目标和特色增添力量；积极努力总结展示自身最显著的特色；进一步重视人才培养质量；逐步将自身定位目标和特色主动融入学校定位、总目标、特色中。

二、规定动作与自选动作有机结合

本小组按质超量完成了审核评估任务，并将“规定动作”和“自选动作”有机结合起来。

（一）规定动作

1. 听取各院（部）汇报

共听取包括医学院和梅州师范分院在内的20个院（部）的汇报。另外，本小组多次召开协调会议，协商如何提高评估效率、把握评估标准、严格评估要求。

2. 实地进行了深入调查、访谈、查阅资料

根据不同审核要素，认真查阅了各院（部）党政联席会议有关教学工作会议记录、教研室开展教学研究活动的记录、院（部）人才培养方案等与本小组相关的各类文件，认真书写了除梅州师范分院之外的19个院（部）自评报告的审核评估意见。为了更加真实地了解各院（部）领导对他所负责的审核要素的认知情况，邱国锋校长还与各院（部）书记、院长或主任、副主任进行了深入访谈交流，听取其办学定位、办学特色的想法和思路，并提出了许多建设性建议。如部分院（部）归纳特色不够明显，或提炼出特色却擦得不够亮，邱校长都有针对性地一一要求重新提炼、高度概括。不少院（部）为此进行了修改。例如，体育学院在自评报告中提炼的特色不太理想，经过邱校长与该学院领导的多次沟通、交流，体育学院将特色确定为“植根足球之乡，弘扬足球文化，培养优秀足球人才”。这一特色就十分精炼。

3. 具体调研情况

本小组一个多月来，共22人次听了10个院（部）上课，另外，在电子信息工程学院等看课、听课12次；调阅10个院（部）共16门课程试卷；调阅10个学院227份论文；调阅11个学院的作业和实验报告共145份。分别指出了相关院（部）的优点，同时，对发现的问题和不足提出针对性的改进建议。这些建议已经通过各自提出的书面材料汇总，分别反馈到相关院（部）。

（二）自选动作

1. 对院长（主任）、主管教学副院长（副主任）开展集中考核

拟定一份有关“定位与目标”（包括填空题、简答题）试卷，对全部35名院长（主任）和主管教学的副院长（副主任）进行考试，并认真细致地批阅了全部试题。另外，本小组相关人员参加了试卷分析。从考试情况看，部分院（部）领导得分高，如文学院/客家学院院长、地理科学与旅游学院院长、生命科学学院院长、社会科学教学部副主任都在90分以上，但也有5个学院的副院长不及格，最低得分仅为35分。经过较长时间的反复修改和完善，已经形成了一份有较强说服力和客观反映相关院（部）领导对这一指标认知情况的分析材料。这些材料后来也直接反馈到各院（部）。

2. 在学生中开展座谈与调查研究

在邱校长的亲自组织和安排下，在全校所有学院分别抽取一位学生代表（有男有女，有高年级低年级、有省内外、有市内外学生）进行了一个小时的座谈并开展无记名调查，比较客观地掌握了学生对学校办学定位的认知情况、学风、教风、评教以及其他相关情况。

三、查摆问题与原因分析

（一）定位目标与特色是纲，纲举方能目张，事关学校发展大局

既是未来教育部对学校审核评估的重要评分点，也是学校未来发展的大方向。本小组经过认真研究和反复讨论，确定了六个方面的判断标准和依据：

（1）自评报告内容、实地深度访谈和查阅相关资料情况能否与定位目标和自选特色有机地融合起来；

（2）支撑材料是否充实、具有较强说服力；

（3）院长（主任）及主管教学副院长（副主任）的笔试答题情况；

（4）是否形成比较准确和高度概括的定位目标以及特色的文字表述；

（5）是否简洁、高度浓缩、一目了然；

（6）是否与本院（部）的师资特点、专业情况、人才培养达成较强的适合度。

根据这一评审标准和依据，各院（部）情况大致可分为四个层次：是文学院/客家学院、医学院、地理科学与旅游学院、政法学院、生命科学学院共5个学院被评为“优秀”；另有12个院（部）获得“良好”，1个

学院被评为“一般”，1 个学院被评为“较差”。

符合“优秀”标准的 5 个学院在这 6 个方面都比较突出。其中，以文学院/客家学院最具代表性。

符合“良好”标准的 12 个院（部）总体情况也不错，但存在一定问题，或者定位目标准确但特色提炼不够鲜明；或者特色表述很到位，但定位目标表述不够准确；或者定位目标以及特色都表述不错，但支撑材料不够厚实。

表现“一般”的学院虽然领导比较重视，但师资力量、办学定位目标、人才培养中心地位以及特色四大方面都存在较大的不足。

表现“较差”的个别学院则从学院领导认知情况和态度、自评报告、师资力量、办学定位目标和特色，到支撑材料诸多环节都存在明显不足。

（二）各院（部）教师对本单位定位目标的态度和认知差异明显

有的院（部）在接受访谈时，参会教师都比较清楚，有的院（部）教师则顾左右而言他。有的院（部）领导之间的认识不一致，这就容易造成院（部）内部无法形成统一的认识，尤其是部分院（部）定位目标不能与学校相一致，必然造成各唱各的调、各吹各的号，无法形成办学合力，严重影响院（部）本身的办学效果。

（三）自选特色或明确或模糊

本次试卷简答题第二小题便是“办学特色”。专门考核院长（主任）和主管教学的副院长（副主任）对本部门的特色认知情况。从考核结果看，部分学院正副院长，如文学院/客家学院、地理科学与旅游学院等，对自身特色认识明确、总结清晰；而少数院（部）领导或将人才培养的个别方式和措施误认为特色，或对本院（部）特色无法了然于胸。在访谈中，部分院（部）的教师也有类似情况。

（四）听课、调阅试卷、作业（实验报告）以及毕业论文等方面情况参差不齐

大致可分为四个层次，优秀、良好、一般和较差。关于听课，本小组公认表现最好的是政法学院廖劲敏副教授，而较差的教师则在上课时照本宣科、只顾念 PPT，且坐在低矮的椅子上，难见老师真容，学生在下面玩手机、交头接耳，老师全然不顾。

（一）关于试卷

最好的老师批改认真负责、各个层次的成绩分布合理、试卷分析详细且具有针对性。这方面表现比较突出的是生命科学院廖富林教授、政法学院徐春根教授以及医学院的教师等。但也有的教师的试卷并不理想。问题比较突出有几点：一是成绩过高，有的班级90分以上成绩所占比例过大，接近1/3或更多，分布不够合理。二是批改时不明确指出扣分点，扣1分、2分甚至更多分都是一个钩，上面打一点，没有明确标注依据。这方面医学院的教师认真负责的态度值得校本部好好学习，他们试卷中所有扣分点缘由都一一标明。三是试卷分析过于简单、缺乏针对性。

（二）关于作业和实验报告

有的学院学生作业、实验报告有板有眼，教师批阅认真。这方面教育科学院梁伟焱老师指导的实验报告比较好。当然，不足的地方也明显存在，如学生的作业或实验报告过于简单，教师批阅时随手一钩加一点，学生不知错在哪。

（三）关于毕业论文（毕业设计）

总体感觉学生论文质量有所下降。由于多数评审专家的研究方向与所查学院专业并不相同，所以只能从论文的开题报告、答辩情况、指导老师的修改情况以及论文是否规范等外在形式进行审查。比起作业实验报告和试卷来说，毕业论文存在的问题比较严重。有的只有“答”没有“辨”；有的老师对修改意见使用打印体，只在最后亲笔签名，连日期都没有；有的毕业论文档案袋中没有保留老师修改过的稿件，只有定稿；论文指导老师的工作量偏多，难以保障论文的质量。

另外，论文本身也存在一定问题。其中又以参考文献的问题较多，或乱标代码，或不写著作的出版社、日期；或不写参考文献的作者、出版时间。评审专家一致强调，毕业论文是大学生综合能力的集中体现，要求各学院高度重视并有效提高学生的论文质量。

四、主要建议

（一）总结经验、查摆不足

要充分总结本次评估取得的成效，推广本次评估优秀学院的好经验、好做法。尤其是对于发现的问题，无一遗漏地全部反馈到各个院（部），并要做到三点：第一，将评估存在的问题让所在院（部）全体老师清晰了解，特别是要做到人人都了解本部门的定位与目标，有何特色；第二，各院（部）在以后的教学工作或其他会议上，要渗透这方面内容；第三，落实到每个领导和教职工的具体教学和日常工作中。如果没有落实，再好的评估结果都只是写在纸上、挂在墙上的空头文件。

（二）“定位乃舵”“目标是基”“特色为魂”

重新审视定位与目标，凝练办学特色。各学院的办学定位、培养目标依据要紧紧贴近应用型人才培养，贴近社会需求，加强与用人单位、社会联系，邀请用人单位、行业代表、专家学者参与教学单位对自身办学定位、人才培养目标的论证，听取他们对人才培养、教学改进的建议，注重毕业生就业质量跟踪反馈反哺教学的过程。学生对学校定位、目标和特色的认知和自觉行动是我校发展的重要推动力量，也是未来教育部审核评估的考核要点。教师在教学过程中要将本院（部）和学校的办学定位目标与特色渗透于各自的课堂。各院（部）教师在教学大纲、教案以及教学过程中不断修补短板，围绕目标定位、擦亮特色。

（三）落实整改、务求实效

各院（部）要加强教学管理、教学运行的监控，对本次评估过程中提出的问题，组织本院（部）相关专业教师对试卷、毕业论文进行一次整改。另外，对以后的试卷、毕业论文从严要求，确保质量稳步提升，至少不要在形式上出现明显不规范的问题。学校将在下学期中前段组成相关专家督促落实和整改，查漏补缺，确保审核评估取得实效。

审核评估专家组（师资队伍）审核评估报告

刘明贵

（嘉应学院副校长，教授，第二评审组组长）

一、基本工作情况及环节

（一）基本情况

1. 评估时间和对象

评估时间：2014 年 10 月至 2014 年 12 月。

评估对象：校本部 18 个学院（部）、医学院和梅州师范分院。

2. 评估方式和内容

听二级学院负责人汇报，听教师讲课，开教师和学生代表座谈会，调阅试卷、毕业论文、实验报告、作业等材料，考察教学实践基地，专题访谈和问卷调查等。

评估内容及指标分工：

（1）教师教学投入（郭柏春、俞万源）；

（2）课程资源（郭柏春、俞万源）；
（3）专业设置与培养方案（何日胜、麻爱民）；
（4）教学改革（张晨、曾辉）。
具体分为：
（1）教师教学投入。
①教授、副教授为本科生上课的情况；
②教师开展教学研究、参与教学改革与建设的情况。
（2）课程资源。
①课程建设规划与执行；
②课程的数量、结构及优质课程资源建设；
③教材建设与选用。
（3）专业设置与培养方案。
①专业建设规划与执行；
②专业设置与结构调整，优势专业与新专业的建设；
③培养方案的制定、执行与调整。
（4）教学改革。
①教学改革的总体思路及保障措施；
②人才培养模式改革，人才培养体制、机制改革；
③教学及管理信息化。

（二）主要环节

（1）集中听取20个教学单位的教学工作汇报；
（2）召开校本部18个教学单位教师座谈会共18场；
（3）发放有效问卷教师卷145份，学生卷99份；
（4）深入访谈203人次；
（5）调阅12个学院共13门课程的试卷；10个学院的11个专业共90份毕业论文（设计）；11个学院的12门课程的共75份作业。

二、问题和建议

专家组坚持审核评估的五项基本原则为目标性、主体性、多样性、发展性、实证性原则，重点考察审核评估的“四个度”：人才培养目标与社会需求的适应度，教师和教学资源对学校人才培养的保障度，教学质量保障体系运行的有效度，学生和用人单位的满意度。

（一）教师教学投入

1．基本情况

各教学单位教授、副教授100%为本科生上课。教育教学改革总体思路清晰、措施明确，教师开展教学研究、参与教学改革与建设意愿强烈，情况良好，大多数教研室的教研活动运行常规化。但是在教学研究过程中，课堂教学改革研究不够，教学进程的社会环境和网络影响研究不够。问卷调查统计结果显示，个别单位如美术学院有16.67%学生认为学院的师资和课程未能满足学生需要。

2．建议

增加投入，在校际合作、校企合作的基础上，突出服务地方社会和大学生实践应用能力的教学研究；制定有个性的提升教师教学能力和专业水平的政策，制定切实可行的教师职业生涯发展规划。

学院和教研室应该重视教师课堂教学内容和教学方法，加强理论联系实际的授课要求，提高教师的职业技能，包括教师的普通话训练、黑板板书训练，课堂授课内容的合理安排，在PPT课件制作方面进行有效干预和合理要求，在教师课堂教学质量评价体系中有效融入教师教改行动和同行评价的内容。

（二）课程资源

1．基本情况

各教学单位重视省级—校级课程建设，注重课程教学团队的建设，强调优质教材的选用。如音乐学院注重地方特色课程建设，校本教材和自编地方特色教材建设取得一定的成效。目前，学校有50门校级精品课程，其中10门入选为省级精品课程；10门校级双语教学示范课程；15个校级优秀教学团队，其中7个入选为省级教学团队。但是有些工作缺乏群众基础，问卷调查统计结果显示，文学、外语两个学院分别有33.33%、25%学生认为所学专业的实践课程不够合理。

2．建议

完善双语课程、实践课程、精品课程的建设规划，完善教材建设规划。在重大事情决策过程中要广泛听取师生的意见和建议，获得大多数师生的支持，具有广泛意义的工作内容应该发挥大家的主观能动性，积极参与，收到实际效果。精品课程要将立项内容落到实处，成为体现嘉应学院本科教学质量的窗口，网站内容要及时更新，做到能够为平时的教学活动服务。教学团队的立项要为课程群的建设和发展提供保障，为青年教师成长提供平台，从而紧跟时代要求，发挥有利于学生学到真才实学的功能。

（三）专业设置与培养方案

1. 基本情况

各教学单位专业建设规划执行良好，人才培养方案与应用型人才培养目标相适应，大部分学院在近五年内能根据社会发展变化和市场需求增设新专业或专业方向，以及有调整专业的设想。学校现有52个本科专业，其中国家级特色专业1个、省级特色专业4个，国家级专业综合改革试点1个、省级专业综合改革试点项目4个。

外语、教育科学两个学院均有50%学生认为所学专业的培养方案不能满足应用型人才培养的需要。

2. 建议

改变专业发展不平衡趋势，加强实践应用能力培养，重视人才培养方案的运行效果。对一些不适应社会发展的专业进行调整，根据国家和学校向应用技术型转型态势改造老专业、设计新专业，向应用技术转变。

在对传统专业进行改造过程中，应该广泛听取教师的意见和建议，包括业内权威人士和企业专家的分析，避免闭门造车的现象出现。提倡复合型人才的培养，如计算机与理科专业相结合、数学与经济相结合、化学与生物形成交叉、电子与机械相结合、历史与文学相结合、物理与材料相结合等。根据市场和社会需要及时调整知识结构，使学生成为受企业欢迎的人才。

（四）教学改革

1. 基本情况

教师开展教学研究、参与教学改革情况良好。通过评估，发现几点共性问题：①各个学院的网站中的基础课程网站建设工作开展不够，网上互动内容非常缺乏；②学校历年的教研项目立项，真正用于教学实践的成效未见凸显；③高级职称教师对于学校教学改革的热情不高，特别是团队开展工作不够；④传统专业与时俱进的改革未见真行动，处于零零星星的状态；⑤复合型人才培养模式没有真正全面启动；⑥全校整体教育研究没有国家级的项目。

2. 建议

各教学单位应该注重收集和分析毕业生和用人单位的信息反馈，根据及时获得的信息调整和补充课程体系内容。加强教学资源的数字化建设，课堂教学方式与网络信息资源的补充进行良好的结合，使学生不仅得到校内教师的常规教育，也能够从资源中吸收校外构建国家级—省级—校级教学改革项目建设体系，进一步凝练办学特色。

通过调阅相关材料发现不少问题，其中毕业论文方面问题较多，如物理与光信息科技学院的论文存在选题内容有待改进、无实质性的研究内容、仅仅用综述形式撰写、参考文献太少、排版粗糙等问题；土木工程学院的论文大多没有国内外研究状态的信息收集和提炼；教育科学院的论文普遍存在参考文献不规范、不标准，无答辩记录；体育学院的论文选题较空泛，学术性不强，个别论文已有研究成果，理论意义不大，实践指导意义不强。

在看听课过程中发现，课堂教学形式较单一，学生参与偏少，对于学生学习兴趣的激发和思维的启迪方面有待加强。实验报告建议推广医学院的做法，将实验报告印刷成本便于收发查阅、归档。

审核评估专家组（教学资源）审核评估报告

谭兆风

（设备与实验室管理处处长，教授，第三评审组组长）

一、全体参与的教学环节评估

全组共调阅了 7 个学院的资料，包括 14 门课程的试卷、140 份毕业论文（设计）和 14 门课程的作业（或实验报告）。在听课环节上，专家共 18 人次听了 8 个学院计 8 位教师的授课；看课环节上，专家共 33 人次看了 8 个学院计 26 位教师的授课。按规定要求完成了任务。

二、小组负责的专项评估

（一）本组的评估范围

本小组负责的指标为教学经费、教学设施、社会资源、实践教学，主要反映的是教学条件保障和实践教学概况。

（二）组内分工

本组由富有教学和管理经验的人员组成，有学校管理财务的领导、老设备处长、分管实践教学的教务处领导和原评估办主任等，刚好分别负责一个指标，其他专家再合理搭配，切实落实了评估专家配置的要求。

（三）评估工作的实施

（1）根据学校提供的关于评估的指导性材料和我们查阅资料得到的信

息，我们组分别对四个指标进行了更加具体的含义解读，将“要素释义”作为我们现场评估的参考。在查阅材料的基础上有针对性地分别进行了访谈，访谈内容侧重于做得较好的和明显存在不足的方面。教学经费则包含从使用到报销的各个环节。

（2）实地考察。

考察范围包括全部实验教学示范中心、部分实验分室和实训室。

（3）问卷调查。

就我们负责的指标设计了调查问卷，各单位都抽样进行了填写，有效问卷包括教师卷154份、学生卷459份，回收后进行了统计分析，形成第一手资料。

（四）评估结果的形成要求

（1）原则上按学校评估要求进行，形成评估结果。

（2）定性评价必须客观地充分肯定成绩，但对值得改进的地方和不足之处也要明确提出，这是对学校更是对学院的负责，体现出为学校把关、为学院（部）服务的指导思想。

（3）定量评价要做到有理有据，力求公正、准确、客观。评分时要考虑到二级单位努力的程度和收到的效果，亦即目标的达成度。由于学校原因导致的问题原则上不扣分，只在定性描述时提出，以利于今后改进。

三、分指标评估概要

1. 教学经费

本指标主要是考察学校对教学经费的投入和保障的情况，我们这次评估对各二级单位则主要是了解下拨的经费是否合理使用（是否是教学活动及其辅助活动发生的支出），从总体来看，各单位对审核评估是重视的，但程度不一。经费使用合理，支撑材料充分的有化学与环境工程学院、生命科学学院、土木工程学院和政法学院等，还有些没有支撑材料，仅从学校财务处的网页上打印了清单；有些花钱很少（数学、外语、文学等学院）。

这次评估反映学校教学经费能基本满足需要，在教学经费的使用方面存在的一些误解得到了更好的沟通和理解。

2. 教学设施

近年来学校加大投入力度，特别是加大建设一批广东省教育厅的实验教学示范中心和中央财政支持地方高校专项资金的投入力度，教学设施不断改善，实验设备更新较快，教学设施管理总体规范，教学设施的利用率较高。教学设施能基本满足教学的需要。开放实验项目稳步提高，从评估情况反映，化学与环境学院实验室管理规范，学生参与教师的项目人数多，科研设备利用率高。电子信息工程学院有六个实验室对学生全天候开放，并建设了元件库、实验板卡库，一批年富力强的教师带领学生常年进行技术开发，设备利用率高，成效明显。大部分学院能积极挖掘教学设施潜力，不断提高利用率。

但部分学院的实验场地差，面积不足，设备数量不足。教学设施总体利用率不高，开放程度不足，大型仪器设备缺乏。大部分教室改造为多媒体教室后，无课时间都被锁上，学生无法进入教室自习。大学物理的实验开设数量偏少，公共基础课的高等数学的实验课还没有开展。省级实验教学示范中心的体系还没有真正建立，难以发挥实验教学综合改革的作用。

另外，学院、部之间协作不够，特别是绩效工资推行后，各学院存在"肥水不流外人田""小而全"的思想，实验室低水平重复建设问题严重。实验设备与师资得不到优化配置。个别院系不愿意到其他院系上实验，导致必须开设实验的课程却没有实验课，严重影响教学质量。

3．社会资源

通过现场考察、查阅资料及访谈咨询的方式，认真检查了社会资源（包含三个要点：合作办学、合作育人、合作就业、合作发展措施与效果；共建教学资源情况；社会捐赠情况）方面的工作情况。总体情况是：每个单位都能通过各种途径去挖掘社会资源，方式方法不一，各有特色。其中合作办学、合作育人的措施和成效汇报比较详细，支持材料比较齐备，工作成效比较明显的单位有文学院、化学与环境学院、教育科学学院、电子信息工程学院、外国语学院和计算机学院。未按审核评估体系的序号及要求去收集相关资料或材料不够充实的单位有美术学院、地理科学与旅游学院、物理与光信息科技学院和经济管理学院。

开展合作办学、合作育人及合作就业工作比较成功的单位有电信学院、生命科学学院、土木工程学院、文学院及教科院；校、企共建实验室且已经正常运作的单位有电子信息工程学院、计算机学院和生命科学学院；产学研合作项目较多的单位是化学与环境学院和计算机学院；对外交流比较广泛的单位是化学与环境学院和文学院；近三年来，社会捐资较多的单位是文学院、外语学院、音乐学院及化学学院等。

4．实践教学小结

（1）各二级教学单位都能围绕学校的培养应用型人才这一目标，建立相应的实践教学体系，思路比较清晰，措施比较到位，做到了有规划、有实施办法和要求、有总结。但也有个别单位对建立实践教学体系不够重视，即使有，也比较笼统或不全面。

比较突出的如生命科学学院，在培养综合素质、专业技能、创新精神与解决实际问题能力上建立了从军训、国防教育开始到毕业论文（设计）11 个层次，每个层次都有具体要求和相应的操作流程。

（2）通过本科水平评估后，我校的实验室设备、环境有了很大的改善，各学院实验室的开放力度也有了很大的提高，学生的参与面不断扩大，调查问卷显示，参与实验室开放的学生达到了 35.5%，从而使实验设备利用率也随之提高，这为我校培养优秀的应用型本科人才奠定了坚实的基础。

化学与环境学院形成了以学生为主体，专题研究、开放式的强调能力培养的实验教学模式。如“专题实验项目”“化工实训课程”及科研成果转化实验内容等，收效明显。

（3）各二级单位从课程的见习到毕业实习、社会实践及毕业论文整个实践教学环节基本上能落实，特别是在师范生毕业实习上都能够按照学校的要求认真落实和完成，在非师范实习的落实上还存在一些问题，主要是有些二级教学单位实习基地偏少；实习比较分散，很难管理；专业与就业相矛盾等问题还没有有效的解决办法。我校毕业论文（设计）的整个管理是比较规范的，但由于生师比的问题，为数不少的老师带的人数在十人以上，在质量上就难得到保障。

（4）实验室建设方面，二级学院存在本位主义倾向，不愿意去其他学院上实验课，也不欢迎其他学院来上课。资源共享、平台搭建、协同创新开展成效甚微，影响应用型本科人才的培养，也不利于省级实验示范中心和中央财政支持地方高校发展项目的建设和验收。

（5）各学院反映一个比较共性的问题就是实验室面积不足，阻碍了实验教学的发展。比较突出的是土木工程学院、化学学院、生科院、电子学院、物理学院、计算机学院、经管学院等。

四、建议

（1）学校对考评要素要进一步加以解释，对支撑材料的整理提出更加明确的要求，以利于指导工作和迎接教育部的评估。

（2）未按本次审核评估体系的序号及要求整理材料的单位都要重新补

充，使材料的整理归档成为一种常态。

（3）学校从管理体制和运行机制上改革，扫除资源共享、协同创新的障碍，下决心举全校之力建立实践教学资源共享平台，改变实验室条块分割，低水平重复建设的现状，要把实验教学与实验室建设，优化配置教学设施及师资力量紧密结合起来，进一步鼓励实验室开放，提高实践场地设施和实验仪器设备使用效率和实践教学的效果，为应用型本科人才的培养提供强有力的支持。

（4）继续广开门路，加强非师范实习、实践基地的建设，使之成为校、企联合办学的重要途径，努力实现实习、实践和部分学生就业的对接。

（5）在公共课程实验方面，应该在制度上作出规定，明确教学和实验的组织单位，消除部门利益导致的壁垒，规范教学过程，保证教学质量，实现资源共享。要采取一些切实可行的措施，如绩效工资分配方案应鼓励学院到公共平台上实验课，鼓励各学院多开实践课（这是培养应用型人才最重要的途径）。真正建立起一个完善、科学的实践教学体系，确保应用型人才培养目标的达成。

（6）改革多媒体教室的管理，保障学生自主学习场所的提供。

五、体会

总体来说，本组全体成员以饱满的热情和高度的责任感开展了工作，较好地完成了任务。在评估工作中，全组成员认真研究审核指标的内涵，在解读和查阅相关资料的基础上，由秘书主笔对四个指标形成了“要素释义”，以此作为评价的标尺，这对于评价标准的把握起到了积极的作用。根据以评促建、以评促改的指导思想，在评估中我们和各单位进行了坦诚的交流，消除了教学经费使用中的一些误解，在一些工作上达成了共识，也发现了一些需要解决和可以解决的实际问题，可以迅速加以整改，这对于工作的开展是非常有利的。但在实践教学环节上确实还有许多问题需要解决，这是我们应该直面并下功夫去努力推进的。

这次审核评估，历时两月有余，大家非常辛苦，二级单位也付出了辛勤的劳动，明确的指导思想和严密的组织，保证评估达到了预期的目的。只要我们认真总结，有针对性地改进工作，这次审核评估对教学工作的积极意义是毋庸置疑的。

审核评估专家组（培养过程）审核评估报告

吕鉴泉
（化学与环境学院教授，第四评审组组长）

第四组审核评估专家组主要负责“师资队伍的数量与结构（教育部方案2.1要素）、师资队伍的教育教学水平（教育部方案2.2要素）、师资队伍的教师发展与服务（教育部方案2.4要素）和第二课堂（教育部方案4.4要素）”等项目的审核评估。

一、基本程序

总体上讲，第四组专家的本科教学审核评估工作具有专家重视、准备充分、合理分工、评审有序等特点。具体表现如下：

（1）在学校审核评估专家组学习、宣讲和动员的基础上，组织第四组专家深入学习《关于普通高等学校本科教学评估工作的意见》（教高〔2011〕9号）和《嘉应学院本科教学审核评估方案》（嘉院〔2014〕114号）两个文件，领会文件精神，统一思想、统一认识，明确任务，熟悉要素内涵，特别是强调了学校对于评估纪律、责任方面的要求。

（2）第四组专家根据各位专家的专业和工作特点，结合第四组审核要素对七名专家进行了合理分工。廖志成、杜德栎、高旭等专家重点负责“师资队伍的数量与结构”和“师资队伍的教师发展与服务”两个要素的审核评估；曹知博、林培松等专家重点负责“师资队伍的教育教学水平”要素的审核评估；吕鉴泉、林轶红等专家重点负责“第二课堂”要素的审核评估。

（3）结合学校审核评估秘书组的建议，第四组专家经过讨论和民主协商，设计了围绕第四组元素的调查问卷（分学生卷和教师卷两种），形成了就听（看）课、调阅材料［包括毕业论文（设计）、作业、实验报告、试卷等］及深度访谈等工作做了细致而方便操作的具体方案，同时准备了专家审核评估过程中需用的各种表格和材料。

（4）在审核评估过程中，一方面通过本组秘书与学校专家组秘书长以及各二级单位沟通、协调相关评估事宜，另一方面针对本组评估进度、注意事项、存在的一些问题等进行专题商量，进一步统一认识和行动。

（5）审核评估接近尾声时，第四组专家就各项指标、听（看）课、访谈和调阅材料等方面的评议内容/标准、打分措施全体集中讨论，形成相对统一的意见。

（6）审核评估实地活动结束时，第四组专家集中讨论，分别就本组负责的指标对各个二级教学单位进行评议和打分，形成一致的评价意见。

（7）评估专家组按照《普通高等学校本科教学工作审核评估方案》对各学院（部）的本科教学工作通过听取报告、查阅材料、个别访谈、集体访谈、问卷调查、实地考察教学设备设施、现场听课和观摩教学等方式进行评价，形成写实性报告。

二、基本数据

本专家组八位成员本着为学校高度负责的工作态度，严格按照学校的安排，认真履行职责，从听课、查试卷到参加深度访谈、写报告，各个环节都一丝不苟，以公平公正、客观评价的工作作风扎实地超额完成了评估工作的任务。

（1）第四组专家分别对政法、体育、经管、中文、物理、化学、外语、电信、计算机等二级单位进行了听（看）课，共听 22 节课、看 124 节课。每个专家至少听 3 节课、看 16 节课。

（2）第四组专家分别调阅了生物、物理、数学、化学、政法、电信、计算机、体育、土木等二级单位的 26 个专业 190 篇毕业论文、33 门课程（班级）试卷、23 个专业 180 份的实验报告/作业。

（3）第四组专家深度分设访谈了 18 个二级单位，访谈对象包括二级单位院长或分管教学副院长（主任）、党总支书记、学工办主任或负责人、专业教师和学生，分三个会场进行访谈；访谈过程围绕“师资队伍的数量与结构、师资队伍的教育教学水平、师资队伍的教师发展与服务和第二课堂”等审核要素进行深入调查。

（4）第四组专家以“数量与结构、教育教学水平、教师发展与服务和第二课堂”等审核要素为题，发放问卷进行不记名调查，收回问卷 320 份，其中领导/教师 166 份、学生 154 份。

本组专家超额完成了各项规定任务。主要包括：听 22 节课，看 124 节课；看 26 个专业 190 篇毕业论文，看 33 门课程（班级）的试卷，看 23 个专业共 180 份的实验报告/作业；收回问卷 320 份，其中领导/教师 166 份、学生154份；走访18个学院/部门，访谈300余人次，座谈会54次。

三、值得肯定之处

（1）各专业主讲教师队伍/专任教师的数量及结构基本能够满足教学要求。

（2）各二级单位在教育教学水平监控机制及师德师风建设方面都是非常重视的，并且在学校所规定的统一监控机制的基础上，多数二级单位能按照自身专业特点，开展卓有成效的教学管理、教师课堂执教能力监控措施，特别是在对青年教师课堂执教能力提高方式与帮扶办法上都建立了很好的机制，值得肯定。

（3）各二级单位重视教师发展与服务，把教师发展与服务作为本二级单位规划及工作的重要组成部分已写入学院的十二五规划中，多数二级单位有教师发展规划；能针对本二级单位所存在的问题提出相应措施，如新教师导师制、教师博士化工程、鼓励教师进修访学制度、导师制工作量的业绩计算办法等；措施实施的效果较好，有的院部，如文学院、化学学院、生物学院等教师发展与服务效果显著。

（4）各二级单位的第二课堂开展得轰轰烈烈，形式多样化（思政、文化、体育、文艺、知识、欣赏和专业类别等），丰富了学生的大学生活，锻炼了学生的能力，扩展了学生的知识面。

（5）有较多的学生到国内外交流学习。

四、需要改进之处

（1）大部分二级单位的生师比过大，特别是有些学院的生师比已经超过临界值。过高的生师比使得这些的教师忙于上课，无暇进行教研和科研，严重制约了学校实现“两条腿走路”和“四大功能”的目标。

（2）在一些二级单位中，部分专业的教师数量和质量难以满足开设专业教学的最低要求。

（3）在一些二级单位中，缺乏引领学科发展的学科带头人和面向应用型人才培养的双师型教师。

（4）一些师资力量强的二级单位，如文学、化学、生科、数学、政法等，不能简单地以满足教学为需求，应该集结较高层次的师资，为学校的科学发展作贡献。

（5）各二级单位对教师课堂执教能力、教育教学水平、师德师风等方面监控缺乏统一而更具体的措施，需要进一步规范化、长效化和实效化管理。

（6）部分二级单位对教师发展与服务认识不到位，只在口头上，措施行动不得力；部分二级单位缺少教师发展规划；部分二级单位有措施，但缺乏主动性，实施不能坚持，效果不佳；部分二级单位只有措施制度，缺乏实施过程及效果欠佳。

（7）部分二级单位缺乏对第二课堂的整体规划，活动有随意性。

（8）部分二级单位开设第二课堂深层次的内容不多，即与学生专业的技能、技巧、动手能力、思维等方面不太密切。

五、改进教学工作的建议

（一）关于师资队伍建设方面

（1）要采取策略，引进和造就学科领军人物，加快培养骨干教师与学术带头人。

（2）对于理科和工程技术类的学科，要加强“双师型”师资队伍建设。

（3）采取临时聘用或兼职教师的办法，逐步解决生师比过高的问题。

（4）加大引进高层次人才的力度，主动与全国重点院校联系，多举措，积极引进科研水平较高，35 岁以下博士或副教授。

（5）采取外引内培的办法，进一步加强教师进修、培训工作，进一步提高专任教师的职称结构、学历层次。

（6）制定政策，鼓励和支持教师积极开展教研、科研工作。

（7）进一步完善教师教学质量的考核指标与评价标准，激发教师的工作积极性。

（二）关于教育教学水平方面

（1）对教育教学水平的监控机制，应由学校进一步规范化、长效化和实效化。

（2）对青年教师的课堂执教能力，学校是否可单独建立“帮扶”机制。

（3）在师德师风建设方面应采取更具体的措施，进一步注重实施的效果。

（三）关于教师发展与服务方面

（1）建立健全教师发展与服务相关制度、政策。

（2）要争取学校的政策给予支持，提高引进人才的待遇。

（3）要主动出击，到全国各地多方搜寻优秀人才。

（4）要切实强化教学和研究的团队意识，合理组建教研/科研团队。

（5）加强中青年教师的培养力度，争取通过自我培养的方式培养一批优秀人才。

（6）鼓励教师积极开展微课教学和公开课教学，参加各级各类展览和设计实践。

（四）关于第二课堂建设方面

（1）应该将第二课堂建设明确纳入人才培养方案/计划之中。

（2）应该制定关于鼓励学生校（海）外学习经历的政策和措施。

（3）应该制定第二课堂建设的整体规划，有计划、有目标地开展第二课堂活动。

（4）学校应该围绕学生专业技能、专业能力与学术水平的培养，多开展一些与之相关的第二课堂活动，如学生业余科研、学生参与教师的科研等。

六、结束语

笔者以为，本次学校组织的本科教学工作审核评估是成功的，对学校迎接教育部评估和学校发展极具有意义和价值。其一，虽然这次评估是为迎接教育部评估而组织的一次最高级别、最有针对性和最具标准化的自我评估，但其最大价值是帮助学校管理层摸清了家底，特别是找出了不足，明确了努力方向。其二，通过这次评估工作，总结了各二级单位的先进管理理念与经验，这些理念与经验的提高，可以促进学校本科教学工作的上台阶和上档次。其三，突破了传统思维的约束，使全校理解办大学是一个系统工程，不仅仅是教学本身，还涉及教学研究、科学研究等内容。当然，对我们第四组的全体成员来说，虽然工作量大、任务重，但收获良多。

审核评估专家组（学生发展）审核评估报告

王金道
（教育科学学院教授，第五评审组组长）

学校历经两个多月的本科教学自我评估即将结束了。这次评估在思想上统一和强化了“以教学为中心”“以学生为本”的认识，进一步明确了内涵式、特色性发展的办学思路，对进一步提高教学质量和迎接教育部的本科教学评估都具有非常重要的价值和意义。

根据《嘉应学院本科教学审核评估方案》（嘉院〔2014〕114 号）和学校审核评估的相关安排，第五组审核评估专家共有 7 名，负责“学生发展”的审核评估，具体涵盖了“招生及生源情况、学生指导与服务、学风与学习效果、就业与发展”等项目的审核评估。

一、专家认真履行职责，一丝不苟，严格按照学校的相关安排，扎实开展实地评估工作

专家组 7 位成员，每个人都能主动听从安排，没有任何怨言。从听课、查试卷到参加深度访谈、写报告，各个环节都一丝不苟，体现了为学校高度负责任的工作态度和公平公正、客观评价的工作作风。

（1）我组共对物理、化学、外语、政法、电信、计算机、美术、土木、社科、医学院等 10 个二级单位进行了听课，每个单位听 1 节，共 10 节，每个专家至少听 3 节；对田家炳师范学院楼、工业楼、宪梓楼等进行了看课。

（2）我组共调阅了数学、化学、政法、地理、电信、计算机、体育、土木、师能部、医学院等 10 个二级单位的九个班级的论文或毕业设计、11 门课程的试卷；调阅了化学、政法、地理、电信、计算机、美术、土木、社科部、医学院等 9 个二级单位的作业或实验报告。

（3）我组共深度访谈了 18 个二级单位，访谈对象包括了二级单位院长或分管教学副院长（主任）、党总支书记、学工办主任或负责人、专业教师和学生，其中教师至少 5 名，学生至少 20 名（每个年级 5 名），访谈时间为 45～60 分钟，分两个会场进行访谈；访谈过程围绕“招生及生源

情况、学生指导与服务、学风与学习效果、就业与发展”等审核要素进行深入了解，并发放调查问卷进行不记名调查。其中向学生发放307份，向教师发放73份。

二、审核评估中发现的问题和建议（说明：各个单位的优点另行说明）

（一）对学风方面的认识有偏差，管理不规范，人为因素太多

学风即学校风气，从广义上讲就是学校师生员工在治学精神、治学态度和治学方法等方面的风格，也是学校全体师生知、情、意、行在学习问题上的综合表现。从狭义上讲，学风特指学生的学习风气，即学生在长期的学习过程中形成的一种相对稳定的学习风气与学习氛围，是学生总体学习质量和学习面貌的主要标志，也是全体学生群体心理和行为在治学上的综合表现。学风问题不仅是教学部门的事情，还是全校各个职能部门都应该关注的问题。要改变大家对于“学生发展”方面的观念，应该提高全校教职工的认识水平。

在学风、为学生服务指导方面，学校整体上存在管理不规范，人为因素太多。在学风建设方面存在认识上的不到位，特别是抓学风工作方面，较多单位认为这个工作只是学工口的事情，行政不抓、不管的现象较多；学院的领导管理随意性大，管理不规范。

（1）个别学院不按规章制度办事，在学风建设方面也没有规划；对学生负责任或以生为本，只落实到学工口上；本次在评估过程中也发现，个别学院很会应对“上头”检查或者审核，形式主义较多，听不到真话。

（2）部分学院的运转好像是一个人（院长）的智慧在运转，没有较完善的机制，团队执行力较差；部分学院对本院的管理工作得不到学生的认可、同行的认可。

（3）在学风方面，各个学院都说本单位有自己的管理措施，学生学习效果不错、学风好。那么，为什么整体上没有显示出学生有良好的学习风气？比如在听课、看课过程中，学生迟到、早退、上课玩手机等不良行为和现象均普遍存在；调查问卷显示，老师和学生在学风上也反映出较多的认识问题。可以说，这是值得全校师生思考的问题。

（4）新办专业建设或管理力度不足，学生有意见。

通过与学生的座谈，发现有几个学院的新办专业存在师资不足、实验设施不足的情况。有的新办专业对新生的专业教育不够，各学期教学课程

安排不够合理，有的学期课程过多，有的学期又过少。

专家组建议：提高对学风问题的认识，加大规范管理的力度。任课教师均应从严执教，认真统计每节课学生的到课情况，而学生的到课情况的统计工作不应由学生代劳，对旷课学生应严格按学籍管理方法处理。要求教师严格控制课堂纪律，对学生上课私下讲话、玩手机、打瞌睡等不认真听课的现象要敢管、严管。

（二）在以教风促学风方面，对学生指导服务的意识不强

（1）部分老师上课不考勤，部分老师不敢，怕管学生（怕两头：优生、差生）；学生上课纪律较差（进进出出、睡觉、吃东西均有），上课玩手机现象非常普遍。

（2）作为师范院校，特别是传统师范专业的部分教师，不懂如何组织课堂教学，不明白课堂教学的组织管理，似乎不知道怎么教学生，不知怎么做到德高为师、身正为范。

（3）个别老师教学能力（尤其是引导学生投入的能力）不高，教学艺术欠缺，理论脱离实际，不知如何以教风带学风。也有老师精神状态很投入，但学生不为所动的现象。对行业的现实情况了解较多的教师，其教学就比较吸引学生，学生学习的积极性较高。

（4）针对学生所修课程对其自身发展的重要性方面教育不足，学生学习缺乏动力。

（5）部分老师在以教风促学风方面存在认识不到位的问题。访谈中，各个单位都说在抓教学改革，而花心思在课堂教学上面以及落实到实处的不多。

专家组建议：第一，在管理上要好好去抓教学，否则，我们的学校“以教学为中心”便沦为一句口号。第二，采取有效措施提高学校应用型人才培养的整体能力，提高应用型人才培养的质量。第三，充实高学历的人才师资队伍，引进高学历的人才，但不能盲目引进，应看拟引进的人才是否是二级学院优势学科急需的或专业建设急需的，否则片面引进人才对二级学院办学的优势作用难以体现，甚至引进的不是急需的人才而占着一个位置，会对引进急需类型的人才不利。第四，认真审视学生的学习质量，有效地衡量学校管理措施等教学监控系统。总之，学风既体现了学生在校学习生活过程中所表现出来的精神面貌和行为风尚，又是教师教风师德、治学态度以及综合素质的全面反映。因此，还要大力强化教职工的师德、师风建设，以教风促学风、“以学生为本”才不是一句空话。

（三）学生的学习氛围不容乐观

学风既是一种学习氛围，同时又是一种群体行为，不但能使学生受到潜移默化的熏陶和感染，还能内化为一种向上的精神动力。在优良学风的环境里，学生的思想品德、价值观念、行为方式、意志情感等都会发生变化，并反过来对自己的成长成才和职业生涯发展产生深远的影响。

在评估工作中也发现，学生学习的氛围存在一定的管理问题，表现在：

（1）学生在对待学习的问题上有人认为自己不可能毕业不了，考试不及格补考会及格，补考不及格到最后也一定及格。这是造成学生学习不勤奋的原因之一。

学校所谓毕业率的“指挥棒”需改变，与严进宽出有关系。部分学生不担心毕业问题，更不担心考试，因为考试时任课教师会划重点、划范围，多次考不过都不害怕，毕业前最后一次考试肯定会过，不会影响毕业，反倒是“二级单位担心学生不能毕业”，因此学生学习动力不足。

（2）学生不学习的现象较多，学风不容乐观；有些学生有了一些坏习惯，原因之一是受高年级学生影响，说学校非名校，学的专业没有用，上课没那么重要，不如多参加社会实践，这观念影响很大（如新生杯篮球赛，学生为了打球，请假不上课；考研问题上，可以免听等）。

专家组建议：实行教、考分离。严格教、考分离，学校里教师只能好好上课、对学生严格，学生为了避免考试挂科除课堂认真听讲外，还得注重课外的自学，因而可保证教的质量与学的质量，这对提高学校整体的人才培养质量具有重要的作用。

（四）评教的方式方法存在问题

学生对教师课堂教学的效果进行评价的出发点是无可厚非的。但是，评教结果的公正性与科学性都受到了许多老师的质疑。事实上，确实存在学生给老师课堂教学质量评价乱打分现象，分数存在不真实性。学校也确实存在单一地看待教师教学质量分数的问题，将评价结果的价值过度放大、缩小，不但不能发挥其应有的作用，反而会起副作用。而且，在本次审核评估中也发现，学生利用评教威胁老师、老师为了评教结果讨好学生等现象均存在，且评教结果与大部分评优挂钩，严重影响作为教师的威信及积极性。

专家组建议：我校的评教方式需改变，使评教分数更科学合理。

（五）在学习效果方面，存在对学生指导服务不足的问题

在为学生服务、特别是对学生的指导方面，存在对学生指导服务积极性不高、教师主动性不强的问题。这与管理、分配等有关系。

部分二级单位举办的活动、竞赛，质量低，对象面不广，吸引力低，学生参与度不高，没有面对全体学生，与“以学生为本”有点背离，有些活动甚至经常强制学生参与；有些学术性讲座，本来是学习的好机会，但由于缺乏有针对性的宣传（没营造相应的氛围），在学生中没有形成一定的认识，学生主动参与学习的积极性自然就不高。

专家组建议：增设学习成绩优秀奖。目前高校广泛的综合测评结果评定学生的奖学金制度虽对学生综合能力的培养具有重要的作用，但也存在明显的不足。学习并不十分出色的学生常获得更高级别的奖学金，如此结果对学习成绩好的同学不公平，或不利学生努力学习，或是打击了学生学习的积极性。学生综合能力的发展固然重要，但社会总有分工，不可能都成全才，而且社会的人才需求也不是都要求全能的学生，如技术要求高的工作所需要的人才看重的是学生理论知识与实践技能，管理岗位要求的人才不要求精湛的技能则需要管理才能。对于二本高校的理工科学生，可能就业范围以技术部门较多，技术管理岗位工作肯定是较少。因而设优秀学习成绩奖，可以鼓励学生努力学习专业知识与技能，成为专业基础扎实、实践能力强、创新意识强的实用型高素质人才。另外，应引导教师积极指导并参与有利于学生成长成才的活动、竞赛等，教师的指导和参与对品牌活动的形成、竞赛的精彩、学生的参与都有非常好的促进作用。

（六）招生就业方面

（1）部分二级单位对生源质量（集中生源地，录取分数等）没有分析研究，有针对性的招生宣传主动性不够，提高生源质量的措施不够有力。

（2）部分二级单位的职业规划教育不够规范、主动及全面，就业跟踪和提高就业质量方面的措施不多，在“就业季节”营造的就业气氛也不够浓厚，与毕业生沟通招聘信息的方式方法较为简单，不能引起毕业生的足够重视。

三、审核评估工作启发

这次评估是学校为迎接即将到来的教育部的评估而组织的一次最高级别的、最有针对性的、最具标准化的自我评估。这次评估工作对我们第五组的全体成员来说，虽然工作量大、任务重，但是收获很多，也学习了各个二级单位的先进管理理念与经验。

（1）进一步明确了“以评促建、以评促改、以评促管、评建结合、重在建设”的意义。

（2）对“教学为中心”“以学生为本”的内涵有了更深的认识，提升了专家组成员专业性评估的能力和水平。

（3）感受到教学评估对于教学的重要性和价值意义，整个审核评估工作将会为学校的“十三五”规划提供强有力的教学支撑。

审核评估专家组（质量保障）审核评估报告

林勤青
（宣传部部长、统战部部长，教授，第六评审组组长）

按照嘉应学院本科教学工作审核评估领导小组的部署，第六专家组负责“质量保障”和“课堂教学”两个指标的审核评估工作。小组通过听课，访谈，调阅试卷、论文、实验报告（作业），召开师生座谈会，发放师生调查问卷，听取学院（部）集中汇报等方式，从“质量保障”和“课堂教学”两个指标要素入手，全面考察、审核、评估了包括医学院、梅州师范分院等20个单位，最后在各个专家对指标的达成度做出独立的判断和评价的基础上，经过集中讨论，得出小组结论。

一、在“四个工作原则”的指导下，精心设计小组实施方案

10月20日星期一上午，在组长和秘书碰头后，组长会同个别组内专家就小组工作方案进行讨论并形成初步意见，供小组成员讨论。10月22日星期三下午，第六专家组举行了小组第一次会议。在会上，小组首先明确了四个工作原则：①民主集中制的原则。要求组员对每个环节的具体做法和要求提出2~3个方案，讨论确定后执行。②公平、公正的原则。坚持做到审核评估方法和标准的公平、公正，坚持“一把尺子量到底”，严格按科学统一的标准开展工作，不走人情。③突出重点的原则。坚持特色、亮点符合度的审查。④严肃、认真、负责的原则。全体组员要深刻认识到审核评估关系到学校的发展，关系到广大教职工的切身利益，关系到专家自身的名誉，因此一定要严肃、认真、负责地做好审核评估工作。随后会议对专家进行了分组，研究了负责的指标要素并落实任务，形成了具体实

施方案。该实施方案参考了已接受教育部评估中心审核评估的兄弟院校的工作经验，对具体的工作细节进行了优化设计，如设计了查阅材料的记录表、日程表等。在评估期间，组内专家开诚布公地交换意见，适时召开小组会议两次，有效地保证了专家对各项目评定意见的一致性、客观性。

二、深入细致地开展实地审核评估工作，掌握第一手材料

（一）听课、看课情况

第六专家组严格按照学校本科教学工作审核评估领导小组的要求，至少两人为一组进行听课。听课、看课涉及学院（部）13 个，涉及教授、副教授、讲师三类，重点听取了副教授、讲师的课堂教学；专家对教师课堂教学评价基本一致，说明该评价具有较高的信度；在被听课教师中，获评“很好”“好”的教师比例为 62%，说明我校教师教学状况总体良好，但仍有较大提升空间，主要是“教学态度”和“教学效果”两个方面需要进一步改进。建议学院加强教研活动，通过新老教师传帮带、集体备课等措施，更新教师教学理念，推动教学改革，提高课堂教学设计水平，多引导学生思考，增加教学互动，活跃课堂气氛。

（二）毕业论文（设计）情况

第六专家组调阅了 11 个学院（部）的 180 份毕业论文，总体评价为“好”的占 22%、“较好”的占 67%，这说明各学院能够按照学校基本要求做好毕业论文（设计）的各项工作，存在的问题主要有：①教师的评语过于简单，如开题报告中只有“同意”或“同意开题”几个字，有的老师对自己指导的所有学生使用相同或相似的评语；②存档论文没有第一、第二稿，未能很好地反映学生研究的过程及教师指导的过程。

（三）试卷情况

第六专家组调阅了 9 个学院（部）的 10 门试卷，总体评价为“好”“较好”的占 86%，这说明各学院试卷工作做得比较好，存在的问题主要有：①对试卷分析要求不够明确，分析不够全面，建议学院对阅卷评分标准和试卷分析内容要求要有明确的规定，使试卷评阅环节能逐步形成规范化；②学生对客观性试题的回答不够准确，反映学生在课堂基本知识和基本原理上的掌握不够；③电子化试卷缺乏评分标准、试卷分析等材料。

（四）作业（实验报告）情况

通过对几个学院的作业（实验报告）的检查，我们发现作业（实验报告）形式不一，特别是对作业的要求缺乏标准，实验内容的深度和广度有

待进一步提高。

（五）访谈情况

第六专家组的访谈安排科学合理，专家分工明确，访谈内容针对性强，就访谈时间、人员、程序等能够跟学院进行有效沟通。每个学院（部）访谈1个小时左右，受访谈人员为院长（副院长）、教研室主任（涉及专业课和公共课的学院，需要专业及公共教研室主任各1人）、教务秘书、辅导员、教授、副教授、讲师、助教各1人，共8人；访谈程序为边查看资料边进行访谈（组长与院领导访谈，其他专家与其他人员访谈），同时进行教师问卷调查。通过实地走访，我们对各学院（部）的领导和教师对本次审核评估的理解、重视程度有了直观认识，同时也发现了不少学院在教学管理方面一些值得总结和推广的做法。

（六）问卷调查情况

第六专家组针对教师及学生分别进行了问卷调查。

学生问卷采用全面覆盖、随机抽样的方法，对十六个学院的一、二、三年级的学生进行问卷调查。其中，大一学生占31.77%、大二学生占36.04%，大三学生占32.21%。通过统计发现，我校大部分学生对专业课程的安排和内容感到满意，认为目前教学质量和管理可满足学生的要求。但同时，我们仍需要在教学上有所创新，教师在课堂上应多与学生交流互动，学校对考勤方面还需加大力度。多数学生表示教师的教学态度使人满意，但也有学生表示不满意，可见学生与教师的联系还需加强，教学质量的提高需要师生共同努力。

在针对教师的问卷调查中，我校大部分老师满意专业课程的安排和内容，认为教学质量和管理的提高可以使学生从中受益。但同时学校的基础设施方面还有一些不足的地方，学校接下来可以在这方面加强投入，使学校的设施能更好地满足师生的需求。与此同时，学院应对专业的实践安排进行进一步的完善，使之能够更好地满足教学任务。

（七）审核材料情况

第六专家组根据负责的“质量保障”和“课堂教学”两个指标，对各学院（部）的材料进行了逐一的审核评估。总体来看，各学院（部）教学管理体制健全，能执行学校的各项管理制度和质量标准，教学质量监控的渠道和方法基本健全、通畅，教学信息收集比较全面，质量改进得到重视。

但是，各学院（部）教学质量标准建设不平衡。有些学院结合专业和学科的特点，在学校有关标准的基础上制定了有自身特色的标准和执行制度，有的学院则没有；有些学院教学信息的利用率不高；有些学院对现行的课堂教学质量评价标准有异议。

（八）评分情况

第六专家组采取“个人负责，集体决定”的方法，在充分讨论的基础上，评出成绩。

三、科学、严谨、全面总结本专家组审核评估结果，提出改进意见和建议

（一）教学质量保障体系方面

各学院（部）建立了由党政联席会议、教学工作委员会、学术委员会、分管教学副院长、分管实验室副院长、教务秘书、督导组、系主任和实验室主任等组成的教学质量监控主体，形成了学院（部）领导、督导组、系主任、实验室主任、教务秘书、教师、学生齐抓共管的质量监控局面。学校教学管理队伍的数量、结构与素质能基本保障教学质量。各学院（部）建立了二级教学督导制度与督导队伍，对保障教学质量起了很大的作用。各学院（部）能重视教学质量标准建设，依据地方社会经济发展的需求，不断修订各专业本科应用型人才培养方案，修订课程教学大纲、实验大纲和考试大纲，修订符合本学院院情的合格课程、优秀课程、精品课程的评价标准，建立各本科专业的课程体系。各学院（部）能执行学校关于教学管理的各项规定，落实教学任务，组织具体教学活动运行，严格检查教学日历、教案，实施教学质量监督，向学校反馈教学质量信息。能按照学校要求，开展好期初、期中、期末教学情况检查，坚持同行听课制度，能配合学校各部门完成好专项教学检查任务。

但是，学院（部）的教学质量保障模式和体系结构还有待进一步总结完善，全员的质量文化建设还有再提升的空间。各学院（部）教学管理制度建设进展也不平衡，也有些学院（部）自身建设的制度寥寥无几。对此，我们提出以下四点改进意见和建议：①加强对教学管理理论的研究，使教学保障体系更加理性化和更有引导性；②进一步补充、完善和细化教学质量标准和教学管理制度；③加强学院质量文化建设，将质量观念渗透到各项教学工作中；④对质量标准、管理制度、教学专题活动总结材料等，建议尽量按高标准规范化装订成册。

（二）质量监控方面

各学院（部）建立了日常教学的监控体系，以学院主管领导、教学指

导委员会、系主任、督导组、学生信息员及教学管理人员为主体，以教学检查、师生座谈、同行评教、听课、教学督查、学生评教、教学信息员信息反馈、巡考等为手段，对日常教学运行、课堂教学、实践教学、毕业论文（设计）、毕业论文评阅及答辩等教学环节进行监控，建立了较完善、全面（教师队伍建设、教材建设、评教评学及其他各种教学文件）的教学质量监控体系，开展了专业建设、课程建设、课堂教学质量评价活动，形成了全员全过程参与的良好氛围。

但是，目前学院（部）的教学监控主要用于理论课堂教学，实践教学环节监控略显薄弱，实践教学的反馈体系不够健全，尤其是实习基地方面。由于基地较多且离学校较远，交流和监控的成本较大。各学院（部）普遍比较重视课堂教学质量评价，但没有充分利用评教结果督促教师提高教学质量。对于学生的第二课堂，各学院（部）普遍没有一个完善的监控制度。人才培养质量信息的统计、分析和及时反馈等方面存在一些问题，尤其缺乏毕业生对在校期间的课程设置的反馈意见。对此，我们提出以下四点改进意见和建议：①健全教学质量监控的机构，壮大教学质量监控的队伍，根据专业和学科特点，建立教学质量监控体系，并贯彻落实教学信息反馈制度，反映教学工作中的重要情况；②加强教学全过程的教学质量监控，及时、准确、全面了解教学状况，紧紧围绕应用型人才的培养这个中心目标开展教学工作；③加强教学全过程的教学质量监控，发现和消除评教评学中的不端行为；④建立学院自评制度，包括两个方面：一是建立学院（部）内部老师对本院（部）的教师的评价制度和具体方法，二是教师对自身教学的评价制度及整改方法。

（三）质量信息及利用

各学院（部）做好了质量信息的汇总、统计、分析、备案、总结、上报、信息反馈等工作。各类教学状态数据的收集、整理、上报工作均能正常完成。学院（部）都注意到教学数据信息的存档和统计。学院（部）教学数据的收集和形成渠道顺畅，所占有的数据能满足教学管理的需要和教学状态的显示，基本建立了质量信息统计、分析、反馈机制。

但是，学院（部）普遍没有建立起本学院（部）的教学基本状态数据库，信息反馈面还不够宽，信息的来源渠道比较单一，信息的收集还存在一定的滞后性。对此，我们建议由学院办公室派专人负责建立教学基本状态数据库，把该项工作作为一项常规工作来抓，定期进行收集、归纳、整理。具体从以下六个方面来着手建设：①教学资源数据采集：教学人员素质数据、教学设施数据、教学技术手段数据、教材数据；②培养活动数据采集：各级领导对教学重视数据、教学法规建设数据、教学计划执行数据、理论教学数据、实践教学数据、作业辅导数据、考教分离数据、课外学分数据；③学习活动数据采集：学生分布数据、学生素质数据、学风常规检查数据、学习效果数据；④管理活动数据收集：管理工作条件数据、管理队伍状况数据、管理运行过程数据；⑤招生与就业质量状态数据收集：第一志愿填报数据、新生入学数据、毕业年级学生数据、毕业生用人单位反馈数据；⑥信息反馈方面：比较完整的信息反馈机制，包括常规教学检查反馈、专项评估反馈、课堂教学评价反馈、教学督导反馈、学生教学信息反馈、人才培养质量反馈。总的管理目标就是走规范化道路。

（四）质量改进方面

各学院（部）都能重视质量改进工作，形成了比较有效的质量改进的群体氛围，建立了有效的和比较健全的质量改进机制，学院（部）党政领导、督导组能按学校要求听课、检查，同时做到及时反馈。能按规定每年召开一次本科教学专题会议，专题研讨解决本科教学的重大问题。各学院通过校友回访、开座谈会，听取学生对培养方案等方面的意见，如 2013 年趁百年校庆之机，邀请校友专题座谈，听取毕业学生对人才培养的意见，把很多好的建议融入新的人才培养方案。各学院采取问卷调查或开座谈会的方式，了解社会对学校人才的需求导向，调查用人单位和毕业生对学校培养目标、培养方式、课程设置及管理等方面的意见和建议。

各学院能组织毕业生跟踪调查，调查用人单位和毕业生对学校培养目标、培养方式、课程设置及管理等方面的意见和建议。定期召开毕业生用人单位、校友返校座谈会，了解他们对学校人才的需求导向。

但是，多数学院由学工办辅导员调查用人单位对毕业生满意率和毕业生就业情况，而由学院院长或主管教学院长出面组织毕业生座谈，听取学生对培养方案、四年课程设置、课堂教学、教材选用等方面的意见的专题调研较少。学院在获取有关教学质量状况的信息和意见方面，方法还比较局限。利用教学信息反映有关质量问题改进的制度性措施还比较缺乏。对此，我们提出以下四点改进意见和建议：①研究影响教学质量的各种因素，开展教学质量改进的各项教研活动，增强教改的有效性；②研究本学院内部的教学质量报告，以有效的方式向教职工发布年度教学质量报告，使质量管理提升到高水平的层次；③建议设置教风建设与教学管理专题信箱，定期收集学生、教师对学院教学、教师教风、管理等各方面工作的反馈意见，以便及时解决存在的问题，达到比较及时对教学质量监控的目的；④充分借鉴各项教学评估的资料，完善促进教学质量改进的各项建设。

（五）课堂教学方面

各学院（部）能严格遵守教学大纲（含实验教学大纲）、考试大纲，制定教学日历、教学教案、教学任务书等教学文件，遵照教学规律，对课题教学的各环节进行监控，课堂教学管理及监控程序较规范。各学院（部）领导、督导组认真落实听课评课制度。各学院（部）比较重视师德师风和学风建设，措施具体可行，形成了较好的教风、学风。各学院（部）重视以科研带教学，以管理促教学，抓好课堂教学质量。各学院（部）鼓励教师参加各项教学竞赛以及申报教改项目。各学院（部）考试管理较规范，制定了学院考试管理制度和程序，并能认真落实。

但是，大多数学院在教学管理的规范化、特色化方面仍存在不同程度的问题，没有形成针对本学院本专业的拥有自己特色的课堂教学监控体系，真正提高教师课堂教学质量。

教改、科研对课堂教学的支持力度不够，如何针对本学院（部）特色加强课堂教学质量的监管制度欠缺。教学文件的归档、分类不够规范。教学大纲、实验大纲、考试大纲等教学档案、资料需要进一步规范整理。教师队伍建设需要加强，教师的学术专业水平有待进一步提高。

对此，我们提出以下几点改进意见和建议：①加强课程教学信息化及网络化建设，为学生多样化的自主学习提供平台；②改革教学方法，使“静态课堂”转化为“动态课堂”；③积极开展院级促教评教，积极开展教师间的评教工作，把课堂教学质量提升到更高的档次；④加强教师队伍建设，结合自己的专业特点，尽快建立独特的提升教师教学能力和专业水平的机制，逐渐改变高职称高学历教师的教学能力偏低的现状；⑤鼓励教师编写适合我校学生实际的可行性专业教材，以便做到“因材施教”，让基础好的学生“吃得饱”，基础差的学生能够“跟得上”。

嘉应学院2014年本科教学工作审核评估总结

嘉应学院

根据《教育部关于普通高等学校本科教学评估工作的意见》（教高〔2011〕9号）、《普通高等学校本科教学工作审核评估方案》（教育部，2013年12月）和《关于印发嘉应学院本科教学工作审核评估方案（试行）的通知》（嘉院〔2014〕114号）要求，为进一步完善我校教学质量监控体系，提高本科教育教学质量，学校于2014年9月至12月开展了校内审核评估工作。

一、主要做法：准备充分，认识到位，机构健全，措施得力

（1）学校高度重视，将做好审核评估工作列为2014年重点工作。学校于2014年上半年已对部分学院开展了试点审核评估工作，积累了一定的工作基础，并把“全面开展教学工作审核评估”工作列为下半年重点抓好的七项工作之一。

（2）营造了良好的审核评估舆论氛围，高等教育教学评估中心专家应邀来校作审核评估专题辅导。为了有效推进我校审核评估工作，学校邀请教育部高等教育教学评估中心院校教学评估处处长刘振天教授于10月19日来校作题为《审核评估与质量保障》的专题讲座。学校领导、校内审核评估专家组全体专家及各专家组秘书、党办校办、教务处、科研处、人事处等部门负责人以及各院（部）领导、教研室（系）主任、实验室主任、办公室主任、教务秘书近180人参加了辅导讲座。此次辅导讲座帮助我校相关人员充分认识到开展审核评估的目的、意义和具体做法，为全校统一思想、认真做好审核评估工作奠定了良好的思想基础。

（3）精心设计评估方案，审核评估专家培训会议全面解读审核评估工作。此次审核评估是在学校试点审核评估基础上进行的，力求做到“总结经验、优化方案、全面提升、系统深化、科学可行、确保效果”。10月22日学校召开审核评估专家培训会议，学校领导，各院（部）院长（主任）和审核评估专家、秘书共70人出席会议。会议分两部分进行，一是集中培训，二是召开各专家组分会。会上，邱国锋校长、刘明贵副校长分别就做好评估工作提出明确要求，教务处张晨处长对审核评估的有关情况进行了解释说明：一是评审过程的说明；二是就时间节点、各学院汇报以及专家调阅材料、听课安排、评估表格、实践基地考察、访谈等评估程序进行了解释说明；三是就审核评估和目标考核的关系作了说明。此外教务处副处长高旭还对专家评估用表进行了详细说明。

（4）各院（部）开展教学工作会议，贯彻落实审核评估工作精神，彰显审核评估工作主体性原则。学校开展新学期工作会议、教学工作委员会会议、审核评估专家培训会议后，各院（部）纷纷召开教学工作会议，组织教师学习学校审核评估工作相关精神和要求，并对所在单位的迎接审核

评估工作做了具体部署，让全体教师人人关心评估、人人支持评估、人人做好迎评工作。

（5）评估组织机构健全，专家组、秘书组各司其职，有条不紊推进审核评估各项工作。评估对象为 20 个教学单位，包括校本部 18 个学院（部）和医学院、梅州师范分院。依照 6 类一级审核项目、24 个二级审核要素和自选特色，学校专门成立了审核评估专家组和秘书组，由邱国锋担任总专家组组长，刘明贵、薛访存、谭兆风、林勤青、吕鉴泉、王金道、张晨担任副组长。专家组内设 6 个小组，每个小组设组长 1 名、组内专家成员 6 名，共 42 位专家。每组配 1 名秘书协助工作，共 9 位秘书；由邱国锋、刘明贵、谭兆风、吕鉴泉、王金道、林勤青分别担任第一至第六组组长；高旭担任秘书长，负责统筹秘书组做好专家审核评估的相关服务工作。

审核评估包含各院（部）自评和学校评估两个程序。具体分为自评、实地评估以及评估总结三个阶段。一是各院（部）根据评估方案进行自评，同时提交自评报告，并作现场汇报。二是评估专家组全体成员、各小组成员分别多次召开会议，研究审核评估工作，按照评估方案对各学院（部）当年的本科教学工作通过听取汇报、查阅试卷等材料、个别访谈、集体访谈、问卷调查、实地考察教学设备设施、现场听课和观摩教学等方式进行评价，形成写实性报告。秘书组则做好集中汇报的会务组织、材料发放和收集、数据统计分析，以及听课、看课，调阅论文、试卷、作业等资料，集中访谈，问卷调查等方面的沟通协调工作，确保审核评估工作有条不紊顺利进行。三是进行评估总结，收集评估信息，将专家审核评估意见反馈给各学院（部），总结工作经验，督促并检查各院（部）整改落实情况。

（6）严明纪律，公正公平开展审核评估工作，评估打分结果纳入学校 2014 年本科教学工作目标管理考核。邱国锋校长代表学校对本次审核评估提出了三方面的要求：一是各院（部）要“高度重视、精心准备、迎评促建、全面提高”，要把握好评估的“五个度”，即人才培养目标与培养效果的达成度、办学定位和人才培养目标与地方区域经济社会发展需求的适应度、教师和教学资源条件对人才培养的保障度、教学质量保障体系运行的有效度、学生和社会用人单位的满意度。要做到“一个坚持”，即坚持“以评促建、以评促改、以评促管、评建结合、重在建设”的方针；“两个突出”，即突出内涵建设、突出特色发展；“三个强化”，即强化办学合理定位、强化人才培养中心地位、强化质量保障体系建设，不断提高人才培养质量。二是各评估专家要“替学校把关，为院（部）服务”，在认识上、方法上、效果上下功夫，以勤奋、认真、公正的敬业精神和客观、严谨、科学的专业精神做好评估工作。三是强调评估纪律，本次审核评估时期各专家、各院（部）要严格遵守相关纪律，评估专家不得接受任何受评单位的宴请和礼品。

各审核要素由 2 ~3 位专家专项负责，各专家小组对各院（部）全部审核要素逐一进行评级及打分，评级分为优秀、良好、中等、合格、差五档（90≤优秀≤95、80≤良好 <90、70≤中等 <80、60≤合格 <70、差 <60）；专家对实地评估（听课、看课，调阅试卷、论文、作业）情况进行打分。审核评估评分结果纳入学校 2014 年本科教学工作目标管理考核（审核评估评分结果占 85%），极大调动了各院（部）参与审核评估的积极性和主动性。

二、实地评估：周密安排，点面结合，深入检查，效果显著

（一）听取和审核院（部）的自评汇报

专家组成员分 8 场、集中听取校本部 18 个院（部）的自评汇报，还分别赴医学院、梅州师范分院听取专场汇报。每个受评单位自评汇报分三个环节：30 分钟自评汇报、15 分钟专家提问、5 分钟邱国锋校长总结和点评，自评汇报会由刘明贵副校长主持。自评单位分别根据“定位与目标、师资队伍、教学资源、培养过程、学生发展、质量保障”等项目要素及办学特色，围绕“教学工作的思路、亮点及存在问题与对策”等方面进行了自评汇报，专家们进行了针对性的提问。所有专家在会后分别填写“专家审读材料意见表”，对受评单位的相关审核要素提出总体印象、存在主要问题和拟考察计划。

（二）听课、看课情况

按照评估要求，专家成员至少两人为一组进行听课。听课、看课涉及全部教学单位；涉及教师的职称有教授、副教授、讲师三类，重点听取了副教授、讲师职称教师的课堂教学；组内成员对教师课堂教学评价基本一致，说明该评价具有较高的信度；在所听课教师中，获评价“很好”占 20. 3%、“好”占 46. 8%、“较好”占 27. 8%、“一般”占 3. 8%、“较差”占 1. 3%。从中可见，我校教师教学状况总体良好，但仍有较大提升空间，特别是在“教学态度”“课堂管理”“教学效果”三个方面需要进一步改进。问题主要表现在：个别教师上课迟到、上课照本宣科、上课播放视频时间过长、课件制作质量不高；对学生要求不够严格，对于学生玩手机、

交头接耳、看其他书籍、到课率不高、上课睡觉等情况，个别任课教师没有及时指正。

听课情况	总计次数		98 次	看课情况	总计次数		145 次
	课程门数		76 门		课程门数		113 门
	涉及单位		19 个		涉及单位		19 个
	教授		8 位		教授		19 位
	副教授		21 位		副教授		40 位
	讲师		34 位		讲师		54 位
	助教		1 位		助教		2 位
	总体评价	很好	16 个，占 20.3%		总体评价	好	32 个，占 29.4%
		好	37 个，占 46.8%			较好	60 个，55%
		较好	22 个，占 27.8%			一般	13 个，占 11.9%
		一般	3 个，占 3.8%			较差	4 个，占 3.7%
		较差	1 个，占 1.3%				

（三）调阅毕业论文（设计）情况

专家组调阅了 17 个教学单位的 878 份毕业论文，总体评价为“好”占 22.5%、“较好”占 60%、“一般”占 16.3%、“较差”占 1.2%。从中可见，各学院都能够按照学校基本要求做好毕业论文（设计）的各项工作，大多数论文选题较好，内容比较充实，论文有多次修改，教师指导比较认真。但在检查过程中发现如下问题：

（1）部分学生的毕业论文质量较低，论文选题缺乏科学性，普遍存在选题现实性与针对性不强。

（2）论文过程不规范，时间安排不合理，论文档案袋存档没有第一、二稿，只有终稿，未能很好反映出学生研究的过程及教师指导的过程。

（3）答辩成绩差距过大，分布不均匀；指导老师评改有错漏。

（4）参考文献不规范、不标准，无答辩记录，或答辩提问过于简单、随意，学生存在“有答无辩”的现象。

（5）论文指导老师的评语过于简单，如开题报告中有部分指导老师评语只有“同意”或“同意开题”几个字，有的老师对自己指导的所有学生都使用相同或相似的评语。

<table>
<tr><td rowspan="7">论文情况</td><td colspan="2">总计份数</td><td>878 份</td></tr>
<tr><td colspan="2">涉及学院</td><td>17 个</td></tr>
<tr><td colspan="2">涉及专业</td><td>65 人次</td></tr>
<tr><td rowspan="4">总体评价</td><td>好</td><td>18 个，占 22.5%</td></tr>
<tr><td>较好</td><td>48 个，占 60%</td></tr>
<tr><td>一般</td><td>13 个，占 16.3%</td></tr>
<tr><td>较差</td><td>1 个，占 1.2%</td></tr>
</table>

（四）调阅试卷情况

专家组调阅了 19 个单位 93 门课程试卷 4 099 份，总体评价为“好”占 37.6%、“较好”占 58.1%、“一般”占 4.3%，从中可见，各院（部）试卷工作整体情况良好，但检查过程中发现的主要问题还有：

（1）对试卷分析要求不够明确，分析不够全面，学校对阅卷评分标准和试卷分析内容要求有明确的规定，但个别学院试卷评阅环节还未能形成规范化管理。

（2）学生对客观性试题的回答不够准确，反映了学生在课堂上对基本知识和基本原理掌握得不够。

（3）电子化试卷缺乏评分标准、试卷分析等材料。

（4）试卷分析不够及时，过于简单、缺乏针对性。

（5）评改试卷不够认真，部分考分统计有误。

（五）调阅作业（实验报告）情况

专家组调阅了 19 个单位 71 门课程 899 份作业，总体评价为“好”占 36.6%、“较好”占 50.7%、“一般”占 11.3%、“较差”占 1.4%。从中可见，学生作业完成情况较好，但在检查中发现，作业（实验报告）形式不一，特别是对作业的要求缺乏统一的标准，布置作业的次数因课程、任课教师而异。相比作业而言，实验报告整体完成得较好，教师批改效果也要好一些。

（1）部分课程作业是轮换批改，教师批改作业实施轮换学生，批改量不足，缺乏有针对性评语，批注指引略显不足。

（2）实验报告中的内容较为规范合理，能涵盖目的要求、主要实验器材、实验原理、实验方法与步骤、问题与思考及成绩评定，较好地满足实践教学。但是，实验内容的深度和广度有待进一步提高。

<table>
<tr><td rowspan="7">作业（实验报告）情况</td><td colspan="2">总计份数</td><td>899 份</td></tr>
<tr><td colspan="2">涉及单位</td><td>19 个</td></tr>
<tr><td colspan="2">涉及课程</td><td>71 个</td></tr>
<tr><td rowspan="4">总体评价</td><td>好</td><td>26 个，占 36.6%</td></tr>
<tr><td>较好</td><td>36 个，占 50.7%</td></tr>
<tr><td>一般</td><td>8 个，占 11.3%</td></tr>
<tr><td>较差</td><td>1 个，占 1.4%</td></tr>
</table>

（六）集中访谈

六个专家组分别围绕所负责的审核要素对 20 个教学单位开展了 110 场集中访谈。各专家组访谈安排科学合理，就访谈时间、人员、程序等能够跟各学院（部）有效沟通。每个学院（部）访谈 1 个小时左右；访谈人员为院长、教学副院长、教研室主任（系主任）、教务秘书、辅导员、教师代表。在访谈交流中，专家分工明确，结合各审核要素，访谈内容针对性强。

邱国锋校长深入 20 个教学单位，分别与各学院（部）院长、书记或主任、副主任作访谈交流，针对该院（部）办学特色等提出针对性和建设性意见。如部分院（部）归纳特色不够准确，或提炼出特色却擦得不够亮，邱国锋校长均有针对性地一一要求重新提炼、高度概括，帮助、引导其进行修正完善。

通过实地走访，专家组感受到了学院（部）领导、教师对本次审核评估工作的充分理解和重视，同时也发现了不少学院在教学管理方面有特色的做法，如文学院建立青年教师成长帮扶机制，生科、外语等学院开展教学名师为低年级学生授课，地理、土木、政法等学院突出政校企合作，强化应用型人才培养，化学学院开展教授接访日活动等，这些做法值得总结、推广。

此外，为了更加真实地了解各院（部）领导对“定位与目标”审核要素的认知情况，学校还对院长（主任）、教学副院长（教学副主任）共 35 人进行了一次关于该要素的集中调研考核，考核内容涵盖对高校职能、审核评估内涵、学校办学情况、人才培养目标等方面的认知，以及对抓好本科教学工作、校院（部）两级单位办学特色融合的基本思路和做法。经考核评分，获得“优秀”的有 4 人，占 11.4%，分别是文学院曾令存院长、地理学院罗迎新院长、生科学院廖富林院长、社科部张文峰副主任；获得“良好”的有4人，占11.4%，分别是音乐学院吴华山院长、教科学院彭旭院长、生科学院刘志伟副院长、经管学院汪信尊副院长；获得“中等”的有14人，占40%；获得“及格”的有8人，占22.9%，“不及格”的有5人，占14.3%。

（七）问卷调查

学生问卷采用全面覆盖、随机抽样的方法，对校本部16个学院的大一、大二、大三的学生进行调研。大一学生占31.77%，大二学生占36.02%，大三学生占32.21%。从办学定位、培养目标、师资队伍、教学资源、培养过程、学生发展、就业前景等方面了解学校教学、学生发展的情况。

（1）在办学定位和培养目标方面，大部分同学对学校及学院专业办学定位、办学理念、发展目标的了解一般或模糊状态；学生对所在学院的人才培养方向与定位信息的了解渠道较为单一，仅靠自身搜集材料。二级学院应在学生中广泛宣传学校的办学总目标，让更多的学生在学校办学总目标引领下，发挥聪明才智、共同发展；二级学院应加强新生入学教育和专业教育，让学生了解学院的人才培养、办学定位相关信息。

（2）在教学资源和培养过程方面，我校大部分学生对专业课程的安排和内容满意，认为教学质量和管理可满足学生目前的要求，但同时也发现，我们仍需要在教学上有所创新，教师在课堂上应与学生多交流互动，学校对考勤方面还需加大力度。多数学生表示教师的教学态度令人满意，但也有学生表示不满意，可见学生与教师的联系还需加强，教学质量的提高需要师生的共同努力。

教师问卷中，我校大部分教师对专业课程的安排和内容是满意的，认为提高教学质量和加强管理可以使学生从中受益。同时也发现，学校的基础设施还有一些不足的地方，学校接下来可以在这方面加强投入，使学校的设施能更好地满足师生的需求，做到一切为了师生的发展。与此同时，学院应进一步完善专业的实践安排，使之能够更好地完成教学任务。

三、审核要素：实事求是，认真负责，民主评议，公正准确

评估专家组依照教育部《普通高等学校本科教学工作审核评估方案》的评估办法，审核评估范围主要包括学校的定位与目标、师资队伍、教学资源、培养过程、学生发展、质量保障等六类一级审核项目、24个二级审

核要素及自选特色项目（如下表）。

2014 年嘉应学院本科教学工作审核评估范围

审核项目	审核要素	审核项目	审核要素
1. 定位与目标	（1）办学定位 （2）培养目标 （3）人才培养中心地位	2. 师资队伍	（1）数量与结构 （2）教育教学水平 （3）教师教学投入 （4）教师发展与服务
3. 教学资源	（1）教学经费 （2）教学设施 （3）专业设置与培养方案 （4）课程资源 （5）社会资源	4. 培养过程	（1）教学改革 （2）课堂教学 （3）实践教学 （4）第二课堂
5. 学生发展	（1）招生及生源情况 （2）学生指导与服务 （3）学风与学习效果 （4）就业与发展	6. 质量保障	（1）教学质量保障体系 （2）质量监控 （3）质量信息及利用 （4）质量改进
* 自选特色项目	各院（部）可自行选择有特色的补充项目		

1. 定位与目标

（1）办学定位。

从对评估要素的审查来看，大多数学院对自身的办学定位描述不够准确，有的虽简练，但与学院自身办学情况不甚适应；有的过于冗长、宽泛；有的过于具化，缺乏自身的特点；有的用培养目标代替办学定位，混淆了两者的区别。而且，大多数学院对学院办学定位缺乏明确和系统的论证。

（2）培养目标。

“定位与目标”现场调研测试成绩表明，学院主要教学管理人员对此项审核要素并没有很好地理解和重视。人才培养总目标与专业培养目标及依据论证不充分；部分教师、学生对培养目标的认识和理解不够到位，不清楚培养目标在教学中的地位，不了解自己所负责的是人才培养质量的哪个部分，标准是什么。师资队伍在专业方面存在不平衡，实践教学的专门师资稍欠缺；专业技能培养较宽泛，缺乏重点。在人才培养目标方面，认识与自我批评不足，缺乏解决现存问题的自我纠正能力和机制，未能做好“用自己的尺子量自己”。在对存在问题的分析和对策改进上，不同程度存在“等、靠、要”思想。

（3）人才培养中心地位。

大多数学院的自评报告中对审核要素“人才培养中心地位”的论证还不够全面和充分。一是对于机制上如何通过建立健全人才培养工作的指导、运行和质量监控等手段，确保人才培养工作在学院工作中的中心地位，论述得还不够充分。二是在保障人才培养中心地位取得的效果上，还没有涉及和归纳。三是在营造舆论氛围凸显人才培养中心地位方面没有具体的阐释。建议通过营造良好的教风和学风、利用学院网站和宣传栏等方法，进一步提炼好的做法。

2. 师资队伍

（1）数量与结构。

经过近几年的努力，各院（部）的师资队伍结构（年龄、专业、学缘等）有了明显的改善，整体素质也有了较大的提高，教师队伍发展趋势良好，不少初、中级职称教师获得了进一步的晋升，而且比例不小，进一步优化了师资队伍，能基本满足所在学院当前的发展需要。但每个学院的生师比都明显过高，学院内部的学科、专业的师资力量也不均衡，有些新专业师资力量还比较薄弱，应用型人才培养的双师型教师偏少，教学教改立项层次不高，高职称、高学历教师尤其是学科领军人才还比较缺乏，优秀学科带头人和学术骨干的梯队建设普遍不够理想。

（2）教育教学水平。

各二级学院在教育教学水平监控机制及师德师风建设方面高度重视，采取了一些措施，并取得了一定的效果。在学校要求的基础上，多数学院能按照自身专业特点，实施了卓有成效的教学管理、教师课堂执教能力监控措施，特别是在对青年教师课堂执教能力提高方式与帮扶办法上都建立了较好的机制。

尽管目前学院专任教师的专业水平与执教能力、教辅人员的业务水平能较好地满足所在学院的本科教学需要，但学科专业发展建设规划还不够科学；课程建设力度还不大；教研成果与服务地方经济社会发展的能力还普遍不足；科研、教研项目的层次整体不高，省级、国家级高水平的科研项目还不多甚至无；教师教学质量的考核指标与评价体系还不够完善；毕业论文指导工作和论文质量还参差不齐；师德师风建设的制度化、具体化和落实仍有一定的不足。

（3）教师教学投入。

各教学单位教授、副教授100%为本科生上课，充分发挥了教学名师在专业教学的榜样示范作用，夯实了各教学单位的教学基础。各学院的教育教学改革思路清晰、明确，教师开展教学研究、参与教学改革与建设情况良好，教研室的教研活动常规化。

但在教学研究过程中，对课堂教学改革研究不够，教学进程的社会环境和网络影响研究不够，或教学改革仅仅停留在立项、结题形成理论成果，实际上在教学中应用较少。

（4）教师发展与服务。

近几年来，各院（部）重视教师发展与服务，并把其作为院（部）规划及工作的重要组成部分，多数院部有教师发展规划。能针对本院部存在的问题提出相应的措施，如新教师导师制、青年教师博士化工程、专任教师教授化工程、鼓励教师进修访学制度、导师制工作量绩效奖励等，措施实施效果较好，文学、化学、生科等学院的教师发展与服务效果显著。

但也有部分院（部）对教师发展与服务认识不到位，只在口头上提，缺乏措施和行动；部分院部缺少教师发展规划；部分院部有措施，但缺乏主动性，实施不能坚持，效果不佳；部分院（部）只有措施制度，缺乏实施过程或效果欠佳。

3. 教学资源

（1）教学经费。

本指标主要是考察学校对教学经费的投入和保障情况，这次评估对各二级单位则主要是了解下拨的经费是否合理规范使用（是否是教学活动及其辅助活动发生的支出）。从总体来看，各单位对审核评估是重视的，但程度不一。经费使用合理、支撑材料充分的有化学与环境学院、生命科学学院、土木工程学院和政法学院等，还有些没有支撑材料，仅从学校财务处的网页上下载打印了清单；有些则支出少（数学学院、外国语学院、文学院等）。

这次评估反映学校教学经费能基本满足需要，在教学经费使用方面存在的一些误解得到了更好的沟通和理解。

（2）教学设施。

近年来学校加大投入力度，特别是加大建设一批广东省教育厅的实验教学示范中心，加大中央财政支持地方高校发展专项资金的投入力度，教学设施不断改善，实验设备更新较快，教学设施管理总体规范，教学设施的利用率较高。教学设施能基本满足教学的需要。

但也有部分学院的实验场地差，面积不足，设备数量不足。教学设施总体利用率不高，开放程度不足，大型仪器设备缺乏。大部分教室改造为多媒体教室后，无课时间都上锁，学生无法进入教室自习。大学物理的实验开设数量偏少，公共基础课的高等数学的实验课还没有开展。省级实验教学示范中心的体系还没有真正建立，难以发挥实验教学综合改革的作用。另外，各院（部）之间协作不够，特别是绩效工资推行后，各学院存在“肥水不流外人田”“小而全”的思想，实验室低水平重复建设问题严重。实验设备与师资得不到优化配置。个别院系老师不愿意到其他院系上实验课，导致必须开设实验的课程无法开设，严重影响教学质量。

（3）专业设置与培养方案。

各教学单位专业建设规划执行良好，人才培养方案与应用型人才培养目标相适应，大部分学院在近五年内能根据社会发展变化和市场需求增设新专业或专业方向，以及有调整专业的设想。学校现有 52 个本科专业，其中国家级特色专业 1 个、省级特色专业 4 个，国家级专业综合改革试点 1 个、省级专业综合改革试点项目 4 个。

大多数学院要继续加强实践教学，强化实践教学在人才培养方案中的地位，注重人才培养方案在教学中的落实情况。改变专业发展不平衡趋势，加强专业和方向调整力度，以适应社会发展需要。大多数学院都需进一步补充专业建设规划执行情况的报告及适应度评价内容，进一步补充优势专业或特色专业的规划及建设成效报告。

（4）课程资源。

各教学单位重视省级—校级课程建设，注重课程教学团队的建设，强调优质教材的选用，不少学院能围绕人才培养目标定位进行课程体系建设，尤其重视校本特色课程资源的建设，如音乐学院注重地方特色课程建设，校本教材和自编地方特色教材建设取得一定的成效。但大多数学院对课程资源建设存在的问题及原因没作进一步分析，需进一步补充完善课程结构分析内容。目前，学校有 50 门校级精品课程，其中 10 门入选省级精品课程；10 门校级双语教学示范课程；15 个校级优秀教学团队，其中 7 个入选省级教学团队。课程建设力度仍需大力加强。

（5）社会资源。

通过现场考察、查阅资料及访谈咨询的方式，认真检查了社会资源（包含三个要点：合作办学、合作育人、合作就业、合作发展措施与效果；

共建教学资源情况；社会捐赠情况）方面的工作情况。总体情况是，每个单位都能通过各种途径去挖掘社会资源，方式方法不一，各有特色。其中合作办学、合作育人的措施和成效汇报比较详细，支持材料比较齐备。工作成效比较明显的单位有：文学院、化学与环境学院、教育科学学院、电子信息工程学院、外国语学院和计算机学院。未按审核评估体系要求去收集相关资料或材料不够充实的单位有：美术学院、地理学院、物理光信息科技学院和经济管理学院。

开展合作办学、合作育人及合作就业工作比较成功的单位有电子信息工程学院、生命科学学院、土木工程学院、文学院及教育科学学院；校、企共建实验室且已经正常运作的单位有电信学院、计算机学院和生命科学学院；产学研合作项目较多的单位是化学与环境学院和计算机学院；对外交流比较广泛的单位是化学学院和文学院；近三年来，社会捐资较多的单位是文学院、外国语学院、音乐学院及化学与环境学院等。

4. 培养过程

（1）教学改革。

教师开展教学研究和参与教学改革情况良好。通过评估，我们发现几点共性问题：各个学院的网站中的基础课程网站建设工作开展不够，网上互动内容非常缺乏；学校历年的教研项目立项，真正用于教学实践的成效未见凸显；高级职称教师对于学校的教学改革的热情不高，特别是团队开展工作不够；传统专业与时俱进的改革未见真行动，处于零散的状态；复合型人才培养模式没有真正全面启动；全校整体教育研究没有国家级的项目；不少学院人才培养模式改革整体思路欠清晰，一些传统专业改革的力度不大，就业情况又不甚理想，一定程度上影响了招生。关于教学信息化的实施和效果较少表述。

（2）课堂教学。

大多数院（部）能严格遵守教学大纲（含实验教学大纲）、考试大纲等教学文件，遵照教学规律，对课堂教学的各环节进行监控，课堂教学管理及监控程序较规范；落实听课评课制度；较为重视师德师风和学风建设，措施具体可行，形成了较好的教风、学风。各院（部）能重视以科研带教学，以管理促教学，抓好课堂教学质量，鼓励教师参加各项教学竞赛以及申报教改项目。考试管理较规范，制定了学院考试管理制度和程序，并能认真落实。

评估中发现，部分院（部）对课堂教学文件的归档、分类不够规范。教学大纲、实验大纲、考试大纲等教学档案、资料需要进一步规范整理。

教学管理的规范化、特色化仍存在不同程度的问题，没有形成针对本学院本专业自身特色的课堂教学监控体系，没有真正提高教师课堂教学质量。教改、科研对课堂教学的应用成果的体现以及如何针对本院（部）特色加强课堂教学质量的监管制度欠缺。

（3）实践教学。

①各院（部）单位基本都建立了相应的实践教学体系，思路比较清晰，措施比较到位，做到了有规划、有实施办法和要求、有总结。但也有个别单位对建立实践教学体系不够重视，即使有也比较笼统或不全面。

②通过本科教学水平评估后，我校的实验室设备、环境又有了很大的改善，各学院实验室的开放力度也有很大的提高，学生的参与面不断扩大，实验设备利用率也随之提高，这为我校培养优秀的应用型本科人才奠定了坚实的基础。

③各院（部）在课程的见习到毕业实习、社会实践及毕业论文整个实践教学环节基本上都能落实，特别是在师范生毕业实习上都能够按照学校的要求认真落实和完成。而非师范生的实习的落实上还存在一些问题，主要是有些二级单位实习基地偏少；实习地点比较分散，很难管理；专业与就业相矛盾等问题还没有有效的解决办法。我校毕业论文（设计）的管理是比较规范的，但由于生师比不合理，为数不少的老师指导学生人数超过10人，质量上难以得到有效保障。

④实验室建设方面，部分院（部）存在本位主义倾向，不愿意去其他学院上实验课，也不欢迎其他学院来上课。资源共享、平台搭建、协同创新的活动开展成效甚微，影响应用型本科人才的培养，也不利于省级实验示范中心和中央财政支持地方高校发展项目的建设和验收。

⑤各院（部）反映一个比较共性的问题就是实验室面积不足，阻碍了实验教学的开展。比较突出的是土木工程学院、化学学院、生科院、电子学院、物理学院、计算机学院、经管学院等。

（4）第二课堂。

各院（部）开展了丰富多彩的第二课堂活动，形式多样，包括思政、文化、体育、文艺、知识、科技等，丰富了学生的大学生活，锻炼了学生的能力，培养了学生多方面的素养；借助于师范技能、专业技能等各类竞赛活动，推动了校园文化建设，促进了学生理论与实践的结合，紧密了与第一课堂的联系，培养了学生的专业技能和素养。近几年来，有较多学生到中国台湾、美国等国内外高校交流学习，尤其是音乐学院、医学院学生较多。

但大多数学院都没有完整地建立起第二课堂育人体系和保障措施，只有少数学院设立了相关的组织机构，制定了相关的工作计划，对第二课堂的开展还缺乏整体的规划，活动带有随意性，深层次的内容不足，即与学生专业的技能、技巧、动手能力、思维等方面还不太密切。国内外高校交流学习的影响还没有得到很好的组织和扩散。

5. 学生发展

（1）招生及生源情况。

部分院（部）对生源质量（集中生源地、录取分数等）没有分析研究，在开展针对性的招生宣传工作方面积极主动性不够，提高生源质量的措施不够有力，一定程度上影响了招生工作的顺利完成。师范生和高分考生的比例偏少。

（2）学生指导与服务。

在为学生服务，特别是对学生的指导方面，存在对学生指导服务积极性不高、教师主动性不够的问题，这与管理、分配等有一定的关系。部分院（部）举办的活动，竞赛质量不高，参与面不广，吸引力不强，学生参与度不高，没有面对全体学生，与“以学生为本”的理念有背离，有些活动却强制学生参与；有些学术性讲座，本是学习的好机会，但由于缺乏有针对性的宣传（没营造良好的氛围），在学生中没有形成一定的认识，学生主动参与的积极性不高。

（3）学风与学习效果。

部分老师上课不考勤，部分老师怕管学生（怕两头：优生、差生）；学生上课纪律较差（进进出出、睡觉、吃东西均有），上课玩手机现象较为普遍。作为师范院校特别是传统师范专业的部分教师，不懂如何组织课堂教学，不明白课堂教学的组织管理，似乎不知道怎么教学生、怎么做到德高为师，身正为范。个别老师教学能力（尤其是引导学生投入课堂的能力）不高，教学艺术欠缺，理论脱离实际，不知如何发挥教风带动学风的作用。也存在有老师精神状态很投入，但学生不为所动的现象。对行业的现实情况了解较多的教师，其教学比较吸引学生，学生学习的积极性也较高。各学院对学生所修课程对其自身发展的重要性方面教育不足，学生学习缺乏动力。部分老师在“教风促学风”方面存在认识不到位的问题。访谈中，各院（部）都说在抓教学改革，而花心思在课堂教学、落在实处的不多。

（4）就业与发展。

近几年，学校的毕业生整体就业率逐步提高，用人单位的满意度也比较高。但面对严峻的就业形势和压力，毕业生数量逐年增加，各学院的就业指导与服务工作，还存在一定的不足，体现在：部分院（部）的职业规划教育还不够规范、主动及全面；提高就业质量方面的措施不多；毕业生就业质量和跟踪调查还较为欠缺；就业市场的拓展还不够明显；就业政策等信息的宣传还不够广泛，与毕业生沟通招聘信息的方式方法还比较单一；就业心理咨询的服务还未能普及；就业安全教育、就业观念引导还急须加强。

6. 质量保障

（1）教学质量保障体系。

各院（部）能重视教学质量标准建设，基本能按照学校要求，建立了教学质量监控主体齐抓共管的质量监控局面。各院（部）建立的二级教学督导制度与督导队伍，对保障教学质量起了较大的作用。各院能依据地方社会经济发展的需求，不断修订各专业本科应用型人才培养方案，建立各本科专业的课程体系；能执行学校关于教学管理的有关规定，落实教学任务，组织具体教学运行，严格检查教学日历、教案，实施教学质量监督，向学校反馈教学质量信息。各院（部）能按照学校要求，开展好期初、期中、期末教学情况检查，坚持同行听课制度，能配合学校各部门完成好专项教学检查任务。

通过审查，发现各二级院（部）教学管理制度建设进展不平衡。大部分院（部）结合实际教学情况，修订的管理制度覆盖面广、内容比较完善，但也有些院（部）自身建设的制度寥寥无几，有些学院甚至还在沿用学校几年前印制的规章制度。另外，我们发现各院（部）对教学管理队伍培养的重视程度也不同，如何进一步优化教学管理队伍并使其充分发挥作用，加强管理队伍教学科研参与度，也是各院（部）提升教学质量将要进一步研究的课题。

（2）质量监控。

各院（部）按照学校的要求，建立了日常教学的监控体系，对日常教学运行、课堂教学、实践教学、毕业论文（设计）、毕业论文评阅及答辩等教学环节进行监控，建立了较完善（教师队伍建设、教材建设、评教评学等）的教学质量监控体系，形成了全员全过程参与的良好氛围。

教学监控主要用于理论课堂教学，实践性教学环节监控略显薄弱，体现在实践教学的反馈体系不够健全，尤其是实习基地建设情况。对于教学监控，比较重视评教，但对于反馈的落实解决和后期的改进尚需加强。有些教学环节的质量监控工作可进一步细化，从而实现教学精细化管理。对学生的第二课堂开展情况，大多数院（部）没有一个完善的监控制度。人才培养质量的信息在统计、分析和及时反馈、实现整改方面存在一些不足，尤其对于毕业生的就业跟踪及其工作后对在校期间的课程设置的反馈意见，大多数学院没有详细的记录资料。

（3）质量信息及利用。

各院（部）能做好质量信息的汇总、统计、分析、备案、总结、上报、信息反馈等工作。各类教学状态数据的收集、整理、上报工作均能正常完成。各院（部）都注意到教学数据信息的存档和统计的重要性。各院（部）教学数据的收集和形成渠道顺畅，所占有的数据能满足教学管理的需要和教学状态的显示；基本都建立了质量信息统计、分析、反馈机制。

各院（部）普遍没有建立起本院（部）的教学基本状态数据库，信息反馈的面还不够宽，信息的来源渠道比较单一，信息的收集还存在一定的滞后性。部分院（部）没有撰写本单位的年度质量报告；教学质量的统计、分析不够到位；教学信息的文本材料的装订还不够规范；虽然制定了各种制度但没有归纳总结，形成文字材料；特别是信息反馈方面还比较薄弱。

（4）质量改进。

各院（部）都能重视质量改进工作，建立比较有效、健全的质量改进机制；各院（部）党政领导、督导组都能按学校要求听课、检查，同时做到及时反馈；能按规定每年召开一次本科教学专题会议，专题研讨解决本科教学的重大问题。多数学院能组织毕业生跟踪调查，调查用人单位和毕业生对学校培养目标、培养方式、课程设置及管理等方面的意见和建议；能定期召开毕业生用人单位、校友返校座谈会，了解他们对学校人才的需求导向，吸取好的建议融入新的人才培养方案。

同时，多数学院由学工办辅导员去组织用人单位对毕业生满意率的调查和进行毕业生就业情况调查，由学院院长或主管教学院长出面组织毕业生座谈，听取学生对培养方案、四年课程设置、课堂教学、教材选用等方面的意见，而专题调研则较少。学院在获取有关教学质量状况的信息和意见方面，方法还比较局限。在利用教学信息中反映的有关质量问题改进的制度性措施还比较缺乏。

（5）自选特色。

从各院（部）自选特色的角度看，各院（部）都有自己办学具体的做法，也取得了一定的成效，但大多数单位没有准确提炼出自己的办学特色。所做的办学特色的表述，其实是多年办学成果的体现，或概述过于冗长松散，不够清晰和简练；或表述不清，把自选特色与项目、手段或方式混为一谈；或过于宽泛，缺乏充分的依据，没有准确表述自己的鲜明特色，也没有充分展示院（部）办学的真实风貌和水平。

四、改进建议：总结经验，查漏补缺，落实整改，务求实效

（1）正确看待评估结果，总结经验、查摆不足。要充分总结本次评估取得的成效，推广本次评估优秀学院的好经验、好做法。尤其是对于发现的问题，应无一遗漏地全部反馈到各院（部），并要做到三点：第一，让所在院（部）全体老师清晰了解评估存在的问题，特别是要做到人人都了解本单位的定位与目标，以及办学特色；第二，各院（部）在以后的教学工作或其他会议上，要渗透这方面内容；第三，落实在每个领导和教职工的具体教学和日常工作中。对存在的问题要进行认真研究，经院（部）学术委员会及党政联席会议讨论研究，在下学期第五周内形成整改方案。第八周以后学校派专家核查整改情况，核查结果将作为2014—2015学年教学工作目标管理考核的主要依据。

（2）重新审视定位与目标，巩固人才培养中心地位，凝练办学特色。教师在教学过程中要将本院（部）和学校的办学定位目标与特色融入于各自的课堂。学院的办学定位、培养目标依据要紧紧贴近应用型人才培养，贴近社会需求，加强与用人单位、社会的联系，听取用人单位关于人才培养、教学改进的建议，注重毕业生就业质量跟踪反馈反哺教学过程。学生对学校定位、目标和特色的认知和自觉行动是推动我校发展的重要力量，也是未来教育部审核评估的考核要点。各院（部）教师在教学大纲、教案以及教学过程中不断修补短板，围绕目标定位、擦亮特色，在改进工作对策上要克服“等、靠、要”思想。

（3）加大师资队伍建设力度，做好教师发展与服务工作，提升教育教学水平。要加快引进和造就学科领军人物步伐，加快培养骨干教师与学术带头人。加大引进高层次人才的力度，主动与全国重点院校联系，多举措、积极引进科研水平较高的35岁以下博士或副教授。对于理科和工程技术类的学科，要加强“双师型”师资队伍建设。采取临时聘用或兼职教师的办法，逐步解决生师比过高的问题。可采取外引内培的办法，进一步加强教师进修、培训工作，进一步提高专任教师的职称结构、学历层次。制定政策，鼓励和支持教师积极开展教研、科研工作。进一步完善教师教学质量的考核指标与评价标准，激发教师的工作积极性。

建立健全教师发展与服务相关制度、政策，争取学校给予政策支持，提高引进人才的待遇。要主动出击，到全国各地多方搜寻优秀人才，切实强化教学和研究的团队意识，合理组建教研/科研团队。还要大力加强中青年教师的培养力度，争取通过自我培养的方式培养一批优秀人才。鼓励教师积极开展微课教学和公开课教学竞赛，参加各级各类展览和设计实践。对教育教学水平监控机制的建设，应由学校教务职能部门进一步实现规范化、长效化和实效化。对各院（部）青年教师课堂执教能力的监控办法是建立“帮扶”机制。各院（部）在师德师风建设方面应采取更具体的措施，进一步注重实施的效果。

（4）整合优化教学资源，确保教学经费、教学设施保障学校教学中心工作，优化课程资源、社会资源服务学校发展。学校对各教学单位关于教学经费的使用将要加强检查督促。学校从管理体制和运行机制上进行改革，扫除资源共享、协同创新的障碍，下决心举全校之力建立实践教学资源共享平台，改变实验室条块分割、低水平重复建设的现状，要把实验教学与实验室建设，优化配置教学设施及师资力量紧密结合起来，进一步鼓励实验室开放，提高实践场地设施和实验仪器设备使用效率和实践教学的效果，为应用型本科人才的培养提供强有力的支持。

各院（部）要紧紧围绕学校培养应用型人才这一目标，建立相应的实践教学体系，对学生的综合素质、专业技能、创新精神与解决实际问题能力的培养上，在实践教学中分别有相应的具体要求。各院（部）要开拓思路，积极“走出去、引进来”，开门办学，整合社会资源，在合作办学、合作育人、合作就业、合作发展措施与效果等方面工作应有新的思路、新的举措、新的成效。

（5）增加教师教学投入，推进课堂教学、专业建设、教学改革，强化实践教学，优化人才培养过程。进一步完善双语课程、实践课程、精品课程的建设规划，完善教材建设规划。改变专业发展不平衡趋势，加强实践应用能力培养，重视人才培养方案的运行效果。对一些不适应社会发展的专业进行调整，根据国家和学校向应用技术型转型态势改造老专业、设计新专业，向应用技术转变。各教学单位注重收集和分析毕业生和用人单位信息反馈，加强教学资源的数字化建设，构建国家级—省级—校级教学改革项目建设体系，加大教学研究项目成果运用教学改革的实践转化。

（6）做好招生宣传，优化生源质量，抓好学生指导与服务、学风与学习效果方面的工作，促进学生就业与发展。各二级教学单位要高度重视招生工作，以专业建设、就业亮点提高学生报考率，认真分析生源结构和质量情况，在此基础上，开展有针对性的学生指导与服务、学风建设、职业生涯规划、就业指导等工作。在围绕全心全意为学生服务的宗旨方面，坚持为全体学生的健康成长成才服务，在理念、措施、步骤、效果等方面更好地体现“生本理念”。各院（部）应进一步激励专任教师投入学生的指导与服务工作，健全制度，做到有特色与亮点；进一步完善学生学习与成长满意度调查、反馈、监督与保障体系；从影响学风的主要因素着手，从教师的教风、学生的学习纪律、课堂纪律、学习的环境氛围、学生立志成才等方面制定必要的规章制度，加强职业规划教育，邀请优秀校友做报告等，进一步推进学院的学风建设。进一步加强对毕业生的就业教育和就业政策的引导解读，做好就业拓展工作，提高安全防范意识，做好做实大学生就业心理辅导，提高学生的综合素质和就业竞争力，促进学生就业和发展。

（7）树立质量意识，构建教学质量保障体系，强化质量监控环节，确保质量信息准确及利用实效，保障教学质量水平稳步提高。加强学院质量文化建设，将质量意识、观念渗透到各项教学工作。各院（部）加强教学管理，对本次评估过程中提出的问题，组织本院（部）相关专业教师对试卷、毕业论文进行整改。对以后的试卷、毕业论文从严要求，规范管理要常态化，职能部门要组织相关专家加强督查，确保质量稳步提升。

学校应加强对教学管理理论的研究，使教学保障体系更加理性和具有引导性。进一步补充、完善和细化教学质量标准和教学管理制度。要把质量标准、管理制度、教学专题活动总结材料等汇编成册，成为工作的指导示范性文件；也要把教学保障体系的制度、规定、条例等装订成册。加强教学全过程的教学质量监控，发现、纠正和消除评教评学中的不端行为。及时、准确、全面了解教学状况，紧紧围绕应用型人才的培养这个中心目标开展教学工作。建立学院自评制度，包括两个方面：一是建立学院（部）内部老师对本院（部）的教师的评价制度和具体方法，二是教师对自身教学的评价制度及整改方法。

各院（部）应建立教学基本状态数据库，并把该项工作常态化，定期收集、归纳、整理。具体从以下几方面来着手建设：

（1）教学资源数据采集：教学人员素质数据、教学设施数据、教学技术手段数据、教材数据；

（2）培养活动数据采集：各级领导对教学重视数据、教学法规建设数据、教学计划执行数据、理论教学数据、实践教学数据、作业辅导数据、考教分离数据、课外学分数据；

（3）学习活动数据采集：学生分布数据、学生素质数据、学风常规检查数据、学习效果数据；

（4）管理活动数据收集：管理工作条件数据、管理队伍状况数据、管理运行过程数据；

（5）招生与就业质量状态数据收集：第一志愿填报数据、新生入学数据、毕业年级学生数据、毕业生用人单位反馈数据。信息反馈方面：比较完整的信息反馈机制包括常规教学检查反馈、专项评估反馈、课堂教学评价反馈、教学督导反馈、学生教学信息反馈、人才培养质量反馈。总的管理目标就是走规范化道路。

第三部分

地方院校本科教学工作审核评估与反思

特色是高校办学不可或缺的基因

胡解旺
（教育科学研究所所长，教授）

“特色”是任何大学的基因密码，是各个大学的“指纹识别系统”。不仅老牌的西方名校如此，其他顶尖高校也十分重视特色。例如，牛津的古典人文学科、剑桥的物理学科、麻省理工的工程学科、芝加哥大学的经济学科等都是其始终不变、最具显示度的特色和招牌。在同一大学内，不同院（部）也有这样的元素。如果一个院（部）无法清晰地认识自己的特色，便是“水中看花、雾中望月”，不可能正确定位自己，只能是脚踩西瓜皮——滑到哪里算哪里。

因此说，特色是高校办学不可或缺的基因，那些在特色不清、定位不明状态之下的办学，只能步入“事倍功半”的死胡同，而不可能迈上“事半功倍”的阳光大道。在嘉应学院为迎接教育部本科教学工作水平审核评估开展的自纠检查中，暴露出“特色”建设方面的一些问题，主要表现在以下两个方面：

一是重视程度高低不一。有的院（部）高度重视、全面动员、提前准备，而有的院（部）则临阵磨枪、仓促应对、敷衍了事。在少数并不重视的学院看来，反正自己的师资较弱，办学实力不强，再努力也难以超越别的院（部），何必进入如此高度紧张的“评估状态”；也有的部门各方面办学条件都很好，却对评估产生莫名的抵触情绪，原因之一便是不愿意认真研究并提炼自身特色。

二是特色归纳参差不齐。不够重视教学审核评估的院（部），对特色的归纳同样乏善可陈，即使是比较重视的院（部），在这一方面也存在各种问题。例如，个别学院在审核评估的综合成绩名列前茅，但有些关键因素却成了整个“木桶理论”体系中的短板，从而导致“盛水量”下降。“特色”不明更像是木桶的缝隙，它容易将木桶中的“水”漏得一干二净。事实上，既然大多数院（部）都重视评估工作，为何不能在“特色”方面集思广益、结合本院（部）的办学情况进行归纳和提炼？这也恰恰说明，部分院（部）的“重视”，并非全员重视，而只是领导等少数人忙碌，绝大多数教师则成了评估的旁观者。如果一个重担没有全体教师（甚至学生）的积极主动参与来分担沉重的压力，那么，少数人的忙碌很难给本院（部）带来名副其实的改变，更难产生恒久性的效果。

这就需要各院（部）提高管理效率，进行全面分工。“众人拾柴火焰高”，让所有岗位配置最擅长的人员，规定相应的任务、完成标准等，并根据审核评估结果，在绩效工资分配方面划出一定比例进行奖励。

那么如何寻找特色的突破点呢?

特色并非办学实力较强院（部）的专利，每个学院都有自身特色，必须最大限度地培植，并能够自觉地围绕该特色去努力。以体育学院为例，该学院的办学实力在整个学校属于中等偏弱，与那些老牌专业相比，无论在师资、经验还是其他方面都有所欠缺。但是该院只要紧紧抓住“植根足球之乡，弘扬足球文化，培养优秀足球人才”的特色不放松，在全国高度重视足球发展的大好环境中，一定能够成为我校最具影响力和显示度的名牌学院，甚至在某种程度上会成为学校最大的招牌，或许还是中国足球发展进程中一道亮丽的风景线。

当然，明确特色，只是万里长征第一步，以后还会遇到各种意想不到的困难和问题。既要有足够的心理准备，也要有战胜各种困难的信心和决心。

校内审核评估的目的既是为了更好地提高办学效率，也是为了迎接教育部评估的需要，既有自我发展的追求，也有来自外部的压力。不论如何，评估工作更多是评估专家手持放大镜，查找各个方面的显性和隐性的问题，尤其是后者的过程。以办学特色为例，对于部分院（部）不能很好地归纳、提炼特色，评估专家已经提出了相应的建议和意见，而少数院（部）仍然置之不理或不置可否，对“改”字不为所动。如果连“改”的态度都含糊不清，何谈下大力气去“建”?

审核评估的落脚点是“改”和“建”。所以，前期工作是找问题，后期工作则是解决问题。找出再多问题，想到再多办法，如果不能脚踏实地去解决问题，如此巨大的人力、物力和时间消耗，将成为无用之功，学校未来的各项工作也将很难在各院（部）推行。

办学没有捷径，它是一场永无尽头的长途跋涉。诚如北京大学新掌门林建华教授所言：大学是农业而非工业。它如同农民耕地，只能因地制宜，绝不可能大规模机械化操作和复制。否则，不同高校便可轻易“复制+粘贴”，成了“千校一貌”；同理，同一所高校内部，不同学院也成了“千院一貌”。假如这样，这不但是大学的悲哀，也是所有教师的悲哀!

从本科教学工作审核评估反思地方高校专业人才培养目标的实施

杨宇辉　周　铭
（杨宇辉，医学院副院长，副教授；周铭，医学院教务科，副教授）

为了贯彻落实党的十八大和《国家中长期教育改革和发展规划纲要（2010—2020年）》精神，提高本科教育教学质量，教育部制定了普通高校本科教学工作审核评估实施办法，要求按照主体性、目标性、多样性、发展性和实证性五项基本原则，对高校本科教学工作进行评估。本文尝试根据评估指标要求，分析地方高校专业人才培养目标实施现状，反思地方高校应如何更好地实现专业人才培养目标。

一、现状

（一）对专业人才培养目标的重要性认识不足

专业人才培养目标是高校根据社会特定的教育目的对所要培养的劳动后备力量或各种专门人才适应社会岗位的需要应达到的总体要求，是高等教育目的在不同专门化领域和不同层次高等教育的具体化，体现高等学校在层次、类型、规格上对学生的基本素质所做的不同规定，是学校一系列教育教学活动的出发点。然而，有些地方高校对专业人才培养目标之于人才培养的重要性认识不足，对培养目标的制定随意性较大，前期严谨、科学的论证做得不够，深入社会、行业的调研不够充分，未能广泛听取专家、同行的意见，只是参考知名高校相同专业的培养目标，进行适当修改，导致培养目标更多时候是以文字的形式出现在专业人才培养方案中，没能真正体现其对人才培养的专业要求。培养目标普遍存在单一性、同质化的现象，未能反映不同学校、不同专业服务面向定位、层次定位的特点，即没有突出地方高校培养致力于研究与探索社会现实问题和生产实践问题、适应当地经济社会发展所亟须的应用型专门人才的特点。教师和学生对培养目标的知晓率也不高。

（二）课程体系设置与专业人才培养目标的契合度有待加强

本科专业人才培养目标和课程设置是高校教育教学活动的主要组成部

分，培养目标由知识、能力和素质几个部分组成，体现高校的办学目的，必须通过设置合适的课程体系来实现。地方院校的不少专业在设置课程体系时，更多考虑如何体现专业知识结构的系统性、完整性，没有突出地方高校培养应用型人才所应具备的专业素质与综合素质，忽略了培养目标对专业课程设置的引领作用，特别是淡化了培养目标对学生能力、素质方面的要求，没有构建好以能力培养为导向、以适应地方经济社会发展及学生个性发展需求为目标的课程体系，容易出现应用型人才培养目标与课程体系不能有机契合的情况，课程设置存在学分多、课时多、内容重复等问题，影响了人才培养质量。

（三）教学过程未能很好贯彻人才培养目标要求

实现专业人才培养目标，教师和学生的正确把握和参与尤为重要。教师是高校教学的主力军，教学计划的制订、课堂教学目标的设置、教学内容的把握都需要教师的思考和实施。地方高校部分教师由于对专业培养目标的认识不够到位，没有认真研究其结构、内涵，常以专业的视野去完成教学任务，不太清楚自己在实现专业人才培养目标中所承担的角色、任务，对作为教学主体的学生的整体情况了解不多，教学计划、教学大纲、课程安排和培养目标要求有一定距离或出现错位，导致教学目的不够明确，教学过程游离于培养目标。学生则是被动地接收专业知识，没有养成在教学过程中按培养目标的要求进行主动学习的行为习惯；教师对学生能力、素质的培养缺乏行之有效的方案，一定程度上影响了专业培养目标的达成。

（四）未能对培养目标达成度进行有效评估

培养目标的达成，既体现在教学过程、实践环节、教学效果上，也体现在学生的毕业率、就业率上，这就对高校的师资水平、教学条件、实践场所、教学运行提出了较高要求。目前，由于扩招等原因，部分地方高校对教学过程的督导机制不够健全，满足于完成教学任务；除了进行教学测评之外，鲜见对教师的教学能力进行综合考核，以学生学习效果为依据的教学质量监控体系也不够完善。关心毕业生的就业率较多，对用人单位评价毕业生是否达到了既定培养目标的关注较少；对课程体系在广度、深度及运行中是否能够有效达成应用型人才培养标准的评价不多；对培养目标的定位是否合理反思不足。

二、对策

（一）提高认识，制定合理的专业人才培养目标

作为地方高校，在高等教育日益大众化的今天，区域化、职业化已成为发展的趋势，地方高校需更好地与区域经济社会发展紧密结合，服务地方经济。为此，学校应结合实际，提高全校对专业人才培养目标的认识，围绕“培养什么样的人才”“如何培养好人才”的问题，开展教育思想大讨论，将人才培养作为思考学校改革与发展问题的基本出发点和落脚点，深刻认识专业人才培养目标对人才培养的重要意义，形成“人才培养是学校中心工作”的共识。重视专业人才培养目标的制定，深入当地社会、行业开展调研，了解社会与市场的需求、地方区域经济和行业状态等各种因素，结合自身的办学实力与发展方向，形成初步的专业人才培养目标。组织教育专家、行业专家、用人单位代表等开展专业人才培养目标论证会，从专业培养目标、人才培养规格、主干学科和主要课程、学制与培养制度、课程设置计划、课程类别及其学时、学分累计、教育活动时间分配等方面进行深入讨论。明确符合自身需求的人才培养的服务面向、规格、类型和层次定位，确立专业人才培养目标。

（二）构建以培养能力为主线的课程结构体系

实现培养目标的渠道是课程，为使学生具备良好的知识技能和创造能力，需要设置符合专业人才培养目标的课程系统。地方高校在构建课程结构时，一方面，要以人才需求为导向。在开设专业基础课、“桥梁课”、专业课时，力求将知识、能力及素质的培养和市场需求融为一体，确保课程设置的前瞻性，为学生提供较多的独立思考空间。另一方面，要确保人才培养目标的实现。专业培养目标是设置课程、制订教学计划、选择和组织课程内容的直接依据和参照。能力是对知识和技术掌握程度的综合反映与集中体现，通过设置以能力培养为主线的课程体系，打好专业基础，构建多平台的实践教学体系，突出实践技能和人文素质培养，拓宽学生知识面，才能实现“厚基础、宽口径”的人才培养要求。

（三）打造有助于实现专业人才培养目标的师资队伍

教师是人才培养目标的主要实施者，教师的水平直接影响到人才培养目标的实现，建设一支高水平的师资队伍是地方高校实现人才培养目标的有力保障。因此教师要及时更新专业知识，了解本学科前沿动态，拓宽知识口径，调整专业知识结构，开展科学研究，提升自身专业水平。同时，教师要转变教育教学理念，掌握教育规律，紧紧围绕专业人才培养目标，

积极开展教学内容、教学方法与手段的改革，坚持理论联系实际，将教学内容与工作实际有机结合起来，着重思考怎样将人才培养目标落实到各门课程的课堂/实践教学的各个环节中去，将知识结构、能力结构、人文情怀、职业涵养等贯穿于人才培养全过程，增强实施素质教育的自觉性，充分挖掘职业道德教育资源，使老师、学生都明确在教学过程中自己要完成的具体目标要求，把人才培养目标和校园文化建设相结合，提高学生综合素质，确保人才培养目标落实在培养过程中，提高人才培养质量。

（四）建立专业人才培养目标达成度的评估反馈机制

地方高校要实现专业人才培养目标，需要建立健全一系列培养目标达成度的评估和信息反馈机制，并确保运行有效。高校可以通过建立改进课程内容、改进课程体系和培养方案的评估反馈机制、教师教学水平测评机制、用人单位对毕业生满意度评价反馈机制、校友信息反馈机制，了解实习单位对毕业实习生的意见反馈、学生教学信息员的意见反馈、客座教授对人才培养方案的建议、毕业生参加国家执业考试成绩等，获取培养过程的不同阶段及学生、用人单位对培养目标达成情况的反馈，了解人才培养“适应度”即适应社会的需要和人才培养，“贡献度”即促进人的全面发展的信息，作为修订专业培养目标的参考依据，使专业人才培养目标、人才培养方案、课程设置体系等得到不断调整和完善，以适应社会、经济及人才自我培养等的发展和需求，确保实现专业人才培养目标的要求。

从“亮点”和“特色”中看人才培养的中心地位

冉正宝

（文学院副教授）

严格意义上说，高校办学的“亮点”和“特色”是两个不同层面的问题。“亮点”是指通过某项或某方面具体工作的成果而呈现出的与众不同之处，具有局部性，不能代表全局工作的风格走向。而“特色”正相反，具有全局性，是学校主要工作效益所体现出的一般特征，对于一个单位来说具有代表性、标志性和引领性。

因此，当我们强调“亮点”的时候，其实是在说，我们的某些工作取得了突出的成绩；当我们强调“特色”时，其实是在说我们的总体工作已经形成了比较稳定的特点或风格。亮点和特色互有所指，是不能随便混淆的，否则会对学校人才培养中心地位的理解产生偏差，容易造成我们单纯用工作中的某些亮点来说明全局工作，进而出现“以偏概全”的问题，也容易造成总结出的办学特色与“人才培养中心地位”的实际关联度不紧密等问题。

一所大学的办学亮点和办学特色按照部分相加等于整体的逻辑推算，应该是由各个学院的亮点和特色来决定的。从2014 年9 月开始到2015 年1月结束的嘉应学院本科教学审核评估工作，20 个教学单位汇报了各自的工作，其中很多单位并没有清晰地理顺和准确地概括出自己的亮点和特色究竟是什么，大都处于中间地带甚至真空地带。下面是各院长、主任向全体专家展示的内容：

从理科看，数学学院强调将数学建模的思想和方法渗透到大学生素质教育的培养过程中；物理与光信息科技学院强调基于物理文化的教育理论研究与师范生职业能力提升的实践探索；化学与环境学院强调考研率的提升；生命科学学院强调产学研的紧密结合；地理科学与旅游学院强调实践教学模式的建设。

从工科看，电子信息工程学院强调师生的动手能力；土木工程学院强调学生技术培养、技能实训工作和客家建筑文化的研究；计算机学院表示将尽力培育特色项目，在培养应用型人才方面寻求突破。

从文科看，文学院强调了科研，主要是以客家方言和客籍作家作品为主体的客家文化研究；政法学院强调以积极参与和服务地方社会管理的方式培养学生实践应用能力；外国语学院强调英语专业双学位精英班复合型人才培养的模式。

从体艺科看，体育学院强调足球之乡的足球人才培养特色；音乐学院强调丰富艺术实践的载体；美术学院强调客家艺术的研究。

从其他学科和单位看，经济与管理学院强调特色人才的培养；教育科学学院强调教师教育专业的优势；教师职业技能教学部强调书法人才的培养；社会科学教学部强调充分挖掘梅州和客家的资源，提高教学时效性；梅州师范分院强调加强师范生教学技能的“六个一”工程；医学院强调药学和护理学本科专业应用型人才的培养和服务地方经济的发展。

从这些亮点和特色中可以归纳出几个问题：一是一些单位在强调自己专业和职责范围内的工作，属于必然如此的所谓“亮点”或“特色”，因此不够鲜明。二是有些单位强调了地域文化的特点，突出了客家文化的特色，但这种特色与学校应用型人才培养的定位之间是有差距的，或者说是铁路的两条轨道，是很难交叉的。三是学科带头人和科研工作可否作为特色，还值得进一步的商榷。有一点是不能回避的，嘉应学院正在走应用型的道路，未来的发展也必然是这条道路，因此把科研强调到什么程度的确值得我们这个层次学校（地方院校）的深思。四是所有的学院和单位似乎都忽略了一点，在我们培养出的学生身上可以看出哪些亮点和特色，这或许才是我们可以深入挖掘的一个重要视角，任何亮点和特色最终都要落实到学生头上，落实到“人才培养中心地位”上来，如果我们培养出的学生什么特点和优势也没有，那么能够说明我们的办学是有亮点和特色的吗？

只有把我们的视角统一到“人才培养中心地位”上来，才能够看清楚我们的诸多亮点和特色是否是实事求是和被社会认同的，才能够把亮点和特色与嘉应学院“努力办好应用型优秀本科教育”统一起来，才能够解决一些单位的总结或工作中出现的“跑偏”问题。反过来看，判定我们的亮点和特色是否科学，主要是看我们的总结和工作是否在围绕“人才培养中心地位”做文章。为此我们要思考下面几个宏观的具体问题：

一是在政策上如何通过出台对教师的激励政策保障人才培养中心地位；二是在机制上如何通过建立健全人才培养工作的指导、运行和质量监控等机制，确保人才培养工作在单位工作中的中心地位；三是如何在营造舆论氛围中凸显人才培养中心地位；四是采取了哪些具体措施保障了人才培养的中心地位；五是取得了哪些具体的效果，巩固和发展了人才培养的中心地位，等等。

嘉应学院到底有没有办学亮点和办学特色？答案是肯定的，只是我们的调查和总结还远远不到位，还停留在书面的论证上。嘉应学院的学生一直都受用人单位的欢迎，广州、深圳等地的企业还点名要我们的毕业生，那么他们身上到底释放出了什么？他们有什么难能可贵的品质，哪些迅速适应工作环境的能力？我们为此做了哪些工作？这些都需要我们静下心来调查、分析、总结和提炼。

审核评估工作为的就是“以评促建、以评促改、以评促管、评建结合、重在建设”，让嘉应学院走上内涵式发展之路和特色发展之路，因此愿我们的审核评估工作不是一场空无的“走秀”，希望用我们充满善意的建议，让学校的各项工作继续向正确的发展道路迈进。

对二级学院"人才培养目标"审核评估的几点反思

张恩德
(物理与光信息科技学院副教授)

人才培养目标体现着高等教育培养人才的具体要求，二级学院、各专业的培养目标上承高校总的人才培养目标，下接各专业的课程设置与教学安排，因而在整个高校人才培养目标体系中处于中枢地位。相关研究表明，高校人才培养目标存在规格单一、层次趋高、类型模糊、表述过于笼统、目标高远和宽泛、缺乏操作性等问题，同时也存在着对于二级学院、各专业培养目标的研究成果较少的问题，因此本文将对此提出相应的几点反思：

一、统一思想，统筹规划，预评先改

"以评促建、以评促改、以评促管、评建结合、重在建设"20字方针是审核评估的重要主旨，审核评估不能仅就校级层面的各项指标进行审核，否则，这样的评价将流于表面与形式，无法撼动地方高校升本前的诸多陋习。审核评估关键要深入二级学院、各专业，这样才能真正地实现"以评促管"。地方高校的楼房馆舍建设已在2006年前后基本完成，因此，审核评估阶段的"以评促建"最主要在于制度建设、课程建设、队伍建设等内涵建设。对于审核性评估，一般二级学院领导与教师存在观念缺失、主动性不够的问题，认为教育部的审核性评估不可能深入到二级学院，更不可能深入到各具体专业，因而没有真正领悟审核评估的20字方针精髓。因此，笔者认为，地方院校应统一思想、统筹规划，建立强有力的校级审核评估共同体，该共同体成员亟须高教理论学养深厚者予以引领。审核评估共同体应预先进行顶层设计，如将教育的审核评估文案校本化、提供各类人才培养目标的基本范式、掌控审核评估的各类基本指标与数据、对各类常见的问题有独到与精辟的理解。

二、强化教师、学生与校友参与评改

审核性评估是一项系统工作，它需举全院之力、凝全院之智慧。当前，教师参与评估主要有三种情况：一是直接参与文本撰写、制度厘定等，但该类教师数量较少；二是作为访谈对象，该类教师常与第一类有一定重合；三是审核评估材料的提供者。在访谈中，笔者听到部分教师和学生对审核性评估理解较浅，教师对学院教学经费的使用、人才培养目标的制定并不知情，而学生对各学院的实践教学方式与成果并不认同，甚至有学生认为这些活动与他们无关。

学生是高校办学定位与人才培养目标的核心，专业培养目标合不合适、目标达成度如何，学生应该具有发言权。学生由于自身的经验与阅历有限，不一定全程参与目标的厘定，但在目标的征求意见稿中，学生应该通过咨询、讨论等方式参与。也只有这样，专业培养目标才能为学生理解与认可，学生也不会盲目地怀疑某些课程无用、盲从社会的谣言与树立不正确的世界观。

校友是地方院校宝贵的资源，剪不断的亲情使他们对学校的发展具有高度的责任感、使命感、自豪感；丰富的阅历、宽阔的视野使他们对学校过去、现在与未来有着良好的判断。因此，专业人才培养方案一定要请校友说说话、把把关。

三、求真务实，字斟句酌，虚旨实应

审核性评估除了现场考察，更多的是以文本形式展现学校办学水平，但它绝不只是文字游戏。笔者在预评估中发现，凡是虚假材料一定会在实践环节找到其破绽。因此，我们一定要以求真务实的态度对待评估的每一项工作。从审核评估指标体系逻辑结构而言，专业培养目标较为上位且统领师资队伍、教学资源等指标，因而常被人认为虚空。笔者认为，专业培养目标作为一种已经凝练的主旨存在文本虚空现象倒也无可厚非，作为二级学院的领导与教师一定要做到每一主旨都应有实证材料予以物化。

四、促进教学、科研、管理、实践四岗整合

教师是高校办学最重要的资源，高素质教师对地方高校各项工作具有很强的引领作用。近年来，地方高校均致力于“双师型”人才的聘用与培养。什么是“双师型”教师，学者李树峰认为“‘双师型’教师有两层含义：一是专业课教师不仅掌握专业理论，还要掌握专业技能；二是公共课教师不仅掌握公共课知识，还要掌握专业知识”，即“双师型”教师能很好地履行教学、实践的岗位职责。从目前的审核评估情况看，地方院校不仅存在“双师型”教师匮乏的状况，而且教学、科研、管理、实践四类岗

位存在相互疏离的状况，即四类岗位的教师缺乏相互理解与沟通。

基于“双师型”教师概念的发展，笔者认为高校教师特别是担任中层领导的干部要“一专多能”，即教学、科研、管理、实践四类岗位中有特长岗位，对另外三类有较好的理解及个人能力。目前，二级学院的院长、系主任大多为科研精英，但由于对教育教学缺乏深度理解，以致在办学定位、专业培养目标制定中出现各种偏差，而这种偏差一旦被固化，其个人观念很难改变。审核评估问题最主要还是人的问题，因此，笔者建议地方高校在干部选拔上尽量选择“一专多能”的复合型人才担任院系以及学科带头人，时机合适则应对中层干部轮岗。

对校内审核评估中几个重要工作环节的思考

杨仕立

（教务处实践教学科讲师，第一组秘书）

校内审核评估既是迎接上级工作检查的预演，更是推进学校教学工作的重要抓手。我们要以教育部《普通高等学校本科教学工作审核评估方案》为重要依据，以建立校内审核评估为基础，以教学基本状态数据常态检测为手段，以“四个符合度”为主要考察内容，以二级学院自评、校内专家现场考察和整改专项检查为基本框架，形成校内审核评估与常规教学管理的有机结合，构建教学质量长效保障机制，促进学校内涵式发展。因此，为了推进校内审核评估工作能够向纵深方向发展，取得实效，我们要把握好以下几个工作环节。

一、顶层设计，全员参与迎评是关键

审核评估对于学校大多数中层领导、老师、教育工作人员而言都还是一个较为陌生、全新的概念。基于这种状况，学校领导高度重视审核评估的准备工作，未雨绸缪，带领全体教职员工在“学中干、干中学”中探索、解读审核评估工作，还特别邀请了教育部高等教育教学评估中心院校教学评估处处长刘振天教授来校作题为“审核评估与质量保障”的专题讲座。

该讲座提高了教学评估校内专家的业务水平，帮助学校相关人员充分认识和了解开展审核评估的目的、意义和具体做法，为全校统一思想、认真做好审核评估工作奠定了良好的思想基础。同时，学校把“做好校内审核评估工作”列为2014年重点工作，制订了《嘉应学院本科教学工作审核评估方案（试行）》作为校内审核评估的指导性文件，统领评估全过程。

无论是试点审核评估，还是校内全面审核评估，都彰显了学校领导顶层设计、全员参与迎评这一特点，而这正是迎接评估的关键因素。从评估方案制订、评估专家遴选与培训、评估动员到组织实施、评估用表确定、评估程序、评估意见反馈与总结，均充分体现了学校领导的指导思想和具体要求，教务处、设备与实验室管理处、学生处等职能部门与校内18个教学单位及校外两个二级分院协同配合、共同参与，有力保障了校内审核评估与教育部开展的审核评估接轨。

从校内审核评估实践经验来看，迎接下一步教育部组织的审核评估，学校要整体部署，上下联动，师生互动，全员参与，全校一盘棋，充分调动全校师生及各方面的积极性。让全体教职员工人人关心评估、人人支持评估、人人做好迎评工作。学校领导、职能部门领导和管理人员、教学单位领导和老师、教务工作者、学生工作者、在校生、毕业生都是迎接评估、参与评估的关键因素。

二、理解内涵，把握审核范围是前提

正确理解评估指标体系是做好迎接评估工作的前提。审核评估不设“指定标准”，不做学校之间的横向比较，只做学校自身的纵向比较，只定“审核范围”。审核评估的核心是对学校人才培养目标与培养效果的实现状况进行评价，重点考察办学定位和人才培养目标与国家和区域经济社会发展需求的适应度等“四个符合度”，通俗地说就是用自己的“尺子”来量自身的“高矮”，不仅要注意“量得准不准”，还要看“尺子对不对”，鼓励学校促进内涵建设，推动改革创新，完善保障机制，取得特色发展。①

审核评估是按照审核项目、要素、要点确定审核范围，涵盖6个项目、1个自选特色项目、24个要素、64个要点，构成项目互相渗透、要素之间密切紧扣、要点之间互相支撑的审核系统。学校在校内审核评估过程中对指标体系进行了认真学习，深刻领会教学评估的本质在于“保证和不断提

---

① 李志义，朱泓，刘志军．如何正确认识本科教学审核评估．中国大学教学，2012（10）：8.

高本科教学质量”及“四个符合度”的达成，[①] 并根据学校实际情况进行了任务分解，围绕定位与目标、师资队伍、教学资源、培养过程、学生发展、质量保障及自选特色“6+1”类一级审核项目，成立了评估专家组和秘书组。专家组分别对应“6+1”类一级审核项目，内设6个小组，每个小组设组长1名、组内专家成员6名共42位专家；每组配1名秘书协助工作共6位秘书，秘书组设立秘书长1名，负责统筹秘书做好专家审核评估的相关服务工作。

从校内审核评估工作的过程来看，学校对照教育部评估方案类别、要素设置，在实施中作了局部调整，主要体现在三方面：一是充分考虑项目、要素和要点之间的相关性，注重彼此之间的相互支撑，如综合考察师资队伍、培养过程、教学资源保障时，侧重查看教师教学投入、专业设置与培养方案、课程资源、教学改革等要素的关联运行支撑情况。二是准确把握审核要素的特征性，如教学资源有效保障的特征体现在教学经费投入有保障、分配合理、依规，教学设施完善能满足教学需求，课程建设、教材建设有良好规划和执行到位，合作办学、合作育人、社会捐赠等社会资源对学校办学支持力度大等。三是全面分析审核要点的政策导向性，如落实学校人才培养中心地位的政策与措施，服务于教师职业生涯发展的政策措施，教学信息化条件及资源建设，教学改革的总体思路及政策措施等。[②]

三、找准定位，确立培养目标是重点

审核评估是学校用自己的“尺子”量自己，而如何选择“尺子”，则显得尤为重要。这把“尺子”在很大程度上就是学校的办学定位和人才培养总目标，具体到各二级学院、各本科专业，就是各二级学院的办学定位、专业培养目标作为融入学校办学定位及人才培养总目标的支撑依据。[③]

人才培养目标的确定是一个探索、调研、传承和论证的过程，其中牵涉国家政策、学校定位、社会需求及学生成才需要等诸多因素，是学校办学理念的集中体现，是办学定位与办学特色的显示度体现，是教书育人职能努力的方向。各院（部）是学校发展的基石，是专业人才培养目标的制定者和实施者，其办学定位和发展目标直接关系到人才培养的目标和服务

① 钟秉林. 遵循规律平稳开展本科教学工作审核评估. 中国高等教育，2014（6）：6.

② 李志义，朱泓，刘志军. 审核评估范围结构及内涵解析. 中国大学教学，2013（9）：1~5.

③ 丛玉豪. 新一轮高校本科教学工作审核评估的认识与应对. 中国高等教育评估，2013（3）：10~11.

面向，影响着学校人才培养总目标的实现。因此对办学定位和培养目标的精准阐述给各院（部）提出了相当高的要求。

基于这一点，在校内审核评估集中汇报环节，专家组成员分 8 场、集中听取校本部 18 个院（部）的自评汇报，还分别赴医学院、梅州师范分院听取专场汇报。自评单位分别根据项目要素，围绕“教学工作的思路、亮点及存在问题与对策”等方面进行了自评汇报，专家们进行了有针对性的提问。每个受评单位自评汇报分三个环节：30 分钟自评汇报、15 分钟专家提问和 5 分钟校长总结和点评。

此外，为了更加真实地了解各院（部）领导对“定位与目标”审核要素的认知情况，学校还对院长（主任）、教学副院长（教学副主任）共 35 人进行了一次关于该要素的集中调研考核，考核内容涵盖对高校职能、审核评估内涵、学校办学情况、人才培养目标等方面的认知，以及抓好本科教学工作的基本思路和做法。

集中自评汇报和进行调研考核，既是各院（部）对自身办学定位与培养目标的审视、总结和梳理，也是学校对各院（部）的定位与目标达成度情况进行全面摸底。

四、自评自建，规范教学管理是基础

对照审核评估“实际数据说话，具体材料举证”的特点，为了进一步做好迎接审核评估的准备工作，各院（部）在教学运行方面要做到“平常心、正常态”。根据教育部专家进驻学校审核评估的工作特点，学校可强化两项举措来自评自建，实施常态化教学管理。一是加强质量信息及利用，依托信息技术平台实施常态监控；二是实施教学状态评估，采取常态监测、过程评估、专项检查多种形式结合覆盖全面检查。[①] 具体分为三个步骤：第一步，学校落实校内各单位教学基本状态数据库建设，各学院、部门自查自评，在规定时间内及时采集并上报本单位的本科教学状态数据，确保数据真实、可靠。第二步，学校 2012 年起连续开展了院（部）本科教学状态评估，评估环节包括各教学单位自评、专家组实地评估和评定成绩三个阶段，由校内专家组成的评估小组就各院（部）在教学管理、教师队伍和教学改革、教学运行、人才培养质量、座谈会、听课（巡课）、

---

① 朱长江，贺占魁，叶飞．审核评估：高等学校内涵式发展的催化剂．中国大学教学，2014（6）：72.

附加分等七个评估项目提出具体评估意见。第三步，在常态监测、教学状态评估的基础上，2014 年上下半年组织校内专家分别开展校内审核评估试点和全面审核评估。

校内审核评估包含各院（部）自评和学校评估两个程序。具体分为自评、实地评估以及评估总结与整改三个阶段。一是各院（部）根据评估方案进行自评，同时提交自评报告，并作现场集中汇报。二是评估专家组全体成员、各小组成员分别多次召开会议，研究审核评估工作，对听课看课数量以及调阅作业、论文、试卷等材料的数量均提出具体要求，并通过听取汇报、查阅试卷等材料、个别访谈、集体访谈、问卷调查、实地考察教学设备设施、现场听课和观摩教学等方式进行评价，形成写实性报告。① 秘书组则做好集中汇报的会务组织、材料发放和收集、数据统计分析以及做好评估实施过程的沟通协调工作，确保审核评估工作有条不紊顺利进行。三是进行评估总结，收集评估信息，将专家审核评估意见反馈各学院（部），总结工作经验，督促检查各院（部）整改落实情况。

通过以上两项举措、三个步骤，以及校院（部）两级自我评估，学校获得了教学状态初始数据，了解了自身真实家底，加强了教学管理规范建设，为审核评估打下了良好的基础。

五、凝练特色，强化育人优势是追求

校内审核评估指标体系“6+1”的“6大项目”呈现树形结构，将指标体系按照项目、要素、要点等三级指标体系逐层铺开，点面结合，横向关联，全面反映学校办学基本情况。而“6+1”指标体系中的“1”指的是学校自选特色项目，由学校根据办学成效提出申请后列入审核范围，充分体现了审核评估鼓励高校个性化和多样化发展、扩大高校办学自主权、促进高校教育质量提升等特点。② 因为各院（部）是学校发展的基石，所以学校的办学特色同样需要各院（部）的办学特色来支撑和融合。

各院（部）凝练自身办学特色，总结展现办学成效，强化办学优势，培养人才紧紧围绕地方经济发展需要，符合社会用人急需要求，在全省乃至区域高校专业人才培养及服务地方经济社会发展享有一定美誉度，既是

---

① 嘉应学院. 关于印发嘉应学院本科教学工作审核评估方案（试行）的通知（嘉院〔2014〕114 号）.

② 李志义，朱泓，刘志军. 本科教学审核评估方案设计与实施重点. 中国大学教学，2013（8）：72～77.

教学评估的基本价值追求，也是各院（部）走内涵式发展需要解决的战略大计。审核评估中称之为“特色”，是各院（部）根据自身办学以来的实际情况、发展经验及办学成绩进行反思、总结出来的特质和优势，区别于其他高校或校内其他院（部），具有独特性、持久性、显著性。基于这一点，在审核评估过程中，各院（部）在自评材料及集中汇报中均要涉及办学特色阐述，并接受专家组的答辩。此外，学校主要领导还深入20个教学单位，分别与各院（部）院长、书记或主任、副主任作深度访谈交流，针对该院（部）办学特色等提出针对性和建设性意见。如部分院（部）归纳特色不够准确，或凝练出特色却还不够凸显，均有针对性地要求重新凝练、高度概括，帮助、引导其进行修正完善。

六、直面问题，积极应对不足是难点

校内审核评估提出了“替学校把关，为院（部）服务”的理念。根据校内审核评估的要求，各院（部）在自评时，需对自身教学工作进行客观、全面总结，实事求是，不弄虚作假，不隐瞒短板，提交的《自评报告》中必须有超过1/3的篇幅阐述办学存在的问题与不足。各院（部）能够用平和心看待评估，理性对待成绩与不足，敢于亮“家丑”，如有的学院自爆师资队伍建设不足，生师比过高，学院内专业教师结构失衡；有的学院自爆自身管理存在问题，评教不合理导致个别老师教学管理不严或有违背师德之举。专家组成员根据调阅材料、听取汇报、实地听课看课、深度访谈的实际情况，把各院（部）办学成绩、存在重要问题与不足及必须整改的地方形成书面文稿在反馈会上进行通报。

在本次校内审核评估中，专家组成员对20个院（部）的教学工作进行了全面的“审核”。学校召开了本科教学工作审核评估意见反馈会。会议指出，本次审核评估工作校内专家组提出的整改意见和建议，对各院（部）的发展具有针对性、指导性促进作用。各院（部）要认真研究专家组提出的意见，整体部署落实整改工作，取得阶段性成效。

七、严明纪律，营造良好氛围是保障

本次校内审核评估工作伊始就严明纪律，强调评估要风清气正，评估时期各专家、各院（部）要严格遵守相关纪律，评估专家不得接受任何受评单位的宴请和礼品。专家公正公平开展审核评估工作，评估打分结果纳入学校2014年本科教学工作目标管理考核，营造了良好的评估氛围，极大调动了各院（部）参与审核评估的积极性和主动性，有力保障了审核评估的顺利进行。

嘉应学院通过开展校内审核评估工作，较为全面地检查了二级教学单位的教学真实状况；全校教学管理人员认真学习了评估指标体系，加深了对审核评估的认识和理解；培养培训了一批校内评估专家，加强了学校的内部评估专家人才储备，为迎接教育部组织的审核评估提供了智力支持。

同时，还营造了良好的迎评促建氛围，促进学校建构健康的评估和质量文化。各院（部）依照“以评促建、以评促改、以评促管、评建结合、重在建设”的评估指导方针，形成了“四个心态”做好迎接评估准备工作，即以平衡心态正确看待办学成效和短板不足；以平稳心态遵循教育教学规律追求学院（部）科学发展，不急功近利；以平和心态开展正常的教学管理工作；以平实心态谋事干事，为学生成长、为教师职业发展服务，为学校发展给力。

我校第二课堂建设的现状与思考

吕鉴泉
（化学与环境学院教授）

“第二课堂”是指除了课堂教学以外有组织、学生自愿参加的各类活动的总称，它包括一系列思想政治、文娱文体、专业与学术活动以及各种各样的实践活动。无疑，高等学校开展有效的第二课堂活动，在丰富学生的课余生活、提高学生的组织—沟通—协作等能力、培养学生的专业思想与技能以及综合素质等诸多方面都有着十分重要的作用和意义。

2014 年下半年，嘉应学院组织了对校内二级单位的本科教学审核评估，笔者作为校内评估专家参加了对 18 个二级单位“第二课堂”方面的考察。下面，本人结合《教育部关于普通高等学校本科教学评估工作的意见》（教高〔2011〕9 号）中的相关内容要求，分析我校各二级单位第二课堂的基本现状，同时通过一些关于第二课堂方面的著作和论文对一些重要问题作几点思考。

一、我校第二课堂的现状

1. 体系建设不完整

①没有明确的材料显示各二级单位将第二课堂建设纳入各专业的人才培养体系，换句话说大多数二级单位并没有真正把第二课堂活动纳入人才培养方案之中。②不少二级单位缺乏成文的第二课堂建设方案，有的单位虽然有第二课堂建设方案，但不完整、针对性差。③运行机制、管理模式、辅导机制等方面缺乏系统考虑。

2. 活动目的性不强，质量不高

一方面，各二级单位为了响应学校和主管部门要求，纷纷开展第二课堂活动，而负责组织开展第二课堂的人员多数为年轻教师。年轻教师工作年限较短，对于高等教育及其规律缺乏深入理解，对当前大学生的能力缺陷是什么、提升能力的有效途径是什么等问题缺乏冷静分析和思考，在开展第二课堂活动的方式方法上比较简单。由于二级单位之间的攀比，他们应付检查和考核评估的心态占的份额较大。另一方面，受招生条件、培养目标、专业设置等方面的限制，各院系的第二课堂活动出现了一些偏向性，普遍重人文而轻科技素质，这样导致了第二课堂活动的数量喜人但质量与效果不佳。

3. 导向作用不明显，普及范围偏窄

开设第二课堂的目的是引导学生重视整体素质的培养，重点在于提高学生的综合能力，使包括组织者、参与者在内的广大学生受益。在开展第二课堂活动时，各院系对学生的实际情况和普及面考虑较少，实际参加活动的只是为数不多的富有特长的学生，大多数普通学生因参与条件、时间、形式等不合自己的实际而没法参与其中。无目的地盲目开展活动，不注意学生参与活动的积极性，一味强制学生参加，只能适得其反。同时，当前诸多单位开展第二课堂活动时，只忙忙碌碌地设计新颖的活动程序、华丽的舞台背景，而忽略了对于活动目的的考虑，导致竞赛成为第二课堂的代名词，从而导致活动实效性不强。

二、第二课堂建设的几点思考

1. 第二课堂体系

第二课堂体系的构建是实现目标、取得实效的基础。第二课堂体系的构建应遵循适用性、协调性、创新性及综合性等原则，不断更新观念，优化知识结构，通过体系的构建将第二课堂落到实处。第二课堂体系应该包括政策措施、管理机制、活动平台和评价体系等方面。

(1) 政策措施。首先，学校及各院系要科学合理地制定有效的第二课堂政策，促进第二课堂的可持续发展。其次，将各专业的第二课堂建设明确地纳入人才培养的方案之中。再次，要根据各专业的定位、目标与特点，完善各专业的第二课堂建设方案。

(2) 管理机制。学校及各院系应健全组织机构，制定透明的管理制度，建立一系列激励机制，加强对第二课堂的管理与监督。将第二课堂活动纳入学校教学计划中，建立一套长效的运行机制，科学合理地制订教学计划、师资力量配备、学时安排等政策。明确各个部门的任务，设立专项资金，制定透明的管理制度。同时建立一系列激励机制，定期派送教师进修，提高教师素质。重点建设一批有特色的第二课堂，在实践中逐步建立和健全适应学校特点的教学制度，充分利用网络信息的发展，优化设备，给学生搭建一个良好的平台。

(3) 活动平台。学校及各院系应建立一套长效的运行机制，充分利用学校已有的网络、设备、实验室、师资队伍等条件，科学合理地搭建第二课堂平台。

(4) 评价体系。针对第二课堂有不确定性的特点，以学生参与程度、努力程度、成果展示、学习效果及其最终发展水平等因素作为评价标准，尽量采用客观、准确、动态的多元化评价方式，建立优胜劣汰的竞争机制，对优质的第二课堂进行推广，对效果不佳的第二课堂进行整改。

2. 第二课堂设置与内容

第二课堂的设置与内容是第二课堂取得实效的关键。

(1) 第二课堂的设置应遵循灵活性、主体性、个性化与多样性相结合的原则。

灵活性原则指的是采用灵活多样的形式、方法和手段，营造一种民主、宽松、探索、启发和激励的氛围，多方面调动学生的积极性，引导学生开动脑筋，鼓励学生发现和提出问题并探索解决问题的方法，激发学生求知和创新的欲望。

主体性原则指的是学生是第二课堂中的主体、教师是引导者。教师需要运用生动活泼的手段和形式，调动学生参与活动的积极性，引导学生主动学习，从而实现培养和激发学生创新意识、创新思维的目的。

个性化原则指的是尊重、培养和发挥学生的个性，满足学生探究与好奇的需要，实施有差异性的方式方法，使每个学生的个性都能得到发展。

多样性原则指的是要采用丰富多彩的教学手段与方法，鼓励学生提问、探讨，可以通过辩论、讨论等多种形式来切磋问题，才能有利于学生主动地寻求知识和积极思考。

（2）第二课堂内容要以提高学生的素质和能力为目标，以职业素养和能力为核心，侧重于培养学生基本的职业素质、从业能力、后续发展能力等。

一般来说，一个完整的高等学校第二课堂内容应该包括：①思政系列，以培养学生过硬的思想政治素质，良好的职业道德，正确的世界观、人生观、价值观。②文明礼仪系列，以提高学生个人道德修养和规范行为习惯。③身心与文化素质系列，着力培养大学生的身心及文化素养。④创新与实践能力系列，创新与实践能力是学生个人发展、实现价值的必备基础，要结合专业提供尽可能多的职前训练。⑤组织协调能力，以适应现代社会的需求。⑥语言表达能力，是大学生综合素质的突出体现，也是不可或缺的重要素质。

明确内涵，积极应对，务求实效

高　旭
（教务处副处长，审核评估秘书组组长）

我国首轮大规模本科教学评估为水平评估，历时五年。本科教学工作水平评估对我国高等教育的发展有一定的促进，也存在一些问题，因此从2007年开始，教育部组织对新一轮本科教学评估方案进行了立项研究。2011年10月，教育部办公厅印发了《教育部关于普通高等学校本科教学评估工作的意见》（教高〔2011〕9号），对新一轮本科教学评估制度进行了顶层设计，提出了五种评估形式：建立健全学校自我评估、建立教学基本状态数据库、分类开展院校评估、开展专业认证与评估和开展国际评估。新的评估增加了分类开展院校评估，对不同类型的院校实行不同形式的评估：对没有参加过院校评估的新建本科院校实行合格评估，对参加过院校评估且获得通过的普通本科院校实行审核评估。我校也将接受审核评估。因此，如何正确认识审核评估，以什么心态迎接审核评估，如何做好评建工作，这是当前我校要认真思考的问题。

一、对高校本科教学工作审核评估的认识

（一）审核评估的界定和目的

何谓审核评估？审核评估不同于水平评估，审核评估就是考察学校内部质量保障体系是否完善有效，是对学校内部质量保障体系的评估，它强调学校的自我反思和自我改进。审核评估不设统一标准、不对学校分类、不做评估结论、不进行横向比较，而是以由学校自主确定符合学校使命与目标的质量标准，并以此评估自己的教学过程，通俗地说就是学校“用自己的尺子量自己”。

审核评估的根本目的是通过引导学校合理定位，促进教学条件改善，推动学校形成特色，引领教学改革创新，完善质量保障体系，提升人才培养质量。也就是通过审核评估，督促高校在厘清自身办学定位的同时，更加强化自身内涵建设。这种内涵建设在教高〔2013〕10号文件中用“四个度”进行了概括：办学定位和人才培养目标与国家和区域经济社会发展需求的适应度、教师和教学资源条件的保障度、教学和质量保障体系运行的有效度以及学生和社会用人单位的满意度。以上的“四个度”在高校本科教学工作中指向培养目标实现状况与培养效果实现状况两个维度，核心面向人才培养目标制定、内部质量保障体系建设、人才培养过程与产出三个主体内容。审核评估的重点是在考察学校的目标是否合理的基础上，判断和评价被评学校对自己确定的目标执行得如何、人才培养的成效如何。审核评估的具体内容包括审核目标、审核资源、审核过程、审核保障和审核结果。

（二）审核评估的决定因素——办学定位

审核评估的关键是学校用自己的“尺子”量自己，因此尺子的选择至关重要。这把尺子的重点就是学校的办学定位和人才培养目标，具体到各本科专业，就是专业培养目标定位和人才培养规格的问题。办学定位和发展目标是一所学校的灵魂和基础。过高的、不切实际的定位和目标无异于无根之木、无源之水、空中楼阁，而过低的定位和目标则会使学校发展迟滞、错失机遇，也无法获得社会公众的满意。同时，办学定位和发展目标直接关系到人才培养的目标和服务面向，因此对办学定位和发展目标的准确阐述给学校提出了相当高的要求。目前，学校办学定位中普遍存在同质化的问题，“世界一流、国内一流、应用型、宽口径、厚基础”等词比比皆是，但这些并不真正符合学校实际和国家需求。因此，在遵循高等教育规律的前提下，如何立足地区实际、办学历史传统积淀、学校现实基础等

凝练出符合学校实际需要、契合学校发展方向的办学定位，是高校首先要解决的。只有这一决定性因素，才能真正帮助学校找到自己的“尺子”。

对于专业层面的人才培养目标的建构，从实务出发必须考量两个要素：一是参考教育部制定的普通高等学校本科专业目录（2012）。如教育部部长助理林惠菁所言：“教育部的目录作为优化专业结构的重要步骤和重要抓手，各高校应当根据上述标准和学校办学定位，以新目录规定的各专业培养目标、培养要求、主干学科、核心课程、主要实践性教学环节、主要专业实验等专业内涵介绍和说明为依据，修订各自的人才培养方案。”二是在参考目录基础上，调研利益相关者的切实需求，制定或选择科学合理的专业人才培养目标。学校人才培养目标的确定并不是校内各专业人才培养目标的简单加总或多数性迎合，其需要考量学校所处区域的经济发展与社会需求，亦需要衡量校内专业综合布局。

（三）审核评估的基础——教学质量评估（监控）体系

质量是高等教育的生命线，教育质量的保证与提高离不开科学、有效的教学质量监控。高校应以此次审核评估为契机，根据学校办学定位和人才培养目标，建立以审核评估为导向的质量监控体系，并在实践中不断调整、完善，最终实现人才培养质量全面提高的目标。审核评估的目的是“保证质量”，而质量保证靠的是质量保证体系的建立和运行。高校应该以保证和提高质量为目标，运用系统概念与方法，依靠必要的组织机构，把各部门、各环节的质量管理活动严密组织起来，对影响质量的一切过程和因素实行有效监控，形成一个有明确任务、职责、权限，互相协调、互相促进的质量管理的有机整体，高校应该保持这个体系的高效运行，同时应对该体系进行周期性的评估和持续改进，从而保证该体系的有效性。

从本质上讲，审核评估就是对高校内部质量保障体系的评估。因此，高等学校要强化质量保障的主体意识，完善校内自我评估制度，建立健全校内质量保障体系。

二、对我校审核评估工作的体会

（一）思想要重视

学校领导对评估工作高度重视，积极主动迎评促建，在 2013 年完成校内教学状态评估之后，就紧锣密鼓进入审核评估的筹备工作，并于 2014 年先后完成了预评估和全面评估。学校领导反复强调：“早评比晚评好，主动比被动好。”学校将评估列为本年度七项重点工作之一，召开专门会议辅导、培训评估工作，强调评估是“替学校把关，为院部服务”，要求各学院（部）“高度重视、精心准备、迎评促建、全面提高”。经过这两年的实践证明，我校评估工作走在全省同类高校前列。邱国锋校长曾说：“我们要争取 2016 年接受教育部的审核评估，教学工作上一个更高台阶，办好应用型优秀本科教育、创建特色大学，要靠二级教学单位。”一语道出了校内二级教学单位审核评估的重要性和必要性。在此基础上，邱校长提出了对评估专家的三点要求：从认识上、方法上、效果上下功夫，做到既敬业又专业。

（二）态度要认真

这一点符合邱校长“敬业”的要求。他解析的“敬业”包含了“勤奋、认真和公正”。本人既是评估专家组一员，又担任秘书长工作，既要完成专家的评审工作，又要统筹秘书组工作，所以更要以认真的态度完成各项工作，不能有丝毫的马虎。一方面要请示汇报、沟通协调、上传下达，另一方面要听取汇报、考察校内外实践基地、深度访谈、听课看课、调阅材料、问卷调查等。

秘书组担负评估工作的具体操作工作，包括筹备文稿材料、发通知、联系院（部）、联系专家、准备会议、统计分数、做好后勤保障服务工作等。我们通过各种手段从机制上提高工作效率，比如召开每周一次的例会，建立 QQ 群达成快捷沟通，合理分工、各司其职，加上每位秘书都积极肯干，特别是发扬主动请缨、勇担重任、不计得失的精神，使我们秘书组较好地完成了各项任务。秘书们认真负责的态度更是得到了专家组的表扬。

（三）行动要谨慎

这一点符合邱校长对于“专业”的要求。专家来自由各学院推荐的学术委员中没有担任职务的教师以及结合评估指标选择的相关职能部门的负责人，要客观评价各个要素，科学地作出建议和指导。专家还要遵守评估纪律，做到“三不”：不接受宴请、不接受送礼、不违纪评审。因此，作为专家，不得不做好“谨慎”二字。而在秘书组的工作中，更加要体现“谨慎”二字，从传达领导、专家的指示到整理材料、计算总分，都容不得半点马虎，要始终保持清醒、谨慎。特别是计总分的时候，六位秘书打起十二分精神，分工合作、各司其职，才能不出纰漏，较好地完成统计工作。

这次评估中有个很实际的感想：不可不细，不可轻信，检查再检查。秘书组更要严格要求，不能放松、掉以轻心。

作为秘书组，我们在上述“重视、认真、谨慎”的基础上，力求完美，做好了各项传达、协调、筹备、统计、服务等工作，收获了知识和经验，得到了专家组的肯定和表扬。但百密也有一疏，出现了一些小错漏的情况，好在及时发现、及时改正。所以，秘书组还是要“细心、细心、再细心，检查、检查、再检查”，秘书组不能有半点粗心大意。

审核评估的号角已经吹响，这对高校来说既是挑战又是机遇，更快地把握审核评估的精神指向，更好地转变迎接审核评估的思路，更主动地借此机会完善自我，这是当下高校面临的迫切任务。树立以学生为中心的意识，建立科学合理的人才培养模式，运转行之有效的教学质量评估体系，这对每一个学校的发展都有着重要的意义。不谋全局者，不足谋一隅，长远来看，不为评估而评估，而是以评估为契机，加快自身的改革，这是高校将来立于领先地位的关键。

基于校内审核评估工作的几点认识

曹知博

（美术学院教授）

作为本次校内评估专家组成员，本人重点承担了对校内各二级教学单位课堂教学监控机制及师德师风建设方面的审查和评估工作，下面是在实际评估工作中的一些体会和建议。

一、课堂教学监控机制的建立和不断完善是本科教学质量的根本保证

在历时两个月的审核评估工作中，本人共参加了 8 场 19 个教学单位学院的自评汇报会，进行了 6 场学生代表（重点为大二和大三的学生）专题访谈，看课 10 次，听课 4 门，并重点对青年教师课堂教学情况和授课水平进行了了解，约谈了各二级教学单位负责教学工作的院领导，着重查询教师课堂教学监控机制的建设和执行情况。

课堂教学是学生获取知识能量和实际操作能力的重要场所，教师在课堂教学中对所讲授的知识内容，一定要具备深刻的理论性、创新性、特色

性和实践性，在授课方法上要掌握学生接受能力的普遍性、特殊性，要加强课堂教学上的互动性，更要注意课堂教学内容的“含金量”。我在多次对学生的访谈中了解到，学生对学校教师授课情况基本分为四种类型：①理论宣讲型教师。其特点是讲课内容比较深刻，但缺乏实践内容。②照搬书本型教师。其特点是：教师上边念，学生下面干别的（睡觉、看手机）。③“放羊”型教师。其特点是只说课程内容，学生基本自学。④理论启发、创新、互动、实践型教师。其特点是理论讲解清晰，启发学生的创意思维，实践互动能力强，课外有答疑的教师。不言而喻，学生们对第四种类型的教师是十分欢迎的，并请求学校对这一类教师给予重视，同时还特别提出，有的教师授课期间普通话讲得不标准，让人听不清、听不懂，易出现知识传授上的“误导”。

在与学生们的访谈中我还了解到，广大学生们非常重视每一学期、每一学年结束时，对任课教师课堂教学网上评估的情况，学生们认为这项评估是他们对学习质量负责任的一种“严肃”态度，是他们应有的一份“权利”，并提出在校内真正实施本科教学上的“导师制”。学生们还提出，助教不能独立给本科开课的意见。针对广大学生代表提出的这些问题和建议，我认为这都属于“以评促改”的范畴，所指出的问题和现象目前在我校部分二级教学单位中多有存在。特别应该指出的是，学校应进一步重视每学期、每学年学生的网上评教工作。在评教制度中，除了现建的奖励条例外，更要找出对常处于任课“落后”问题的促改和解决方法，不要使“年年评估，年年如此”的情况周而复始，要真正使课堂教学评估成为提高我校本科教学质量的根本保证，实质性地达到“以评促建”的功效。

二、师德师风是推动本科教育教学向前迈进的关键所在

在本次评估工作中，我在多次看课听课以及与学生代表座谈中感受到，一个教学单位的师德师风建设和该单位的领导班子建设有着极其重要的关系。这种关系在学校多数二级教学单位中有十分明显的体现，如文学院、政法学院、生命科学学院、化学与环境学院、土本工程学院、体育学院、数学学院、教育科学学院等，在师德师风建设方面都做得十分出色和到位，其整体工作呈现出不断上升的趋势。这些教学单位的领导班子成员和学科带头人，都相对具有良好的教育教学思想素质和较高水平的专业创新操控能力以及良好的团队精神，这些必备的素质使这些二级教学单位逐年向前发展，教育教学档次不断提高。

相反，有的二级教学单位缺乏明确的办学理念，思想松懈，管理不到位，这一切导致了教师队伍缺乏团队进取精神，同时学风建设也受到了极大的影响。因此师德师风的建设与二级教学单位领导班子的建设有着密切的关系，而且对本教学单位广大学生们的世界观、社会价值观的形成有着直接的影响。在接下来的工作中各二级教学单位领导班子应进一步重视教育教学思想建设和制定切实可行的办学思路来引导教育广大师生，在教师队伍中树立教书育人的崇高理想，弘扬正气，勇开创新之风，用科学的教育教学法规来约束教师的行为，努力做到依法治教、依规治学；充分发挥二级教学单位领导班子的带头作用，真正达到“以评促管”的目的。

三、对学校未来工作的几点具体建议

评估是为了发现教育教学中存在的问题，是为了巩固创新思维、建立与时俱进的治学新法规，更是为了促进学校的发展。本人通过参加学校近两个月的审核评估工作，深感此次工作的实效性和重要性，这次校内评估工作的确对各二级教学单位有较大的警醒、促动、鼓舞和鞭策作用，因此按照自我体会提出如下建议：

（1）学校本次教学评估历经两个月，使各二级教学单位在办学思想上统一和强化了“以教学为中心”“以学生为本”的认识，进一步明确了自身的办学内涵和办学特色及发展思路，这些认识和提高对于我校接受教育部本科教育审核评估具有重要意义，因此应将这次校内评估成果常态化、制度化、避免“一阵风”现象的出现。

（2）学校的主体是教学，教学主体的执行者是教师，而教师教学的结果是体现学校办学档次的重要标志。建议学校对连续五年均获课堂教学优秀奖的教师给予重奖。

（3）在学校层面建立青年教师（助教）课堂教学法培训部（中心），使校内对青年教师课堂教学能力的培训规范化、制度化、高端化，并在各二级教学单位中建立实质性本科教学的“导师制”。

（4）随着学校的不断发展，各二级教学单位“学科带头人”的作用就显得十分重要，要进一步加强对“学科带头人”的“动向”管理力度，这是学校在新形势下教师队伍建设、提高、发展、壮大的重要环节。

对专任教师专业水平与教学能力以及师德师风建设的思考

林培松
（地理科学与旅游学院副教授）

按照嘉应学院评估专家组的分工安排，本人被安排在第四小组，负责师资队伍方面的二级指标教育教学水平的审核要素，着重对参评学院专任教师的专业水平与教学能力以及师德师风建设的措施与效果这两个审核要点（观测点）进行审核评估。

一、值得肯定之处

在师资队伍建设的二级指标中，专任教师的专业水平与教学能力以及师德师风建设措施与效果这两个审核要素尤其重要。两个多月的审核评估结果表明，我校各二级单位都很重视专任教师的专业水平与教学能力的提高以及师德师风方面的建设。

首先，参评的 18 个二级单位都在鼓励教师教书育人以及加强师德建设方面采取了一定的措施，取得了较好的效果。绝大多数二级单位近年来师德师风良好，没有出现教师违规、违纪、学术舞弊等方面的师德师风问题。

其次，我校各二级单位普遍建立了青年教师培养制度，实行严格的一对一青年教师导师制，建立了较好的青年教师队伍，使各二级单位的很多青年教师很快成为学院的教学中坚力量。经过教师队伍的建设，各二级单位主讲教师的专业水平与执教能力总体较高，教师的实践动手能力较强，实验、实践或实训教学人员和教学辅助人员的业务水平能较好地满足本科教学的需要。

我校各二级单位普遍建立了较好的教师教育教学水平评价机制，有些学院（比如电子信息工程学院）形成了具有自己特色的班级成绩前 20 名学生第二次评分的教学评价机制，是对学校建立教师教育教学水平评价机制的发展和尝试。

各二级单位在教师队伍的建设上各有特色，如土木工程学院注意双师型教师的培养，双师素质提高工程效果明显；文学院在教师队伍建设与培养方面做得较好，在“青年教师博士化、专任教师教授化”方面较有成果。

经过教师队伍的建设，各二级单位主讲教师的专业水平与执教能力总体较高，教师的实践动手能力较强，实验、实践或实训教学人员和教学辅助人员的业务水平能较好地满足本科教学的需要，涌现出一批师德高尚、业务能力强、深受学生欢迎的优秀教师。

另外，有些二级单位（如社科部）网络教学平台建设方面工作成效较好。师能部在书法教育人才培养模式创新实验区方面特色明显，取得了较好的工作成效。生科院在教学团队方面做得较好，教研活动较丰富充实。文学院科研与教学结合较好，重视科研，形成了“教学为本，科研强院，以科研促教学”的办学理念。电信学院在“三基”方面做得较好，学生参与制作教具等创新制作活动，实习实训表现出较高的水平，有一定的特色。

地理科学与旅游学院、医学院等二级单位在开展“产学研”和服务地方经济发展方面做得较好。地理科学与旅游学院在地理信息科学和旅游规划方面与地方经济建设紧密结合，与地方紧密合作，科技服务地方的效果明显。体育学院在与地方加强合作、服务地方方面也做得不错，具有一定的特色。

二、存在问题

在两个多月的审核评估中，通过现场考察与访谈等方式，发现我校各二级单位在专任教师的专业水平与教学能力以及师德师风建设措施与效果这两个审核要素上或多或少亦存在一些问题。

（1）师德师风建设没有进一步制度化、具体化，或者制度没有得到进一步落实和加强。据评估统计，大多数二级单位均没有详细的师德师风建设规划（只有生科院在这方面做得较好，生科院实行每两年评选一次师德标兵的制度，已进行了三届评选活动）。正因为缺乏相应的师德师风建设制度，极个别学院出现了教师利用教学评估制度进行舞弊的现象。

（2）大多数二级单位均没有服务教师职业生涯发展的规划。很多二级单位对青年教师的培养存在不足，教师对外交流缺乏，影响教师在业务上的发展与成长。

（3）部分二级单位学科建设水平欠佳，申报与承担高水平的科研项目的能力有待进一步加强。多数二级单位科研、教研项目的层次不够高，省级项目数量少，缺乏国家级高水平的科研项目；同时，科研成果为地方服务的力度有待加强。教改科研能力不足。

（4）师资队伍结构尚不够合理，师资队伍分布不均衡。某些学院或某些专业高职称与高学历的教师（如教授、博士）比例较低，缺乏学科带头人和领军型人才，不能满足目前应用型人才培养目标的要求，教师队伍建设有待加强。有些学院目前教师队伍结构已存在较严重的问题，且出现断层现象；某些学院也存在讲授理论的教师多，而实验教师较少的问题。部分理工科学院则缺少“双师型”教师，某些管理类学院具有企业工作经历和经验的老师不多，影响实践教学的开展。故各学院教师队伍建设有待加强。

（5）教师教学质量的考核指标与评价体系不够完善。绝大多数学院目前还没有自己学院的具体的教学评价体系。多数学院仍缺乏实践性教学环节的考评制度和相关的工作体系，因此，实践性教学环节的考评有待进一步加强。

（6）有些学院课程安排可能还存在一些问题。比如，有学生反映，某学院大学二年级专业课程紧张，而大三课程较少，造成学生专业学习方面存在一些困难。这需要该学院教研室核实一下该情况，若真存在此问题，应根据实际情况进行改进。而某学院学生则反映，专业课时在低年级较少，但在大三、大四高年级却较多，学生感到学习压力大，影响实习与就业。

（7）学科专业发展建设需要进一步科学规划，课程建设力度有待进一步加强。某些二级单位专业建设上存在较重视理论教学而实践操作能力相对较弱的现象。部分教学资源有待改进，社会性实践方面有待加强，比如与美术学院学生访谈时发现，该学院机房太少，电脑设备老化。有些二级单位现有师资结构与应用型人才培养目标要求存在一定差距；实践教学体系与场所不够完善，实训基地有待整改加强。比如，土木工程学院的实验教学场地与设施有待进一步改善。

（8）各二级单位部分专任教师的专业水平与教学能力仍有待进一步提高。学生反映，有些老师理论课的教学方式存在一定的“满堂灌”的倾向。各二级单位部分教师普通话水平有待提高；教师学生交流不多，互动较少。有些学院的学生在座谈时反映理论课时太多，应增加实践教学的课时，也建议教师应增加一些案例教学，精化45分钟。经访谈发现，实训型的学院有些专业教师上课除了使用讲解与示范这两种传统教学方式外，缺乏相应的教学内容加以辅助，所以技术训练有待加强。

（9）有些二级单位（如体育学院、音乐学院）生师比偏高，影响教学工作的开展。有些学院教师较有个性，对学生的管理过度放任。有些学院应研究相应对策，探讨思政教育的方式方法，探讨如何解决社会上的思想、网络对学生的负面影响的问题，进一步提高教学的科学性、针对性与实效性。

（10）部分二级单位在毕业论文管理工作方面需要加强，毕业论文整体质量不高，管理较松散。有些毕业论文指导教师的指导与管理还不够严格，比如，有些开题报告表上指导教师意见太简单，只写“同意开题”四字；参考文献格式不规范，参考文献未标注；档案袋内表格材料叠放顺序乱。有些论文质量水平有待提高，内容过于简单，参考文献标注不全、顺序紊乱、格式不对等。

三、建议措施

（一）师德师风建设须进一步制度化、具体化

教师的思想道德素质和职业素养对学生世界观、价值观的形成具有重要的引领作用，各二级单位应坚持用党的路线、方针、政策和科学的发展观引导教育广大教职员工，牢固树立教书育人的崇高理想；用先进人物的事迹鼓舞教师，弘扬崇高的职业精神；用法律、法规约束教师，做到依法治教、依法施教；用党员的先进性带动教师，做到努力耕耘、乐于奉献；充分发挥各二级单位党支部的组织带动作用，使政治理论学习和职业道德教育制度化、常规化。

同时，各二级单位师德师风建设须进一步制度化、具体化，制度的执行也有待进一步加强，杜绝某些教师利用教学评估制度进行舞弊的现象。

（二）加强教师队伍建设，加快培养骨干教师与学术带头人，加大引进高层次人才的力度

（1）坚持把培养教师良好的职业道德素质和提高教育教学能力、科研能力、学历层次齐抓并进，全面提升教师队伍整体素质。同时，以专业教学团队建设为抓手，鼓励各二级单位建立具有现代教育理念、专业水平较高、创新能力较强、掌握先进专业技能和现代教育技术的专业教学团队。

本着“按需引进、突出重点、讲求实效”的原则，积极拓宽选才渠道，面向社会引进学院发展急需的高学历、高层次专业人才和管理人才，提高人才资源质量，优化队伍结构。

（2）进一步加强教师进修、培训工作，鼓励教师积极参与社会实践，提高自身专业应用能力。利用多种途径、采取多种形式加大师资培训力

度，促进教师学识水平和教学能力的提高。重视双师素质教师的培养，加大具有实践能力的“双师型”教师培养力度，增加专业教师中具有行业经历教师的比例，每年有计划地安排中青年教师到实践部门进行实践锻炼，提高实践教学能力。

（3）鼓励教师积极开展教研、科研工作，进一步加强省级、国家级的高水平科研项目申报与开展。通过各种措施大力提高教师科研能力与学术水平，积极引导教师开展科研工作，每年投入足够数量的资金作为科研经费，构筑科研梯队，支持骨干教师从事科研工作。

（4）进一步完善教师教学质量的考核指标与评价标准，激发教师的工作积极性，尤其是实践性教学环节的考评有待进一步完善加强。加强实训基地的建设，应利用各种条件，加快实验场地与设施的建设。有些二级单位毕业论文质量水平仍有待提高，质量监控方面有待加强，需进一步加强论文工作的管理。

我校第二课堂建设之我见

林轶红
（土木工程学院高级工程师）

一、明确开展第二课堂建设的重要性和必要性

第二课堂主要是指学校教学计划以外，以课外实践为主的教育方式。第二课堂是课堂教学活动的继续和延伸，是对课程教学内容的有益补充和进一步深化，是实现教育教学目的的重要途径和手段，是大学生拓展素质、提升能力、人格养成的重要阵地。《国家中长期教育改革和发展规划纲要（2010—2020 年）》中，指出“要提高学生的学习能力、实践能力、创新能力……开发活动课程，增强学生科学实验、生产实习和技能实训的成效”，明确赋予了高校开展第二课堂的历史使命。

现阶段，我国正处在高等教育大国向高等教育强国转变的重要阶段，高等教育素质和人才培养质量上升到了战略高度，第二课堂作为学校培养实践创新型人才的主要途径的作用越来越引起重视，它的育人功能与作用不断凸显。第二课堂既是第一课堂的有益补充，也是提高学生综合素质与

能力的有效途径。第一课堂以基本知识的传授和共性、大众性教育为重点，是高等教育的主体部分，而第二课堂则可以更具体、更有针对性和实效性地培养某些能力与素质，并能以人为本，充分发挥学生自主性，针对人才的个性因材施教，从而有效地配合第一课堂。

二、我校第二课堂的现状及存在问题

通过对我校 18 个二级单位第二课堂的审核评估，我们认为各二级单位开展第二课堂活动总的情况是好的。其形式多样，内容丰富多彩，在一定程度上丰富了学生的大学生活，拓展了学生的知识面，锻炼了学生的能力。但二级单位第二课堂建设仍存在一些问题。

一是认识不到位。如有的二级单位对第二课堂建设重视不够，认识不到位。有些人认为第二课堂不是正业，所以缺乏对学生参与第二课堂的积极正面引导，而学生由于自身阅历的局限，对于第二课堂活动的选择更多地出于自己的兴趣爱好，不能充分地对自己的选择作出客观、正确的价值判断，造成学生对第二课堂的重要性认识不足，使第二课堂的育人功能不能完全发挥。

二是缺乏系统规划和设计。它与第一课堂存在脱节现象。各二级单位提供的评估材料显示，大多数二级单位并没有真正把第二课堂建设纳入各专业人才培养体系中去，缺少成文的第二课堂建设方案，有的学院虽有成文的第二课堂建设方案，但其方案不够完整，且针对性不强，运行机制、管理模式、辅导机制等方面也缺乏系统考虑。

第二课堂与第一课堂联系不够紧密。第二课堂活动提高了学生的综合素质和能力，但如果忽略了第一课堂的基础地位，完全脱离第一课堂教育，仅仅去开展第二课堂，那将是无源之水、无本之木，体现不出专业特色。目前，第二课堂活动较多，但偏重于文体娱乐型，在结合专业的理论研究和科技创新活动方面相对欠缺，青年志愿者活动科技含量低，只是停留在体力劳动和募捐上，暑期社会实践也是一些宣讲，很少利用所学知识去解决生产实践中的问题。

三、第二课堂建设的几点看法

（1）认识要到位，组织要健全。对于第二课堂建设的重要性和必要性，不但领导班子思想要明确、认识要到位，而且对学生也要加强正面引导，提高学生积极主动参与第二课堂活动的意识。与此同时，要加强组织领导，建立健全灵活高效的管理机构，结合院系的实际情况，建立院系领导体制，党总支书记负全责，分管领导具体抓，有关部门积极协助，把第二课堂的建设真正落到实处。

（2）建立第二课堂教学管理体系。各院系应将第二课堂建设明确纳入人才培养方案，建立完整的第二课堂育人体系和保障措施，随着第二课堂作用突出，应把第一课堂和第二课堂同时纳入整体教学体系，科学设计教学体系，实现第一、第二课堂的联动与协调发展。

（3）制定第二课堂建设保障措施。学校及院系应建立健全组织机构，制定第二课堂建设的整体规划和透明的管理制度，建立激励机制，加强对第二课堂的管理与监督，将第二课堂活动纳入学校教学计划中，建立一套长效的运行机制，明确学校各部门的职责任务，设立第二课堂专项资金，结合梅州地区实际和我校办学特色，可重点建设一批有客家特色的第二课堂，并充分利用办学条件，加大对第二课堂建设的投入力度，优化学校设备，给学生搭建一个良好的平台。

（4）围绕人才培养目标设置课程体系。第二课堂设置与内容是第二课堂能否取得实效的关键。第二课堂建设应遵循适应性原则、创新性原则和主体性原则。据此，学校及院系要围绕提高学生专业技能和创新精神，根据专业特点和学生个性发展设置与学生专业学习紧密相关的第二课堂专业类课程，提高学生的核心竞争力。第二课堂课程内容要以提高学生素质和能力为目标，以职业培养和能力为核心，侧重培养学生基本的职业素质、从业能力、后续发展能力等。这部分课程的设置必须与第一课程的专业相结合，围绕学科前沿领域，开设对应的实践平台，促进学生自主创新兴趣和能力的培养，鼓励学生大胆参与科学研究、技术开发、发明创造等社会活动。

做审核评估秘书工作的具体体会和建议

王永红

（组织部人事处师资科科长，第四组秘书）

在本次审核评估工作中，我担任的是第四组的秘书。我们组主要负责数量与结构、教育教学水平、教师发展服务和第二课堂等四个二级指标体系。从本科教学审核评估开始至结束，我负责走访各二级教学单位的协调安排，为各二级单位的负责教学的副院（部）长联系走访场地，负责调查材料的发放与整理，收集专家对二级单位的审读意见、个人审核评估报告和各种相关材料的收集与整理、每小组专家的个人打分的汇总，但不参与走访、打分等具体事项。经历了学校组织的本科教学审核评估工作，我感触和收获颇多，现总结如下：

首先，要向邱国锋校长、刘明贵副校长学习。作为学校的主要负责人能够在繁忙的工作中坚持做到亲自出席每场自评报告会议、亲自按时递交各项审读意见及审核评估报告；为了各项指标的打分，还能亲自到二级单位进行走访、听课，做好最后的汇总打分、顺序排名等工作。说起来简单，操作就不是“复杂”二字可以概括了。由于工作关系，我有时到德龙会堂找校领导批字，经常会碰上他们在开会，有时只能在他们开会的间隙挤进去，其忙碌程度可见一斑。特别是邱校长不但作为第一组组长，要完成各项本科教学审核评估的规定动作，还要作为教育部的审核专家参与其他院校的审核评估，这就要求我们学校本科教学审核评估充分借鉴吸收其他院校经验教训，并且打乱原评估指标体系，进一步优化，使之与学校本身更符合更实际。2014 年 12 月 5 日在梅州师范分院审核评估会议上，邱校长没有发言，只是记录，刘副校长说明邱校长声音嘶哑、说话有困难并代为发言。当时我在下面感觉挺吃惊的。在评估中，关于给二级单位的意见专家们是否要签名一事，邱校长鼓励我们秘书处要放开手脚，不要有畏难情绪。

其次，要向本组的审核专家们学习。本组专家共有七位，他们认真负责，在本科教学审核评估中能够始终坚持原则，按实际打分，认真对待每一个细节，和他们一起能学习到很多东西。限于篇幅，这里选三位专家进行介绍。本组专家组组长吕鉴泉教授 2013 年 7 月来校之前是湖北师范学院的湖北省生化分析技术重点实验室博士生导师，来校之后马上接手工作并承担学校学术委员会主任委员一职。自本科教学审核评估开始后，吕教授负责组织本组专家开展工作、成员分配以及注意事项，本着“替学校把关，为院（部）服务”的思想，对评估工作一丝不苟、兢兢业业、任劳任怨。每一次集中到二级单位走访，他总是第一个到达的；每一次收集二级单位的审读意见，他也是第一个并且按质按量送到我这里的；对待问题，他总是毫不马虎，发现问题，就立刻找我修正。另一位专家是曹知博教授，每一次到二级单位走访，他一定是最晚离开的，问学生的问题也最详细；在和曹教授的日常接触中，发现他对学校教师，尤其是对青年教师成长格外关心；由于曾担任我校美术学院院长，他对二级单位的审读意见十分中肯和切合实际，对二级单位的问题的把握也十分准确。而林铁红副教授是“最难对付的”一位。在走访二级单位和调阅试卷、论文等环节中，她都仔细地看，看完了记录在案，往往还要发问：是否是这个样子的，是否缺少什么，是否不规范。也难怪，林老师长期担任土木工程学院教学督导一职，练就了敏锐的洞察力。

最后，要向同行的专家组秘书们学习。我们这个秘书处由六位秘书组成，每组的秘书还有自己肩负的常规的工作，于是加班变成了常事。这其中最累的、操心最多的应该是我们的高旭秘书长，因为他要统筹协调各组走访二级单位，调阅试卷、论文、毕业设计等工作，还要负责本组负责的指标体系。在评估期间，经常请示、汇报，他的有关评估的资料总是厚厚的一沓，上面记着满满的笔记。在走访、调阅过程中，他对二级单位教学方面存在的问题往往抓得准，这多半是因为高秘书长还是教务处副处长，长年累月与二级单位打交道，对各种问题非常熟悉。而廖志凯同志应该是我们秘书处里面发言最为积极的一位，无论在例会上还是在 QQ 群里面，他经常帮我解决问题、给高旭秘书长出谋划策或者提出解决的方案。他开会时，总是携带一大包资料，很早地排列出走访二级单位的时间和协助组长展开工作。

经过本科教学审核评估，我认为无论是学校还是参与其中的个人都会有很好的收获，都能积累许多宝贵经验和吸取经验教训。为此我的建议是：第一，从 2014 年 10 月至 12 月止，本科教学审核评估历时三个月，时间够长。但由于 18 个二级单位在每逢周三、周五轮流作《评估报告》，若遇到突发情况要延期的话，时间上面就显得仓促，建议进行调整。第二，如果在二级单位作完《评估报告》以后，再实地走访，效果会好很多。第三，在二级单位作评估报告会议中，应集中全校相关职能部门负责人与会（教务、科研、人事、财务、设备等负责同志在专家组里面）共同讨论二级单位存在的问题，集思广益、群策群力，有助于拿出解决问题的科学办法。第四，在实地走访过程中，实验室管理人员也应纳入其中，个别二级单位的党总支书记也应积极配合，可谓二级单位全体参与，便于为评估工作提供强有力的人员保障。

从审核评估看我校教师发展的问题、方向与策略

刘达志
（教育科学研究所讲师，评估组秘书）

一、教师发展存在的问题

无须置疑，教师在任何时候、任何大学对学校的发展都具有特别重要的意义，我们仅从评估的视角审视一所大学教师发展同样如此。无论是从状态评估还是审核评估，教师发展在评估中的地位都非常突出。

在本科教学工作状态评估指标体系中，“教师队伍和教育改革”是四大一级指标中的第二大指标，“教师队伍建设”是二级指标中的首要评估指标，其后还有更具体的观测点和等级标准来评估教师队伍建设。在教育部的“普通学校本科教学工作审核评估范围”中，“教师队伍”是六个审核项目中的第二个，涉及教师的审核要素包括“教师教学投入”和“教师发展与服务”等，还有更具体的审核要点。在本校“2014 年本科教学审核评估得分表”中，“教师队伍”也是除总体性要求的审核项目“定位与目标”外，在具体性要求的审核项目中排在第一位的，在审核要素和审核要点中则有更具体详细的要求。所以，无论是状态评估还是审核评估，从所设定的指标体系足以证明教师发展地位的重要性。

但本校评估的结果显示，尽管学校、各院（部）在教师发展方面作了很大的努力，但仍然存在不少问题。由于历史的原因，我校是由师范院校升格而成，教师队伍是以师范教育为主，这些年经过学科专业的调整、人才的引进，教师得到了很大的补充和调整。但就当前地方院校发展形势而言，国务院、教育部要求一批新建的地方本科院校进行应用型转型，而应用技术型大学需要的教师是“双师型”的，因此，我校面临着一个关键的选择。就目前学校教师数量而言，邱国锋校长也多次说过，已接近警戒线了，教授和博士的数量在广东省同类院校中也是少的。所以，教师队伍如何发展，是摆在我们面前的一项十分紧迫的任务，它关系到学校生存发展的根本问题。

二、教师发展的方向

正因为如此，一所大学无论怎么重视教师发展都不过分。我们从教育

部还有学校评估过程和结果，以及从国务院、教育部关于地方院校转型的指导意见看，应从上到下都必须把握大学转型发展的方向而确定学校教师发展的方向——应用型，这样才有可能在激烈的竞争中立于不败之地。

第一，教师发展理念的转型。理念是行动的先导，教师教育改革要取得实效，首先要确立现代的、科学的教师教育发展理念。当前，我国经济社会正处于产业转型升级、公共服务快速发展的历史阶段，需要大量的高层次技术技能型人才。地方院校应根据国务院、教育部领导的历次讲话和文件精神来确定学校教师发展转型的方向，根据“引导一批普通本科高校向应用技术型高校转型”战略指导思想，地方本科院校理应抓住这一历史发展机遇，进一步树立以育人为本、需求为导向的办学理念，加大技术技能型人才培养力度，努力解决学校发展中的瓶颈问题。把转型发展的理念、要求、条件固化为办学评价体系，使地方本科院校转型发展有方向、有目标。

第二，教师发展机制模式的转型。转型发展兼具了普通高等教育和高等职业教育的特性，没有现成的模式套用。转变教师由校门再到校门单一的发展模式和机制，构建高校、地方政府、企业协同育人平台，通过建立合作共同体，引领教师发展和地方经济社会发展。本着“互动、合作、共享、共赢”的目标，探索学校教师发展与政府、企业互动、共建的合作模式，加强地区教育改革和发展战略性与政策性研究，引领并推动高校、社会、企业协调发展。

第三，教师发展方法的转型。一是搭建实时、交互资源平台。以先进的教师教育理念为支撑，以教学模式、教学方法、教育设施等方面的改革与优化为抓手，以数字化教育平台为基础，构建综合化、多样化、开放化的信息化教师教育体系。二是依托教师教育平台及资源运用，加强信息技术和在职教师培训的深度融合，提升在职教师的信息素养及技术应用能力。三是加强教师教育数字化教学资源建设，提供实时交互、多样化的网络学习资源。推进国际化培养的步伐。通过与海外高水平大学的合作，引进先进教学理念、教学内容、教学方法，拓展教师的国际视野。

三、教师发展的策略

首先，在学校层面上。毫无疑问，应根据国务院、教育部领导的历次讲话和文件精神来确定学校教师发展转型的方向。具体地说，根据“引导一批普通本科高校向应用技术型高校转型”战略指导思想，应用技术大学的专业设置应以需求为导向，对接产业、行业，立足学校办学实际办出特色，防止贪大求全，积极拓展工管专业，巩固文理专业，改造教师教育专业，发展新兴专业。结合教育部“普通学校本科教学工作审核评估范围”中“提升教师教学能力和专业水平的政策措施、服务教师职业生涯发展的政策措施、教师开展教学研究参与教学改革与建设情况”等审核要点，在师资队伍建设上转型。应用技术型本科教育要求学科作为一种知识生产系统与产业系统的联系是密切的，教师要具备将学科知识转化为产业行动的能力。这就要求从事应用技术型教育的人才队伍应是开放多元的，既要有学术领军人物，又要有一定数量的企业背景的“双师型”教师和直接来自企业的“业师”组成学科团队。要发挥学科建设的人才集聚功能，以技术开发项目、协同创新项目、政产学研合作共建平台会聚人才。要改变目前动辄用上百万元经费聘用院士等不切实际地追求“高层次化”学术型师资队伍建设的倾向，按办学转型发展需要，建立科学、规范、有效的教师发展制度，诸如选派中青年教师到境内外高校、科研机构和大型科技企业访学研修、挂职锻炼；也可以外聘的形式，聘请企业或行业专家作为兼职教师，为学生提供案例教学、实践指导和咨询服务，进而提升应用技术人才培养质量与水平。

其次，在学院、系层面上。师资队伍重学历、轻能力，教师专业实践能力低，这是地方本科院校师资队伍建设上面临的突出问题。不少青年教师走出校门又进入校门，缺乏将理论转换为技术、将技术转换为现实生产力的专业实践能力。因此，在学院、系层面，应根据教育部和学校的部署，围绕地方产业调整发展设置专业，调整学科和专业设置，按专业设置和学科要求调整引进和培养教师的方向，引育并举，加强应用型教师队伍建设，由注重教师学术水平向建设“双师型”教师队伍转变。从教师的数量与结构、教育教学水平上规划教师队伍建设和发展的态势，调整完善教师队伍的数量与结构，从而提升教师教育教学能力和水平，适应大学发展的趋势和社会需求、学生需要。

此外，要优化发展环境，提升发展保障水平；实行教师全员培训制度；推进高校和企业共建“双师型”教师培养培训基地等措施也有利于教师的发展。

第三，在教师层面上。转型对教师自身无异于一场脱胎换骨的蜕变，它需要教师完成从观念到行为的一系列转变，是地方院校转型工作需要突破的一个难点。为此，除了学校应采取多种形式建设应用型教师队伍外，教师自身也要以“双师型”教师为发展目标，努力“走出去”加强交流与合作，不断提升自己的实践能力。

第四，在教师发展专业机构方面。应用型科研是应用技术型高校区别于学术型高校和职业院校的基本特征之一，要实现向应用技术型高校转型，必须在科研尤其是应用型科研上下功夫。因此，学校要加强教师发展科研教研队伍建设，加强对教师发展的理论研究，提高科研能力和教学研究水平；要制定更加科学规范、更加完善的教师发展标准，加强教师发展的指导、评价和服务；还要提高信息化水平，加快信息化平台建设，构建利用信息化手段扩大优质教育资源覆盖面的有效机制，建立教师发展状况定期发布制度，履行好发布指导教育教学、开展质量评价信息等职责，加强现代信息技术应用能力培训。

总之，制定多方参与的支持政策，推动政府、学校、学院、教师、专业机构联动，促进教师发展经验的积累与创新，如此方能实现转型时期教师发展的新要求，适应学生和社会的需要，才能有利于学校的长远发展。

教学资源开发与利用过程中存在的问题与建议

曾向前
（财务处处长，副教授）

作为财务处的负责人，我参与了教学资源组的评审，主要负责教学经费部分的审核。经过查阅各学院的相关支撑材料、调阅财务管理相关支出数据，并与各学院的项目经费负责人进行相关的互动交流，我看到了各学院的工作是认真的，对教学资源的开发与利用整体是合理可控的。但是，也存在发展不平衡、良莠不齐的现象及相关问题。

一、存在问题

（1）学校各教学单位壁垒高筑，资源共享率低，重复建设现象仍存在，如计算机房建设还存在比较严重的问题。

（2）一些学院教学设备利用率不高，实验课的教师开课积极性低。

（3）很多学院教学经费使用率低，个别学院的某些经费在当年 10 月 31 日之前存在 1 分都没有用的情况。

（4）对教学经费审核评估材料不够重视，不少学院根本就没有按教学经费三个要点，即教学经费投入及保障机制，学校教学经费年度变化情况，教学经费分配方式、比例及使用效益准备支撑材料。

（5）普遍缺乏本部门教学经费的使用管理办法，年度经费安排也没有使用计划。

（6）部分学院领导就如何使用经费还不甚了解。

（7）普遍存在由学生会向新生收第二课堂活动费的情况。

二、归因分析

（1）学校对资源共享虽有意识，但还停留在口头上，没有从根本上入手解决体制与机制问题，甚至存在各自为政的现象。

（2）学校对实验课开课积极性不高的原因分析缺乏有效的重视，问题的根源在于利益分配机制不够科学合理。

（3）对教学经费评估三个要点的支撑材料准备不充分，是对三个要点的释义理解不到位，因而材料准备无从下手。

（4）有些单位的教学经费使用效率低，主要是有些学院对学科建设、学术交流不重视，资金无出路造成积压。

（5）有部分学院领导对经费的用途不甚了解，既有其沟通与协调能力不强的原因，也有行政职能部门服务指导不到位的问题。

（6）有部分学院仍然向学生收第二课堂活动费，是思想严重跟不上形势的问题，已经踩上了政策的“黄线”，这是很有害的。

三、几点建议

（1）解决资源共享问题，学校要在创新体制机制上下真功夫，如果校内学院之间、部门之间的协同都解决不了，那“协同创新”将成为一句“空话”和“笑话”。

（2）如何更好地提高实验教学的积极性？一方面，首先应从应用型人才培养方案改革入手，提高实验教学的要求；另一方面，要抓住分配制度改革的根本，引导调动相关学院和教师的积极性，变被动为主动。

（3）评估资料的归档整理。首先要让各教学单位的办公室主任熟悉了解三个评估要点的释义要求，有的放矢，重新整理。建议把做得较好的化学与环境学院、生命科学学院的资料充实完善后，再介绍给各学院学习示范。

（4）对教学经费长期滞留的学院，按照省级财政管理的要求，零基预算，先收后拨，返拨时适当采取惩罚措施，促进他们改进工作。

（5）对各学院学生会向新生收取第二课堂活动费的问题，应该在学校合理保障预算的前提下禁止。

保障课堂教学质量不宜忽视的几个环节

张国辉
（教学督导组副组长，副教授）

普通高等学校审核评估中的一个重点内容就是教学和质量保障体系运行的有效度。我校虽然建立了比较完善的教学质量保障和质量监控体系，但在课堂教学和实践教学质量保障方面仍有进一步改进的空间。

笔者从教多年，对课堂教学和实践教学效果的提升做过一些努力和尝试；笔者在参与学校教学督导及审核评估工作中，对课堂教学和实践教学效果的提升又有一些新的心得体会。

2014—2015 学年第一学期在学校审核评估过程中，笔者与几位专家一起随机听了和看了四位老师的课。其中第十一周星期五的第三节听了温欣荣教授讲授的“分析化学”（课题是氧化还原反应的速率及氧化还原滴定曲线）后，专家们都赞不绝口，评价都是“很好”。温教授讲课充满热情，声音洪亮；理论联系实际，重点突出，条理清楚，分析透彻；PPT 图文并茂，板书工整、设计合理；师生互动多，课堂气氛活跃。总之，温教授的教学态度明确、内容丰富、方法得当，教学效果很好。为什么温欣荣教授上的课会那么精彩？为此，笔者请教了温教授。他只是谦虚地说：“我每次上课之前最少要花一个多小时再去熟悉教材和教案；每次上课之后都会发现还有不足之处，并要对教案和 PPT 重新进行修改。另外，教师不要将主要精力都集中在评职称上面，教师要重视教学，要有责任心，授课时要认真负责。”简短的几句话，体现了一个老师的敬业精神和教学示范。

课堂教学和实践教学质量的好坏，会影响到教风和学风的优劣。保障课堂教学和实践教学质量的环节很多，需要师生互相配合，而以下几个环节往往容易被忽视。

其一，授课老师首先要备好课，包括写好教案，做好课件。教案是课堂教学的过程设计，它应该包含教学内容、重点和难点的处理方式、教学方法的选择、板书与课件的互相配合、师生互动、时间分配等环节。课件在辅助教学、增大信息量等方面起到很重要的作用。课件的制作要尽量做到图文并茂。只有备好课才能上好课，才能提高学生学习的积极性。我们从教学文档的检查中发现，有些老师没有纸质教案，而所谓的电子教案就是教材内容的翻版，或是出版社制作的与教材配套的 PPT，授课老师并没有根据需要重新进行加工、处理。建议对授课老师进行评教时，要对纸质教案和课件提出改进意见，并逐步将一节课的评教提升到本课程的教学研究和课程建设的高度。

其二，我们从听课中也发现，有些学生不留心听讲，在玩手机或打瞌睡等。有些授课老师对开小差的学生采用严厉批评的方式，而有些授课老师可能是怕得罪学生就不闻不问、听之任之。这个问题怎么去处理才比较合适呢？笔者认为，授课老师首先要作自我检查，是不是因为自己上的课不够精彩致使学生开小差，接下来应如何去提高教学质量，让学生愿意与老师配合，且能够留心听讲。另外，授课老师既要严格要求学生认真学习，也要关心和爱护学生，做到教书育人。对不遵守课堂纪律的学生一定要讲究教育的方式、方法，要让学生乐于接受，才能收到教育的效果。建议对授课老师进行评教时，也要对课堂教学秩序和学生上课的出勤率进行评价。

其三，教学督导组在保障课堂教学和实践教学质量中要发挥积极作用。既要有“督”，更要有“导”；既要对理论课进行督导，也要对实验、实训课进行督导。总之，教学督导组要为逐步提高课堂教学和实践教学质量，逐步改善教风和学风作出应有的努力。

其四，学校本科优秀教学系列示范课确实要体现出示范效果。授课老师要由二级学院经过精心挑选之后再报教务处公布。

其五，教无定法，但要得法。老师之间应该互相听课，取长补短。

提高课堂教学和实践教学质量是主管部门的要求，也是授课老师的职责和学生的希望所在。只要师生共同努力，我校教学和质量保障体系运行的有效度就会逐步提升，教风和学风就会出现崭新的面貌。

从本科教学工作审核评估思考
学校实践教学的落实与建设

张德生
（教务处副处长、考试中心主任，教授）

依照教育部本科教学工作审核评估方案，实践教学作为24个审核要素之一，包含实践教学体系建设、实验教学与实验室开放情况、实习实训、社会实践、毕业设计（论文）的落实及效果等审核要点，贯穿于“培养过程”的审核项目。由此可见，实践教学是普通高校培养应用型人才的教学核心，是培养具有实践创新能力人才的重要环节。因此必须强化和落实实践教学环节。

通过对各院的走访调查，我认为各教学单位在实践教学方面存在的现实问题主要受制于两方面：一是二级教学单位的人才培养观还未从根本上转变，校内培养多，“走出去、请进来”少，与社会、行业、企业互动交流不足；二是对实践教学在应用型专门人才培养中的地位和作用认识不够，仍然把实践教学作为理论教学的辅助环节来对待。因此，我们要进一步理清应用型专门人才培养的思路，明确实践教学在人才培养中的重要性和作用，采取各项有效举措强化和落实实践教学环节。针对此次审核评估，就实践教学方面，本人有如下思考：

一、树立以实践教学为核心的教学观

实践教学是学校教学工作的重要组成部分，是深化课堂教学的重要环节，是学生获取、掌握知识的重要途径。在人才培养过程中无论是基础知识教育，还是专业理论知识教育，都应以培养学生实践能力为中心，将其贯穿于人才培养方案的制订、课程体系的构建和教学运行的全过程。

二、优化实践教学体系的吻合度

地方高校实践教学环节薄弱，这已是一个不争的事实。摆在高校面前的一个重要任务是加紧构建能为更多学生提供更具综合性、设计性和创造性的实践环境，以便使每个大学生在四年学习中都能接受多个实践环节的培养，这不仅能使学生掌握扎实的基本知识与技能，而且对提高学生的综合素质以及培养大学生知识迁移的能力和运用理论分析解决实际问题的能力大有帮助，切实强化学生的实践应用和综合运用能力，逐步形成基本实践能力与操作技能、专业技术应用技能与综合实践技能相结合的实践教学体系。大力推进教师科研项目转化为实验教学项目，鼓励学生根据自己的兴趣选修实验课程，并积极参加大学生创新创业训练项目，培养学生的专业创新能力，提高学生的就业创业能力，建立学校人才培养方案与社会实际需求相接轨的现代教学模式。

三、加强实践教学管理，提高实践效果

实践教学管理是保证实践教学有序进行、取得预期效果的重要手段，着力提高实验、实习、实践和毕业设计（论文）质量。在加强管理方面：一要建立科学的实践教学质量考核体系，可采取分层次步步过关的方式，使学生学有动力，做有目标。二要注重实践教学效果，可制定实践教学成效考核评价办法，切实增强实践教学效果。考核标准应明确、具体，考核方法应量化、可行。此外，还要制定安全预案，大力加强对学生的安全教育和安全管理，确保实践教学工作安全有序。

四、加强实践实习基地建设，培养“双师型”专业教师

实践实习基地是为学生在校学习期间提供实践教学、单项技能、岗位技能、关键能力培养等能力训练的环境，主要是校内实验室和校外实习基地。要依据应用型专门人才培养的目标，结合专业特点，设计实践教学内容，根据实践教学内容来建设实践、实习基地，改变以实践条件来设计实践教学内容的传统方式。在此基础上，大力培养实践指导教师，也就是双师型教师的培养。要发挥校外实习基地的作用，通过校企合作、协同育人平台，组织教师尤其是青年教师利用寒暑假到企业挂职，培养和提升教师的实践能力。

此外，学校还要将实验室队伍建设作为师资队伍建设的重要组成部分，统筹规划，加强建设。采取积极有效的措施，吸引鼓励高水平教师从事实验教学和管理工作，探索建立实验教学与理论教学队伍互通的有效机制，重视实验人员的培养和提高，建立健全业务进修与学习制度，努力建设一支教育理论先进、热爱实验教学、业务精湛、勇于创新的高素质实验技术队伍。

把握评估指标体系内涵，以评促建

陈旭东
（计算机应用技术研究所所长，副研究员）

作为学校自评专家组成员，我全程参与了学校审核性评估的过程，深刻体会到要做好审核评估的专家工作，需要提高对审核评估重要性的认识，准确把握指标体系内涵，认真调研，结论力求客观准确，以评促建，为受评单位提供改进建议，同时也要发现共性问题，为学校改进教学质量提供良好的建议。

一、提高对审核评估重要性的认识

教育部于2013年12月公布了《普通高等学校本科教学工作审核评估方案》，该方案以党的十八大精神和教育规划纲要为指导，坚持“以评促建、以评促改、以评促管、评建结合、重在建设”的方针；突出内涵建设，突出特色发展；强化办学合理定位，强化人才培养中心地位，强化质量保障体系建设，不断提高人才培养质量。审核评估范围主要包括学校的定位与目标、师资队伍、教学资源、培养过程、学生发展、质量保障以及学校自选特色等方面，涵盖学校的办学定位及人才培养目标，教师及其教学水平和教学投入，教学经费、教学设施及专业和课程资源建设情况，教学改革及各教学环节的落实情况，招生就业情况、学生学习效果及学风建设情况，质量保障体系的建设及运行情况等。审核评估核心是对学校人才培养目标与培养效果的实现状况进行评价。重点考察办学定位和人才培养目标与国家和区域经济社会发展需求的适应度、教师和教学资源条件的保障度、教学和质量保障体系运行的有效度以及学生和社会用人单位的满意度。

二、准确把握指标体系内涵

根据专家组的分工，本人负责要素3.2教学设施。经过认真研究，该要素包括两个要点：一是教学设施满足教学需要情况；二是教学、科研设施的开放程度及利用率。

其中教学设施主要包括实践教学设施、课堂教学设施和辅助教学设施等。实践教学设施主要包括实验室、实习实训基地等，课堂教学设施主要包括教室、语音室、计算机房等，辅助教学设施主要指与教学有关的公用设施，如图书馆、校园网、体育场馆等。

考察过程中重点看所在单位的教学设施是否满足教学要求，是否有政策措施推动教学设施利用率的提高，为学生自主学习、开展科研训练等提供了更多的空间。同时，在考察实验室、实习场所建设与利用时，要在数量达标的基础上，关注设备利用率和伴随行业技术发展的设备更新率；对于图书资料，既要考察数量，也要考察过时书籍淘汰情况和学生利用情况。

三、认真调研，结论力求客观准确

（1）制订考察计划。认真阅读受评单位的自评报告、听取自评汇报并撰写审读报告。对照指标体系及相关要素内涵，圈定考察重点，列出需要核对的数据清单，列出听课，看课，调阅试卷、毕业设计、实验报告、作业及教学文档等资料清单，拟定考察计划。重点考察受评单位的实验室的数量、质量是否能够支撑实践教学，特别是校内实验实践基地及实验室开放。考察实践教学体系是否合理、实习实践基地是否能够满足。

（2）实地考察。根据制订的考察计划，通过查阅材料（包括试卷、毕业设计、实验报告、作业及教学文档等），对于存疑的点进行个别访谈或者集体访谈，实地考察教学设施与公共服务设施、实践教学等核对相关数据，以对受评单位的教学工作做出公正客观评价。

四、以评促建，为受评单位提供改进建议

根据调研记录，在全面深入考察和准确把握所有审核内容基础上，对于同一个要素进行全校性的横向综合比较，准确给定所得分值。对各审核项目及其要素的审核情况进行描述，并围绕审核重点对人才培养总体情况作出判断和评价，同时明确受评单位教学工作中值得肯定、需要改进和必须整改的方面。区分问题形成的主客观原因，特别对于主观原因，要明确指出问题所在，提出改进建议。

五、发现共性问题，为学校改进教学质量提供建议

（1）多媒体教室利用率低。传统的教室大部分都改造为多媒体教室，

但是多媒体教室在下课后都上锁，学生缺少自习的场所，教师也无法下班后去答疑，课室资源严重浪费。建议统一管理，开放多媒体教室。

（2）实验室低水平重复建设。各个学院或多或少都存在“本位主义思想”，热衷于建自己“小而全的实验室”，导致学校有限的教学资源不能优化配置；实验教学示范中心管理体制没有理顺，存在重申请、轻管理的现象；实践教学体系及团队建设还缺少规范。建议学校下大力气，认真研究并提出解决方案。

（3）数字化图书资源缺乏。特别是外文期刊的数字化资源非常缺乏，影响教学科研的顺利开展。建议学校加大外文期刊数字化资源的投入。

对审核评估及其“社会资源”要素的认识

张爱红
（教育科学学院教授）

一、评估专家要正确认识审核评估理念

2014年推进的高校本科教学审核评估的基本依据是教育部颁发的《普通高等学校本科教学工作审核评估方案》，该方案由“审核评估实施办法”和“审核评估范围”两部分组成，前者全面描述了审核评估的指导思想及总体要求、对象及条件、范围及重点、组织与管理、程序与任务、纪律与监督，是学校自评自建和专家组进校考察的主要依据；后者涵盖了审核评估的项目、要素和要点，以定性描述为主，是学校自评自建和专家组进校考察的重要指南。

此次审核评估不同于合格评估和水平评估。合格评估属于认证模式评估，达到标准即通过。水平评估属于选优模式评估，主要是看被评对象处于什么水平。而审核评估主要看被评对象是否达到了自身设定的目标，国家不设统一评估标准，结论不分等级，只给出写实性审核报告。

二、评估专家要科学实施审核评估

本科教学工作审核评估从评估性质上属于事实判断，即通过评估对学校教学工作状况进行总体事实描述，重点考察学校“四个度”：第一，培

养目标与社会需求之间的符合度，即审核学校确定的办学定位和人才培养目标与国家和区域经济社会发展需求的适应度，可以从办学定位、培养目标、教学中心地位、政策措施等相关审核要素和要点中得以体现。第二，资源条件与培养目标之间的符合度，即审核学校人力资源和教学资源对实现人才培养目标的保障度，可以从师资队伍数量结构与水平、教学经费与教学设施、专业与课程建设、课堂教学与实践教学、社会资源、学生指导与服务、校风学风等相关审核要素和要点中得以体现。第三，质量保障与培养目标之间的符合度，即审核学校内部教学质量保障体系对监控人才培养过程的有效度，可以从质量监控与保证体系建设、教学管理队伍、教学改革、质量改进等相关审核要素和要点中得以体现。第四，培养效果与培养目标之间的符合度，即审核学生和社会用人单位对学校人才培养效果的满意度，可以从学习效果、学生发展、招生与就业、社会评价等相关审核要素和要点中得以体现。审核评估着重强调了学校的自主性和多样性，强调并建立“用自己的尺子量自己”的理念，为学校内涵发展、特色发展、创新发展提供了空间和平台。这也是审核评估的关键点，只有高校将这四个符合度落实好，才能真正将学校的本科教学质量提高。

由于本轮评估不再设置统一的评估标准，而要用学校自己的标准衡量自己，因此也给参加评估的专家提出了更高的要求。专家首先不能以自己已有的标准、尺度来评价，而要根据各学院的不同，按照学院自身的标准来进行衡量，同时要对学院自身提出的标准本身进行评价。在对审核评估方案进行解读时，要克服传统的思维定式，即谈及评估就要有由量化指标构成的指标体系。重在审核，不是评价。审核评估，也可以称评审、审计评价，其性质是事实判断，而不是价值判断。重点审核二级学院办学“四个度”中的科学性、合理性，对各学院工作的做法持中立态度，淡化结论，体现了以学校为本的理念。

三、“社会资源”要素审核中发现的问题和改善建议

本人和另一位专家负责“社会资源”要素的审核。“社会资源”要素审核过程中有三个要点：合作办学、合作育人、合作就业、合作发展措施与效果；共建教学资源情况；社会捐赠情况。二级学院吸收社会资源的能力一定程度上反映出该学院办学水平和服务社会的能力。

通过审核发现“社会资源”要素审核排位 A 档次的学院在以下方面都做得较好：①能比较正确理解“社会资源”这个审核要素的准确要义。

②从自评报告以及现场评估来看，汇报材料比较齐备。③合作办学、合作育人的态度积极主动，能通过各种途径去挖掘社会资源，方式方法多样，合作办学、合作育人的成效明显。④共建教学资源方面“请进来”的措施成效显著。⑤对外交流比较广泛，尤其是和基层中小学的联系密切，有利于高师培养应用型人才。⑥社会捐赠和校友捐赠比较活跃，社会捐资较多，捐赠列表明细清晰。

在对“社会资源”要素审核过程中也发现了一些问题：①个别学院的社会捐赠、校友捐赠方面以及合作就业方面的材料比较薄弱。②自评报告中“共建教学资源情况”的汇报材料过于简单。③通过访谈了解到个别学院在充分利用社会资源方面做了比较多的工作，但是档案盒未按审核评估体系“3.5要素”的序号及要求去收集相关资料以及材料不够充实的情况比较明显。④各二级学院在赴国（境）外交流的协议书、合作就业方面的成果普遍缺乏。

针对以上问题，本人提出以下改善建议：

（1）建议学校对考评要素要进一步加以解释，将各要素的释义印发给各学院，并对支撑材料的整理提出更加具体明确的要求，以利于各学院正确理解审核要素的准确要义，才能完全按要求来总结汇报。

（2）建议各学院继续广开门路，广泛利用社会资源，构建更加完善的合作育人模式，努力实现学生就业的对接。

（3）有的学院在社会捐赠、校友捐赠方面比较薄弱，建议积极做好校友联络工作，调动校友资源支持学院的教育教学工作。

（4）建议各学院在本学期开学初就着手按本次审核评估体系要求重新整理档案盒材料，尽可能补充完善，使材料的整理归档成为一种常态，以利于日后迎接教育部的评估。

浅析本科教学工作审核评估背景下教学设施的管理

陈生庆
（计算机学院副教授）

教学设施的利用、管理水平直接影响到教学的效果和应用型人才的培养，同时也体现了高校的办学水平。地方高校普遍存在的问题是教学设施尤其是实验设施分配不合理、管理不到位。这些问题直接导致了低水平的实验室重复建设，人力、设备、资金浪费严重。我校应以本科教学工作审核评估为契机，对照教育部《普通高等学校基本办学条件指标（试行）》（教发〔2004〕2号）中提出的关于对生均教学行政用房、生均教学科研仪器设备值和生均图书的要求，我校“综合平均”基本达到了办学条件，但是仍存在各类教学设施如实验室、课堂教学设施、辅助教学设施等在教学中分配不合理、利用率普遍不高、重复建设等问题。

一、加强多媒体教学设施的管理

随着多媒体技术的快速发展，我校的大部分教室已经改造成多媒体教室。多媒体教室的应用在教学的形象化、生动化方面有着无可替代的作用，多媒体教室提高了很多课程的教学效果，但也存在一些不可忽视的问题。

问题一：较小的白板不适合演算量较大的理工科课程。在多媒体教室的改造过程中很多教室的黑板被换成了较小的白板，这给一些需要老师现场演算和推导的理工科课程带来了极大的不便。演算过程无法完整地显示在白板上，单纯利用课件演示的推算过程无法与学生共鸣，使得教学效果大打折扣。建议可以换成上下推拉的白板。

问题二：多媒体教室不能充分利用。由于多媒体教室中有比较贵重的投影仪等设备，为了保证设备的安全，多媒体教室在无课的时候基本处于上锁状态，导致学生没有地方去写作业、读书，教师也无法在课外时间去答疑，造成课室资源的严重浪费。建议采取一些可行的安全措施，一方面能够保障多媒体设施的安全，另一方面能把多媒体教室充分利用起来。

二、充分提高实验设备的开放程度和利用率

近年来随着大量专项资金投入到实验室的建设，我校不但建设了省实验教学示范中心，而且很多设备得到了更新。我校教学设施管理总体规范，开放性实验项目稳步提高。尤其是化学与环境学院、计算机学院、土木工程学院、电子信息工程学院等学院的教学设施的利用率逐步提高。化学与环境学院实验室管理较规范、教师通过各自的“产学研”项目带动了很多学生参与到实验项目中，提高了科研设备的利用率，同时也提升了学生的科研能力。电子信息工程学院共有六个实验室对学生全天候开放，并建设了元件库、实验板卡库。一批年富力强的青年教师带领学生常年进行

技术开发，设备利用率高、成效明显。设备处每学期鼓励资助的实验室开放项目充分调动了师生利用实验设备做教学和科研的积极性，极大地提高了实验设施开放利用的程度。但是在实验室管理和建设方面还存在以下一些问题：

问题一：实验设备利用率低，重复建设。学院、部门之间缺乏合作，实验仪器设备投资购置后，造成谁申请购置的设备谁使用的情况，由于绩效、维护等诸多原因，很多占有设备的部门不愿意提供给其他学院使用，个别学院也由于沟通、绩效等诸多原因不愿意到其他学院上实验课、借用设备，导致本来必须开设实验的课程，没有实验课，严重影响教学质量。这无形中使得每个学院都想建立起自己“小而全”的实验室，实验室低水平重复建设问题严重。例如，生科院自建无机、有机、分析化学实验室，化学与环境学院也准备自建微生物实验室。文学院自建计算机实验室，计算机实验室中的设备陈旧无法正常使用，却占用了宝贵的课室资源。这在大部分学院都反映教学场地不够用，强烈要求增加课室资源的大环境下尤其显得不合理。这一切说明实验设备的管理和建设需要一个统筹安排，借鉴其他高等学校的实验室管理经验，建议我校构建一体化的大型实验中心，对实验设备优化配置、统一管理、统一调配、资源共享，让实验设备的利用率最大化，避免重复建设，最大限度地减少人力、物力的浪费。把实验室建设成既能满足本学院专业实验教学要求，也能作为部分其他学院教师进行科研、学生进行各项课题实验的场所。

问题二：没有建立合格的能胜任实验的教学团队。实验教师队伍的建设是保证实验教学顺利有效完成的基础。很多学院的实验课几乎都是任课教师独立完成实验教学任务，没有充分调动实验教师的积极性和主动性。实验室的教师没有参与感。这与改进实验设施，充分提高实验设备利用率的目的相违背。因此建立一支稳定性强、结构合理、素质较高，有一定实验教学工作经验、理论修养和组织管理能力的实验教学队伍显得尤其重要。建议对从事实验教学的教师根据学历、业务特长，提供切实可行的实验教学任务和实验研究项目，充分调动实验室教师的教学和科研热情，进一步提高实验课程的教学效果。

三、提高院级图书资源的建设和利用

在普通高等学校本科办学条件中对生均图书的基本要求是 100 册/生，学校馆藏图书基本达到了合格要求。作为校级图书馆的补充，每个学院另有自己的专业图书室，但在管理和使用上有待改进。很多学院的专业图书室流于形式，很少定时向学生开放。管理制度欠缺或不完善，很多藏书已经过时，订阅的专业期刊由于不能充分地被借阅，造成了资源浪费。建议利用学院学生会等组织来管理学院的图书资源，提高专业图书的利用率，充分发挥院级图书室的作用。

如何对审核评估要素“教学设施”进行评估

何优选

（设备与实验室管理处高级实验师，第三组秘书）

审核项目“教学资源”中的审核要素“教学设施”，是审核中的重要指标，也是人才培养的重要保障。专家如何审核这个指标，要注意些什么，如何把握这个度，如何才能准确合理地评估一个高校的“教学设施”？笔者就这些问题谈谈自己的看法。

一、充分理解要素内涵

评估“教学设施”，首先要知道教学设施包括哪些？如果不能够把握教学设施的范畴，就很容易出现越俎代庖的现象。教学设施主要包括实践教学设施、课堂教学设施和辅助教学设施等三部分。其中实践教学设施主要包括各种类型的教学科研实验中心、实验室、校内外实习实训基地等，课堂教学设施主要包括教室、语音室、计算机房等，辅助教学设施主要指与教学有关的公用设施，例如图书馆、校园网、体育场馆等。

二、考察教学设施是否达到教育部规定的合格标准

参考文件为教育部《普通高等学校基本办学条件指标（试行）》（教发〔2004〕2号），这些指标是本科院校办学的最低合格标准，将实行一票否决制，不达标就不能参加审核评估。

（1）基本办学条件指标：其中生均教学行政用房、生均教学科研仪器设备值和生均图书都和“教学设施”有关。

学校类别	本科				
	生师比	具有研究生学位教师占专任教师的比例（%）	生均教学行政用房（平方米/生）	生均教学科研仪器设备值（元/生）	生均图书（册/生）
综合、师范、民族院校	18	30	14	5 000	100
工科、农、林院校	18	30	16	5 000	80
医学院校	16	30	16	5 000	80
语言、财经、政法院校	18	30	9	3 000	100
体育院校	11	30	22	4 000	70
艺术院校	11	30	18	4 000	80

（2）监测办学条件指标：其中百名学生配教学用计算机台数、百名学生配多媒体教室和语音实验室座位数、新增教学科研仪器设备所占比例和生均年进书量都和“教学设施”有关。

学校类别	本科						
	具有高级职务教师占专任教师的比例（%）	生均占地面积（平方米/生）	生均宿舍面积（平方米/生）	百名学生配教学用计算机台数（台）	百名学生配多媒体教室和语音实验室座位数（个）	新增教学科研仪器设备所占比例（%）	生均年进书量（册）
综合、师范、民族院校	30	54	6.5	10	7	10	4
工、农、林、医学院校	30	59	6.5	10	7	10	3
语言、财经、政法院校	30	54	6.5	10	7	10	4
体育院校	30	88	6.5	10	7	10	3
艺术院校	30	88	6.5	10	7	10	4

三、学校是否有政策措施推动教学设施利用率的提高

（1）教学、科研设备的开放程度及利用率如何。考察教学、科研设备

除了满足正常教学科研需要外，学校是否制定有实验室开放政策，鼓励实验室、实践实训基地、教学设备、科研设备在课外时间向学生开放，提高设备的利用率，提高学生的实践能力和创新能力。同时还必须考察开放的范围、时间、学生的参与度以及开放的效果如何。

（2）课堂教学设施的开放程度及利用率如何。教室是否开放以满足学生自主学习的需要。部分高校为了安全没有将多媒体教室开放，致使学生没有教室自修。随着现代纯软件语言学习系统的推广和使用，语音室可以为学生自主学习外语提供更多的帮助，故应考察语音室有无开放，有无老师指导；计算机房有无向学生开放。

（3）辅助教学设施的开放程度及利用率如何。考察图书馆、校园网、体育场馆等辅助教学设施有无开放，能否满足学生自主学习、查阅资料、体育锻炼等需要。

四、考察教学设施的更新率

（1）教学设施不但要数量达标，还要考察更新率和能否满足行业技术发展的需要。

（2）在监测办学条件指标中，有两项指标和教学设施的更新率相关，一是新增教学科研仪器设备所占比例不少于10%，二是生均年进书量不低于4本。“高等学校基础课教学实验室评估标准表”中，也规定了近十年仪器设备更新率：机电类>30%，电子类>75%，计算机类>90%。

（3）考察教学设施的完好率及维修维护状况。抽查教学设施，看能否正常使用。检查教学设施的维修记录，查阅学校的年度预算，看维修费占教学科研仪器设备总值的百分比为多少。考察教学科研仪器设备的报废率。检查学校每年教学科研仪器设备的报废情况，报废金额占学校教学科研仪器设备总值的百分比。

五、考察教学设施的配备是否适应学校办学定位和人才培养目标

每所高校的定位和目标不同，对教学设施的要求也就有相应的差异。如同济大学培养目标是“专业精英与社会栋梁”，南京大学是“各行各业未来领军人才”，黑龙江大学是“拔尖型、复合型、应用型、对俄发展战略特殊人才”，五邑大学是“高素质应用人才”。考察教学设施的配备能否满足培养目标的需要，如目标是应用型人才，但购置的教学科研设备却是

高精尖、研究性强、代表国际先进水平、非现在行业普遍使用的设备，这显然和培养目标不相适应。

通过以上五点的考察评估，结合两个要点，即教学设施满足教学需要情况，教学、科研设施的开放程度及利用率，专家对该校的“教学设施”评估要素就可以作出比较客观公正的判断。

科学研究环境下的课堂教学

曾 辉

（电子信息工程学院教授）

我国经济发展迅速，知识更新突飞猛进。个人电脑几年后就需要换代就是明显例子。大学不断进行扩招，生师比越来越高，教学逐渐陷入“被学习”状态。教学与社会需求脱节已是不争的事实。若不及时更新教学内容和形式，改善实验手段，教学质量就无法保障。在此形势下，一种以“科研课题为主线进行学习”的教学探索模式进入人们的视野，该模式在国外的状态如何，在国内这种模式有什么可取之处，实施过程中会出现什么问题，这些问题存在探索的必要性。

一、国外本科生科研概况

1969 年，麻省理工学院就首创了“本科研究机会计划”，作出了初步探索。20 世纪 80 年代后，美国公众和学生对于研究型大学的本科生质量低下开展了广泛的批评。“学生应用知识和能力欠缺”，“直至毕业都不知道如何才能有逻辑地思考，清楚地写作和严谨地演讲”。由此拉开了以研究为基础的研究型学习的序幕。

1987 年成立了美国国家本科生科研大会，学生通过两种形式参加科研，一种是教师的项目，另一种是自行立项，研究工作可以计入选修学分。高年级学生通过一定程序可以成为低年级学生的指导者。麻省理工学院甚至一半参与者是外校的学生。加州大学伯克利分校 1997 年成立本科生科研办公室；1992 年华盛顿大学成立本科教育办公室，1995 年校长宣称，本科生科研是学校优先政策之一。

本科生从一年级就开始参加科研工作。国外普遍认为，本科生教育在科学人才的培养中是一个极为重要的阶段，在这种本科教育理念的支配下，国外对本科教育都极为重视，并建立了一系列完整的制度。在本科生课程改革中，把科研的因素融入课程体系，为本科生提供了更多的科研和实践机会。各个大学还纷纷出台支持本科生的研究计划。在美国研究型大学中，本科生从一年级开始就参与教师和研究生的科研工作，共同讨论。这种师生平等的讨论有利于激发学生的积极性，开拓他们的视野，培养他们的科学探索精神。这种以研究为基础的教学，被美国各研究型大学普遍应用，已经取得了良好的效果。但是未见国外以课程为平台对学生进行科研训练的报道。

我国通过出国考察和学成归来的学者引进的教育理念，在高校中广泛推行了开展课外科技活动的举措，每年各类科技竞赛方兴未艾，也从一定程度看到了我国本科生的创造性和动手能力，对于鼓励本科生发挥主观能动性产生了积极的作用。

二、以专业课程为平台组织教学

以专业课程为平台组织教学模式的背景是：理论课内容陈旧、授课手段单一、各门课授课内容之间缺乏有机联系、缺乏一个统一明确的目标、授课的内容与最新发展的技术严重脱节、实践环节内容和理论课程存在时间差。

因此，国内高校中一些愿意“吃螃蟹”的教师，提出了“项目教学法”，设计数量足够的科技制作项目，将所用教材的主要原理和方法融入项目的制作内容之中，课程可以在教室进行，也可以在实验室边做边讲，用一句话概括就是：“以科研课题为主线进行的学习。”

三、课题为主线进行学习的意义

（1）变“要我学”为“我要学”。

目前课堂教学的明显问题是学生“抬头率”低，主要原因在于对授课内容缺乏兴趣。通过科研实践活动，学生从课堂被动地接受知识转变为以探索、研究、发现为基础的主动学习，与专业基础理论知识融会贯通，提高发现问题、分析问题、解决问题的能力，学会独立思考问题，不断提高学生学习兴趣，从根本上解决上课的“抬头率”问题。

（2）以科研课题为主线进行学习，可以培养学生的自学能力。

学生以科研课题为主线进行学习，改变传统的知识传授→维持学习的学习状态。以智能机器人为例，要实现智能机器人多项功能，如行走、温度检测、报警感应等，环环相扣的内容使学生自己将知识进行组织，学习带有目的性，有益于学生的自主性和能动性的发挥。

（3）以科研课题为主线进行学习，可以培养学生的创新及科研能力。

图 1　以科研课题为主线进行学习的全过程

图 1 直观地显示了以科研课题为主线进行学习的全过程，学生可以有针对性地提出新观点，并进行独立研究。这样不仅可以培养学生树立执着追求、勇于探索和严谨认真的科学精神，同时也使学生得到一些科学思维、研究路线、研究方法和研究技能的训练，提高学生的实践能力和创造能力。

（4）可以培养学生的团队协作精神和组织协调能力。

学生科研立项一般是以学生科研团队为单位进行的。团队是由若干成员组成的一个共同体，该共同体合理利用每一个成员的知识和技能协同工作，解决问题，达到共同的目标。本科生科研团队则是以科学技术研究与开发为内容，由为数不多的知识技能互补，愿意为共同科研目的、科研目标和工作方法而相互承担责任的在校本科生为主体所组成的群体。

每个人的能力水平是有限的，要想使学生的科研课题取得成功，必须调动每个成员的能动性，更多地体现团队协作精神，营造一个轻松和谐的工作气氛，这样研究工作才能更顺畅，团队整体的工作效率才会大大提高。同学之间协作完成科研项目，不仅可以培养学生的组织协调能力，还可以相互促进、彼此学习与交流、增进友谊。

（5）解决了本科生科研的覆盖面的问题。

对于庞大的学生基数来讲能够有本科生科研机会的学生毕竟是少数，覆盖面小在国际国内的高校都是未解的难题。在本科生学习阶段，基于学科领域相对宽延、学生学习目标相对分散、学生科研训练更多侧重于任课教师引导下，学生思考兴趣的充分发挥。专业课程教学面对的是全体学生，具有整体的覆盖面，作为培养学生创新能力的最好的平台之一，是不言而喻的。

四、以科研课题为主线进行学习可能带来的弊端

（1）以科研课题为主线进行学习，知识面较为狭窄，不利于学生考研。

以科研课题为主线进行学习，学习内容具有强烈的选择性。比方说，在某个科研课题中可能会用到《高等数学》中的微积分，那么学生就会有针对性地去学习这一块知识点，但是对于考研的学生来说，《高等数学》作为必考科，必须全面地掌握书本的知识点。

以科研课题为主线进行学习，实践性大于理论性，注重现实可行性。科研中用到了某种滤波器，学生掌握得很好，但其他三种滤波器，可能只能略讲或不讲。对于学生来说，学习内容具有片面性。

（2）以科研课题为主线进行学习，学生对社会需求的广泛适应能力变弱。

在大学四年中学生由于课题要求，会着重掌握某一方面的知识，具有某一方面的专长，但是对于某些企业而言，它们需要的可能是比较全面地掌握基础知识的人才。它们可以根据本公司的需要，选择性地把毕业生培养成自己所需的人才。这对于以科研课题为主线进行学习而培养出来的学生，由于所掌握知识的局限性，可能难以符合公司的要求。以科研课题为主线进行学习的毕业生，在广泛适应社会对人才的需求方面的能力显得不足。

五、良性发展所需要的条件

对教师的要求：理论知识功底扎实，制作能力强。重新组织教材，新的教材应该以科研项目为载体，包括全部的理论知识。所以学校应该根据教师实际状态，在符合要求的教师中逐步开展。

对课程的要求：动手制作内容较多的课程比较容易开展。理论性太强的课程，能够进行实验的仪器设备都有限，面对数量庞大的学生群体，难以有效进行。

尽管以科研课题为主线进行学习有这样或那样的弊端，但是作为教学改革的发展趋势，其可行性还是值得肯定的。需要下大气力解决的问题是：如何扩大实际参加科研活动的学生的人数和恰当评价采用新模式教学时学生的最终学习效果。

评估工作到位是决定评估质量的关键

何日胜
（经济与管理学院教授）

学校根据教育部《普通高等学校本科教学工作审核评估方案》对全校教学单位进行评估。本次评估，对全校的教学工作做了全面的体检，挖掘和宣传了好的教学工作方法，发现和纠正了存在的问题，成效显著。本人认为，本次评估之所以取得了预期的效果，关键在于各项评估工作到位。

一、学校重视到位

学校将本次评估列作学校 2014 年的重点工作，根据一级审核项目专门成立审核评估专家组和秘书组，抽调 42 位教授担任评估专家，分成 6 个专家组，每个小组设组长 1 名、专家成员 6 名，每小组配 1 名秘书，邱国锋校长亲自担任总专家组组长。如此高规格的评估工作配置，保证了本次审核评估工作能得到有效开展，亦使评估进度和质量得到有效保证。

二、师生动员到位

为了有效开展审核评估，学校对全校师生作了有效的动员。10 月 19 日学校请教育部高等教育教学评估中心院校教学评估处处长刘振天教授来校作了题为“审核评估与质量保障”的专题讲座，营造了良好的审核评估氛围。而后，各二级教学单位对本单位全体师生做了审核评估的动员，让每一位教职员工及学生认识评估、了解评估、参与评估，使全校师生达成评估共识，保证了审核评估工作的顺利开展。从学校层面来看，对二级教学单位领导、评估专家的动员是到位的，但有些二级教学单位对本单位教职工和学生的动员仍然不够深入，评估氛围仍不够浓厚，以致评估专家到二级教学单位评估过程中，特别是访谈时，发现不少师生对评估项目知之甚少，甚至对评估的目标和意义不够明确，导致出现一些抵触情绪使评估专家出现吃力不讨好的现象。因此，建议以后举行审核评估时，务必要求二级教学单位更加细致和深入地进行评估动员，使评估动员工作更加到位，强化认识。

三、专家培训到位

评估专家是本次审核评估的组织者和执行者，专家的工作质量就是评估效果的优劣。10 月 22 日学校召开了审核评估专家培训会议，学校领导、各二级学院院长、审核评估专家、秘书共 70 人参加了培训会议，分集中培训和各专家组分会，全面解读审核评估工作，对评估过程、评估时间节点、自评报告、调阅材料、听课安排、评估用表、实践考察、基层访谈、目标考核等方面进行了全面的阐述，使所有参加评估工作的人员吃透评估精神和方法，使评估过程及评估效果有了根本上的保证。

四、方案设计到位

学校认真组织相关部门和评估专家研读教育部《普通高等学校本科教学工作审核评估方案》精神，吃透 6 个一级审核项目、24 个二级审核要素和自选特色的实质，根据学校的实际，制定了学校本次审核评估的评估方案，对评估组织、评估要求、评估过程、评估质量、评估协调、评估总结等方面均作了详细的规定。评估方案设计到位，使本次评估得到有效的开展，并保证了评估质量。

五、评估公开到位

本次评估结果，将其纳入学校 2014 年本科教学工作目标管理考核，邱国锋校长要求本次评估做到“一个坚持”“两个突出”“三个强化”，让评估专家替学校把关、为学院服务，特别强调评估纪律。因此，各二级教学单位对此次评估给予了高度重视，评估专家高度认真，对评估结果，不论是量化打分，还是定性评价，均做到公平、公正、公开，使本次评估结果相对可信和准确。

六、专家工作到位

本次校内审核评估是学校自 2006 年接受教育部本科教学工作水平评估之后一次遍及全校、规模较大的评估，评估专家是本次评估的主要组织者和执行者。评估专家在评估过程中，需听取所有二级教学单位的汇报，需调阅教案、论文、作业、支撑材料，听课，与教学单位领导、教学管理人员、老师、学生等访谈，实地考察实践基地，填写评估表格等，工作量大。但专家们均认真负责，公开、公平、公正地开展了一系列工作，保证了评估工作的有效实施。本人在评估过程中，发现在听课效果、作业收改情况、试卷出题及评判等方面各院系均较好，但从抽调的论文来看，质量参差不齐，一些论文质量偏低，特别是论文答辩记录多停留在格式纠正方面，从答辩记录表来看有不少论文答辩未提学术性的问题。因此，我们认为仍应强调教师在教学中的主体作用，建议从学校层面为论文、试题、教案等主要教学内容作出学校规范，使教师在平时的教学过程中就能自觉按照规范开展教学工作，不至于造成平时没规范，评估查出来时教学过程已过的现象，使学校组织的大规模被动评估亦为每一位教学、教育工作者平时自觉规范。

七、评估总结到位

评估的目的是为了提高，有总结才能提高。本次审核评估之后，各个评估专家、各个小组、学校大评估组均对此次评估进行了认真的总结，撰写了评估报告。学校印发了《嘉应学院 2014 年本科教学工作审核评估总结》，总结了主要做法、介绍了实地评估方法、提出了改进建议，让师生们进一步了解评估、认识评估，明确评估的意义、过程及结果，找到了本科教学工作中存在的问题，为以后改进教学方法、提高教学质量提供了明确的思路。

总之，评估是检查教学行为、提高教学质量的一项重要举措。通过评估，规范了教学行为，摸清了教学底细，明确了整改目标，是十分有意义、有必要的。各项评估工作到位，是评估质量的保证。

浅谈高校人才培养质量的提高

麻爱民

（教师职业技能教学部教授）

时至今日，我国高等学校教育无论在招生数量和规模，还是在师资队伍建设和专业设置等方面都取得长足的发展，但在快速发展中也出现了不少问题，尤其扩招背景下高校人才培养质量的下降已经成为共识，制约了高校发展。如何提高人才培养的质量已经成为亟待解决的问题，笔者就此问题有如下不成熟的思考：

一、加强教学团队与高水平教师队伍建设

人才培养的关键在师资。加强教学团队建设，重点遴选和建设一批教学质量高、结构合理的教学团队，建立有效的团队合作机制，推动教学内容和方法改革，促进教学研讨和教学经验交流，开发教学资源，推进教学工作的老中青相结合，发扬传、帮、带的作用，加强青年教师的培养。鼓励和支持校内教师及聘请国内外著名专家学者和高水平专业人才承担教学任务和开设讲座，探索有效的教学方法和模式，大力表彰在教学和人才培养领域作出突出贡献的教师。构建“双师型”教师队伍，加强师资队伍入口的管理。教师较高的业务素质是从教的必备条件，构建“双师型”教师培养机制是提高教师素质的重要途径。

二、建立专业设置与专业结构调整机制

教育的目的是服务社会，教育要与社会实践相结合才能有的放矢，而建立科学合理的专业设置与完善的专业结构调整机制是人才培养的重要保障。专业设置和调整要体现和突出社会实践性，应结合高等教育实际，研究建立适应经济与社会发展需要的专业设置和调整制度，制定指导性专业规范，构建专业设置预测机制，定期发布各类专业人才的规模变化和供求情况，为院系优化专业布局和调整人才培养结构提供指导。应大力加强专业建设，按照优势突出、特色鲜明、新兴交叉、社会急需的原则，优先选择和重点建设特色专业，发挥自身优势，努力办出特色。

三、在加强课程与教材建设的同时，加大网络资源建设

课程建设和改革是高校人才培养的重要内容。推进精品课程建设，力争在教学内容、教学方法和手段、教学梯队、教材建设、教学效果等方面有较大改善，全面带动高校的课程建设水平和教学质量。启动新教材建设项目，加强新教材和立体化教材建设，鼓励教师编写新教材，积极做好高质量教材推广和新教材选用工作。在此基础上，积极推进网络教育资源开发和共享平台建设，整合数字化资源，建成一批具有示范作用和服务功能的数字化学习中心，实现精品课程等教学资源网上开放，为广大教师和学生提供免费享用的优质教育资源，完善服务终身学习的支持服务体系。开发网上考试系统，研究制定相关标准，创造安全、便捷、高效的考试平台。

四、深化实践教学与人才培养模式的改革创新

1. 深化实践教学体制改革，完善实践教学方案设计

结合专业特征和社会背景，从社会需求入手，在充分了解学生就业去向的同时，深入分析毕业学生的就业层次，采集各类样本，进行广泛而深入的调研，在此基础上设计实践教学方案。根据用人单位对大学生必备能力与素质的需求，结合自身实际，有的放矢地设计实践教学计划和内容。关注已毕业学生的意见与反馈，将他们在工作中遇到的问题和总结的经验教训作为实践教学方案修改的重要依据。

2. 整合地区资源，建立卓有成效的教学实践基地

开展大学生实践基地建设试点，拓宽学生的校外实践渠道。加强校企合作，在招生、就业、人才培养、实践教学、科研、技术服务与合作、培训、文化等环节或领域开展全面合作，达成合作协议，进而互相渗透，最终建立起为人才培养服务的、能使双方获益的可持续的紧密型合作关系。充分运用紧密型基地可以实现多赢，不仅可以使学生得到充分的实践锻炼，使教师提高实践技能，还可以提高高校服务地方的能力，提升高校的层次与知名度。

3. 加强实践教学改革，建设实验教学示范中心

推进高校实践教学内容、方法、手段、队伍、管理及实验教学模式的改革与创新，实施大学生创新性实验计划，支持优秀学生进行创新性试验，促进学生自主创新兴趣和能力的培养。加强人才培养模式创新实验区建设，推进高校在教学内容、课程体系、实践环节等方面进行人才培养模式的综合改革，以倡导启发式教学和研究性学习为核心，探索教学理念、培养模式和管理机制的全方位创新机制。

另外，还可以以大学生职业生涯规划为依托，完善学生考证体系建设，系统引导学生考取与专业相关的证书。实用且针对性强的实践证书的考取，不仅提升了学生实践技能，也增加了学生就业的砝码。开展大学生竞赛活动，重点资助具有较大影响和参与面广泛的大学生竞赛活动，激发大学生的兴趣和潜能，培养大学生的团队协作意识和创新精神。

五、建立科学公正的课堂教学质量评价指标体系

1. 提高评价指标的针对性

不同专业、不同课程的教学目标和教学要求不同，以及所面对的学生都不同，如专业课和公共基础课、文科学生和理工科学生、成绩较好的学

生和成绩较差的学生，评价的结果是不同的。所以评价指标应是多样性的、开放性的，还应在一定程度上考虑到不同学科、年级、教学风格、教学目标、学生特点和教学背景等方面的差异，在一般性评价指标和个性化评价之间取得平衡。教师课堂教学质量评价要体现学科课程特点，可尝试采取的对策是首先在学校层面制定教学评价的一般性指南，确定出对教师教学的基本要求，然后各个院（系）再根据自身专业的特点，编制出符合学科教学实际的评价工具。评价指标既要体现专业特点、课型特点，还要考虑教师的类别、评价对象的起点与差异。

2. 制定合理的量化指标和指标权重

为了保证评价的客观性和可靠性，尽量减少主观随意性，必须对指标加以量化。首先应对具体的课堂教学质量评价的指标项目进行必要的筛选，将经反复推敲的、最能代表课堂教学质量的指标项目挑选出来，组成指标体系。同时，按其在教学质量中所起作用的大小，确定权重，给出相应的分数，又根据实施的情况，将每项指标从高到低分出等级，每个等级给以不同的分数，最后得出总的评价分数。除此之外，一个完善的评定量表的设计需要经过广泛征求意见并在实施中不断修订。由于学生、任课教师、同行专家及教学管理者有着不同的视角，有着各自的优势及局限，因此在评价内容上就应当适当体现、各有侧重，即便是评价内容中相同的指标，也应根据具体情况设计不同的权重。

3. 注重评价指标内容的科学性

课堂教学的要素分为基本要素和生成性要素两大类。所谓基本要素就是那些在课堂教学中以稳定静态的形式表现的因素，它包括教师、学生、教学内容和教学目标四个方面。所谓生成性要素是指在整个课堂教学过程中不断运动变化的要素，它包括教师行为、学生行为、教学方法和课堂气氛四个方面。教学质量评价指标内容应涵盖课堂教学的基本要素和生成性要素，同时应该注意加大生成性要素在课堂教学评价指标中所占权重系数，只有这样才能符合现代教育目标要求。我们不仅要评价教师本身的素质、教学态度、教学内容、教学能力等，还要看教师是否合理确定教学重点和难点、精选学科知识和范例，让学生学到学科的基本知识和技能，更要评价教师的教学方法和手段，看教师能否充分挖掘教材的思想内容，激发学生学习兴趣，引发学生积极思考，注重理论与实际的结合，通过多种形式的教学实践活动，培养学生的创新意识、动手能力和分析、解决实际问题的能力。

人才培养质量是高校的生命线，关系到教育的未来，理论的研究和探讨必不可少，但如何在实践中践行这些理论更是成败的关键。

重视课程资源开发，加强课程资源建设

俞万源
（地理科学与旅游学院教授）

一、课程资源在高校本科教学中的重要意义

课程资源又称教学资源，是指课程与教学信息的来源，是一切对课程和教学有用的物质和人力。课程资源可分为校内课程资源、校外课程资源和信息化课程资源，也可分为素材性课程资源和条件性课程资源。

课程资源是重要的教学资源，是课程要素来源以及实施课程的必要而直接的条件，也是人才培养的重要支撑和实现人才培养目标的重要保障。因此，课程资源成为本科教学工作审核评估中“四度”审核（适应度、保障度、有效度、满意度）的重要审核要素。

二、嘉应学院课程资源要素审核分析与评价

（一）审核分析

1．结构形式上，各单位对课程资源要素的自评参差不齐，内容不够完整

根据教育部《普通高等学校本科教学工作审核评估方案》要求，课程资源要素的审核要点包括四点：课程建设规划及执行情况、课程结构及合理性分析、教材规划及执行情况、存在问题及改进措施。

从18个单位的自评报告来看，各单位对课程资源要素的自评参差不齐，大部分单位自评报告存在审核要点残缺遗漏，没有与审核要点一一对应（表1），普遍存在需改进和整改的内容，尤其缺乏存在问题及改进措施内容。

表1　18个单位自评报告的课程资源审核要点的完整性审查

审核要点	课程建设规划及执行情况		课程结构及合理性分析		教材规划及执行情况		存在问题及改进措施	
完整性	有	无	有	无	有	无	有	无
数量（个）	15	4	9	10	9	10	3	16

2. 分析内容上，各单位对课程资源要素的自我评价不够，分析不够深入

对照审核要点，18个单位对课程资源要素的分析大都停留于描述性总结，缺乏对课程建设规划及执行情况、教材规划及执行情况、课程结构及合理性等评价性分析，尤其缺乏课程资源对人才培养目标的适应度和保障度的分析评价。

（二）取得成效

1. 各单位注重课程建设，省级、校级课程建设取得一定成效

目前全校有50门校级精品课程，其中10门入选省级建设精品课程；10门校级双语教学示范课程。

2. 各单位重视优质教材选用，部分校本教材建设特色显著

各单位普遍重视国家、省部级优质教材选用，以满足人才培养目标的需要。在教材建设方面，经济与管理学院、音乐学院、文学院、体育学院的校本教材建设特色较为显著。

3. 课程团队建设取得一定成效

目前全校培养有15个校级优秀教学团队，其中7个入选省级建设教学团队。

（三）存在问题

1. 课程建设规划不足

18个单位的自评报告显示，各单位普遍缺乏完整、规范的课程建设规划，小部分二级学院的课程建设规划为临时拼凑的计划，大部分二级学院则没有体现课程建设的规划。在目标上，课程建设的计划性和目标性不够明确；在内容上，部分二级学院把课程建设规划停留于或等同于精品课程建设。人才培养缺乏有效课程建设规划的指导，课程建设对人才培养目标适应度缺乏有效评价。

2. 教材建设规划不足

18个单位的自评报告显示，各单位缺乏完整、规范的教材建设规划，大部分二级学院教材建设规划停留于或等同于教材选用，教材建设对人才培养目标保障度也缺乏有效评价。

3. 课程资源开发与利用不足

一方面，由于对课程资源的认识不足，部分教师课程资源开发意识还比较薄弱，课程资源开发没能与教学方式、学习方式的转变结合起来，把多样性、多质性、客观性的课程资源开发等同于编教材。另一方面，尽管嘉应学院校本教材取得一定成效，但能够彰显和体现嘉应学院办学特色的

校本教材，无论在数量上和质量上都显不足。

4. 课程团队建设不足

尽管嘉应学院课程团队建设取得了一定成效，但课程团队的数量和质量有待于提高，绝大部分课程没有形成稳定的课程团队，仍处于“单打独斗”的局面，未能满足课程建设发展要求。

三、加强课程资源开发与建设的建议

（一）制定和完善《课程建设规划》和《教材建设规划》

在学校层面制定和完善《课程建设规划》和《教材建设规划》，提出与人才培养目标相适应的课程建设目标和教材建设目标。

（二）建立激励机制，鼓励课程资源开发和利用

（1）在学校层面建立课程资源库，开发课程资源开发和利用的网络，搭建课程资源开发和利用平台。

（2）构建课程资源开发和利用的激励和奖励机制，鼓励教师积极参与校本教材建设。

（三）加大课程团队建设力度

制定激励措施和扶持政策，加快课程团队建设，提升嘉应学院课程团队的数量和质量水平。

理解审核评估内涵，深化教学改革

李　诺
（教务处教学研究科科长，第二组秘书）

审核评估是在我国高等教育新形势下，总结已有评估经验，借鉴国外先进评估思想的基础上提出的新型评估模式，核心是对学校人才培养目标与培养效果的实现状况进行评价，旨在推进人才培养多样化，强调尊重学校办学自主权，体现学校在人才培养质量中的主体地位。学校的自评是一切评估的基础，在今后的评估工作中，我们要认识评估、理解内涵、深化改革。

一、认识评估，评估是每一位教职工的事情

在校内审核评估之前，难免有人认为审核评估工作是教学管理部门的事，或者说是领导们的事，跟普通教职工没多大关系。实际上，与其说审核评估是对教学工作进行的评估，不如说是对学校全方位的评估。从学校的办学指导思想、师资队伍、教学条件、学风教风，到教学质量、培养人才的质量，评估涉及学校的每一个部门、每一个人。如果专家进校考察，学校的每一个部门、每一个人都可能成为专家组考察的对象。而对于普通教师来说，抽查毕业论文（设计）、试卷、作业，可能就是自己指导的学生、自己担任的课程，还有听课、座谈，都可能牵扯到自己。一句话，评估是大家的事。每一个教职工，或许都应该主动根据自己本身的工作去总结一些问题。

在本次审核评估中，审核内容与上一轮评估相比，更加注重成效性，更关注学校各方面为提升教学质量所提供的保障、学生学习实际成效的体现以及社会相关方面的反馈等因素。因此，学校全面发动，整体部署，全体参与。除了教育管理者和教师们的参与，在校学生的学习投入以及毕业生的积极反馈都将是未来审核评估的关键因素。

二、理解内涵，认真学习评估的各项文件

认真学习评估方案，才能正确理解评估方案的内涵。通过学习评估的各项文件，理解评估工作的目的、原则、方法和内容，正确理解评估方案的内涵。有人认为只有评估专家才需要理解方案的内涵，但是评估方案体现了本科教学的规律，理解评估方案的内涵，不仅仅为了评估，更重要的是为了搞好本科教学工作。评估方案的6个一级指标、24个二级指标、64个观测点都是影响本科教学的关键因素。如果把这些问题都解决了，可有效提高教学质量。如“3.3 专业设置与培养方案”审核要点包含三项：一是专业建设规划与执行；二是专业设置与结构调整，优势专业与新专业建设；三是培养方案的制订、执行与调整。这三个观测点对专业的总体布局与结构提出了明确的要求，专业建设规划不仅要符合学校的定位，还要符合社会发展和经济建设的需要，更要符合教育规律以及结合学校的实际条件。学校要根据经济社会发展对人才的需要调整和设置专业，不断优化专业结构，加强专业的建设和管理。学校还要根据本地和本校的办学基础，建设品牌专业，形成优势和特色，最终形成在当地或行业有影响的重点专业或优势专业。

2011 年 10 月教育部印发了《关于普通高等学校本科教学评估工作的意见》（教高〔2011〕9 号），该文件建构了本科教学评估制度体系的基本内容，涵盖了院校评估、专业认证及评估、国际评估和教学基本状态数据监测等模块。2013 年 12 月教育部印发了《关于开展普通高等学校本科教学工作审核评估的通知》（教高〔2013〕10 号），此审核评估方案可以用“123”模式进行解读：“1”是基础性引导问题——高校定位与培养目标；“2”是核心性问题——培养过程与学生发展；“3”是关键性问题——由高校内部质量条件保障体系涵盖的师资队伍、教学资源和其他质量保障等项目构成。

三、深化改革，不断完善自我评估体系

国内高校的自我评估大致可分为三种类型：第一种类型是最常见、最主要的以本科教学工作水平评估为蓝本开展的内部教学评估，它是高校以教育部本科教学工作水平评估指标体系为依据、以应对教育部评估为目的而开展的自评自建活动。评估后，一些学校为巩固评估成果，结合自身实际情况，对教育部评估指标体系做适当调整和修改后，将其制度化，定期开展校内评估，为下一轮评估做准备。第二种类型是在高等教育国际化背景下，我国一些高校，如上海同济大学、哈尔滨工业大学、大连海事大学等，引进西方“全面质量管理”理念，借鉴运用 ISO9000、2000 质量管理体系标准，探索建立起学校内部教学质量保证体系，其初衷是通过外部质量体系认证，提高学校的知名度、行业的认可度和竞争力。第三种类型是新发展起来的一种新型高校内部评估制度——院（系）本科教学工作状态评估，是一些高校在参加教育部本科教学工作评估过程中，受其启发，结合教育部正在实施的“高等学校教学质量与教学改革工程”及高校管理体制改革，根据自己学校的办学目标和人才培养目标，设计制定具有自身特色、有针对性、能真实反映校内院（系）教学工作状态的教学评估制度。

学校于 2012 年 3 月启动了每学年一次的本科教学工作状态评估，根据学校实际情况制定了本科教学工作状态评估指标体系，分 6 个一级指标、19 个二级指标以及一项附加分。可以说，此次审核评估是在状态评估的基础上，对二级教学单位的教学情况进行全面的摸底。教育部新一轮审核评估中，学校自评报告要求一定在以教育部评估中心网页上公布的学校本科教学基本状态数据的基础上形成，而这些已经对外公布的学校基本数据，并不是能突击完成的，是一个积累和不可随意修改的写实性材料。这意味

着学校要立足实际，真正将本科教学质量提升作为头等大事来落实、抓好，不断提高学校本科教学投入，不断把教师的精力引导到教学中来，不断将各级领导的注意力吸引到教学中来，让学校教学质量真正得以提高。结合本科教学工作状态评估，我们可考虑建立校内的教学状态数据库，及时跟踪各教学单位的教学动态，同时完善“三三”构架的评估体系。将评估内容分解为“三个类别”和“三个层面”，“三个类别”为：管，即教学管理；教与学，包括三个主要教学环节；建与改，包括四项专业建设：专业、课程、教材、实践教学基地。“三个层面”即思想层面、制度层面和绩效层面。

此次校内开展的审核评估，不仅摸清了学校的家底，更重要的是总结了各教学单位办学的成绩、经验和特色。学校将继续开展常态化的校内评估，这是加强教学过程管理的一种重要途径，是学校建立长效机制所进行的新的实践探索。因此，学校的自评是评估工作的基础，自评实施的好坏直接影响学校的评估工作，不仅各教学单位要进行自评，或许各职能部门也要进行自评。在自评过程中，我们还要不断完善自评的机构、体系等。

学风与教风：审核评估的领悟

王金道
（教育科学学院教授，教学督导组组长）

对于参与评估的专家来讲，公正、善意、学习的态度和准确理解评估的含义，非常重要。学风与教风的关系，是一个相互影响的关系，这种相互依存的关系，直接受教与学的评价机制的制约。因此要使高校学风、教风得到根本改善，不仅要加强对学生不积极学习、教师不尽责教学的管理与约束，还必须加强对监管者失职的约束力度。只有这样，才能建立起无论在短期内还是长期内都能改善学风、教风的有效机制。

一、从“学生指导与服务指标”审核要素，看教风、管理存在的问题

本次审核评估过程中，也发现部分教师、管理者对于以教风促学风存

在认识不到位的问题，当然由此对学生指导服务的意识也就会不强。具体的现象表现在：

（1）有些教师上课不主动考勤，部分教师不敢、怕管学生；有些院系的学生上课纪律较差（个别学生迟到、早退、上课睡觉、吃东西均有），上课玩手机现象非常普遍，上课的教师也不管。作为以师范为主体的高校，部分教师课堂教学组织不力。有些教师似乎在课堂教学上不懂得如何进行组织管理，似乎不知道怎么教学生。

（2）个别教师教学能力（尤其是引导学生投入学习的能力）不高，教学艺术欠缺，理论脱离实际。也有教师精神状态很投入，但学生不为所动的现象。然而，评估中也发现，对自己所教的学科与行业现实情况了解较多的教师，其教学比较吸引学生，学生学习的积极性较高。由此也可以看出，学生所修课程对其自身发展的重要性方面教育不足，也是学生学习缺乏动力的原因。

（3）访谈中，各个单位都说在抓教学改革，然而真正花心思在课堂教学上面的、落实在实处的不多。

（4）部分二级学院举办的活动、竞赛质量低，对象面不广，吸引力低，学生参与度不高，没有面对全体学生，与“以学生为本”有点背离，这些活动反倒经常强制学生参与；而有些学术性讲座，本来是学习的好机会，却由于缺乏有针对性的宣传与组织而无人问津。

（5）个别学院在学风建设方面没有规划，或不按规章制度办事；对学生负责任或以生为本，只落实到口头上。

二、从“学风与学习效果”审核要素，看认识的偏差

（1）部分教师在学风认识方面有偏差，学院领导的管理随意性大，管理不规范，人为因素太多。特别是抓学风工作方面，较多单位认为这个工作只是总支书记、辅导员的事情，行政不抓、不管的现象也不是少数情况。

（2）部分学院在学风与教风方面，没有较完善的运行机制或团队执行力较差；部分学院的学生对本院的管理工作得不到学生的认可、老师的认可。

（3）在学风方面，本次调查问卷显示，老师和学生在学风上也反映出较多的认识偏差。

学风既是一种学习氛围，又是一种群体行为，不但能使学生受到潜移

默化的熏陶和感染，还能内化为一种向上的精神动力。在优良学风的环境里，学生的思想品德、价值观念、行为方式、意志情感等都会发生变化，并反过来对自己的成长成才和职业生涯发展产生深远的影响。

三、以评促改、以评促管，教风、学风相互制约

认真审视学生的学习质量，有效地衡量学校管理、措施等教学监控系统，反映教师的教风师德、治学态度以及综合素质。高校大力强化教职工的师德、师风建设。只有以教风促学风，“以学生为本”才不是一句空话。对学生的指导与服务，跟学校的管理者、分配制度等密不可分。

一是要提高对学风方面的认识，加大规范管理力度。任课教师均应从严执教，清楚掌握每节课学生的到课情况，而学生的到课情况不应由学生代劳，对旷课学生应严格按学籍管理方法处理。要求教师严格控制课堂纪律，对学生上课私下讲话、玩手机、打瞌睡等不认真听课的要敢管、严管。

二是要实行教、考分离。严格实行教、考分离，鼓励教师好好上课、对学生严格，而学生为了避免考试挂科除课堂认真听讲外，还得注重课外的自学，因而可保证教的质量与学的质量，这将对提高学校整体的人才培养质量具有重要的作用。

三是要完善评奖评优制度，增设学习成绩优秀奖。学生的综合能力的发展固然重要，但社会总有分工，不可能都成全才，而且社会的人才需求也不是都要求全能的学生，如技术要求高的工作所需要的是理论知识与实践技能，管理岗位要求的人才，若不要求精湛的技能则需要管理才能，而二本高校的理工科学生可能就业范围以技术部门为主，技术管理岗位工作肯定是少数。因而可设立优秀学习成绩奖，以鼓励致力于专业知识与技能学习的学生努力学习，培养专业基础扎实、实践能力强、创新意识强的实用型高素质人才。

地方院校组织的评估是为迎接教育部评估的高级别的、有针对性的、具标准化的自我检阅、自我诊断。不仅进一步明确了“以评促建、以评促改、以评促管、评建结合、重在建设”的目的，进一步提高对“以教学为中心”“科研与教学相结合”的认识，也使多数专家提高了专业性的评估能力和水平，也是对校内专家的一种培训。

以审核性评估为契机，加强实践教学，促进学生发展

张纬民
（数学学院副教授）

本科教学工作审核评估是一次全方位、高水平、立体化的大体检，不仅能够促进学校内涵式发展，提升学校教学质量、办学水平，也会对学校办学理念产生长远的影响。下面就“学生发展”谈一些个人的认识和体会。

一、审核项目的解读

随着我国高等教育规模的不断增长，高校学生人数急剧增加，高等教育从精英化教育迅速走向了大众化教育，实现了跨越式发展。正是在高等教育大众化的背景下，教育部开展了我国普通高等院校本科教学工作水平评估，其指导方针是“以评促建，以评促改，以评促管，评建结合，重在建设”，工作重点要解决办学条件达标和教学质量监控体系建立等问题。毫无疑问，水平评估促进了我校本科教学的巨大发展，使得我校在此次评估中取得了优良成绩。

本次教育部开展的我国“普通高等学校本科教学工作审核评估”不同于前一次“普通高等院校本科教学工作水平评估”，是建立在“用自己的尺子量自己”的理念之上，充分尊重和发扬学校的主体性，为学校内涵发展、特色发展、创新发展提供了空间和平台。因而要做好审核性评估工作，对审核项目的解读是必要的。

本次本科教学工作审核评估中有六个审核项目再加一个自选特色项目，其中第五个审核项目为学生发展。学生发展这一项有四个子项，分别为：5.1 招生及生源情况、5.2 学生指导与服务、5.3 学风与学习效果、5.4 毕业生就业与发展。在这四个子项目中，处处体现以学生为本的理念。这迫使我们转变观念，从以往强调对学生管理转变为对学生指导与服务，注重学生主体地位的发挥，注重学生从入学、学习过程、学习效果直至就业对学校满意度的评价以及用人单位对毕业生的评价。各项目具体内容在《普通高等学校本科教学工作审核评估方案》有详细说明，这里不再赘述。

二、加强实践教学，促进应用型人才培养

促进学生发展的因素很多，如师资队伍、教学理念、实验设备和实验场所。其中，实践教学是重要的一个环节。

众所周知，理论教学与实践教学是高等学校人才培养的两大教学环节，两者相对独立，相互依存，又相互促进；因此，具有同等重要的地位和作用。理论教学是学生获取基础知识和基本理论的主要来源，不言而喻，它在高等学校教学中占有知识传授的重要地位；而实践教学更具有直观性、实践性、综合性与创新性，是高等学校教学过程中实现素质教育和应用型人才培养目标的重要教学环节，它对于培养学生的实践能力、应用能力和创新精神起着理论教学不可替代的作用。

为使高校培养的人才更好地适应社会、服务地方经济发展，应以审核性评估为契机，在教学工作中拓宽学生的知识面，注重学生创新意识和应用能力的培养，不断推进实验教学改革和教学实验基地建设，使学校在学生发展方面上个新台阶，成为应用型优秀本科院校。

对地方院校学风建设的思量

张　镜

（生命科学学院教授）

学校的教学质量决定于教师的教学能力与学生的学习态度，而学生是主体和主要因素，只有努力学习的学生才能取得优秀的学习成绩。一流的大学不一定能将学生都培养为一流的人才，但非一流的学校也有可能出一流的人才。当今国内外的一流大学都以优厚的待遇吸引优秀学生，当然地方高校、一些民办高校也采取相应的措施吸引较好的学生。我国的高等教育由精英教育发展到今天的大众教育，其中新办不久的二本高校在大众教育中占有重要的地位，但二本高校在其迅速发展中也出现与之不相适应的问题，其中学风问题就十分突出。学生随意地旷课、迟到，课堂纪律不佳，上课打瞌睡、玩手机等现象时常可见；课前不预习，课后少复习；原本座位有限的图书馆平常空空荡荡，到期末考试期才座无虚席。在精英教育时期，学生求知欲很高，个个努力学习、争先恐后，图书馆从学期开始

至期末都座无虚席，其情形与现在相比似乎整个学期天天都是期末考试。

一、学风问题的缘由

1. 学生就业的现实

学生就业观念与高等教育发展趋势不相适应。大学教育由精英教育发展至现阶段的大众教育，大学毕业生的就业由国家分配工作改为由毕业生与用人单位的双向选择就业。双向选择的实质是优胜劣汰，结果优秀学生的就业率高，较差学生的就业率不高，甚至就业难。二本高校原本生源质量就不及重点院校，毕业生的就业质量不及重点高校的毕业生，加之就业还明显存在不公平的现象，致使不少二本高校毕业生的就业情况与期望值的差距太大，致使一些二本高校学生入学后不久就对上大学的意义产生了误解，对未来失去信心，学习的劲头渐渐消退。

2. 学生的素质

高校扩招后质量较好的生源首先选择“985”“211”高校，普通的老牌一本高校生源质量出现明显下降，新办二本地方高校招收的生源质量就不言而喻。学生的理解能力、学习能力差，对大学阶段学习的适应能力不足；另外，部分观念不正确的高年级学生对低年级学生无形灌输读书无用的思想，以及就业难的现实问题等，影响部分缺乏判断能力的学生的学习积极性，从而使他们渐渐放松学习，出现旷课、迟到，上课打瞌睡、玩手机等现象。

3. 高年级学生对新生学习的负面影响

有的高年级学生自身没有珍惜大学阶段的学习机会，没有良好的学习方法，不能正确认识就业现实与自身实际的关系，却有着一套高超的应试本领，对如何“飘过”考试很有经验，这样的学生与新入学的学生接触交流中，就将其“本事”传给了新生。所以，评估时与学生座谈中不止一次听学生说到刚入学时的学习劲头很高，学习有压力，后来有应试的经验了，学习的劲头就差了。

4. 教师对学生失去信心

因为不断扩招，二本高校的生源越来越不如人意，现在进入二本高校的学生的素质确实普遍不高，学习能力、理解力很差。致使有的任课老师只好降低对学生的要求，有的老师甚至认为所教的学生不是可造之才，对其放任自流，学生愿学就学，学好学坏是学生自己的事，可能有的还认为对如此的学生不要寄予多大的希望，以仁爱之心、宽容对学生，就让其在学校混几年拿到毕业文凭离开学校算了。教师不想管学生，学生没有约束力，便养成了学习懒惰的习惯。

5. 教师专业素质

大多数二本高校将人才培养目标定位为应用型人才的培养，二本高校的学生也逐渐意识到大学中学习一门专业技能的重要性。应用型人才培养需要与之相适应的双师型师资队伍已成共识。但是，二本高校在快速发展阶段充实的师资队伍却多是从学校到学校的高学历青年教师，虽有很高的学术水平，但对社会现实与生产实际的知晓有限，讲课时不能将理论知识与社会需求紧密结合，学生总觉得课堂所学书本枯燥乏味、学无所用，这也是评估时与学生座谈中学生常谈及的问题。

另一角度而言，二本高校需要高学历的年轻教师，高水平的师资队伍决定着学校的前途与未来，政府对学校考核评估时高学历的人才也是一个重要指标。

6. 教师重科研轻教学

职称晋升关系着教师的名利，年轻人经过多年的苦读终于可以挣钱求生了，而高学历的人才工作时多是该谈婚论嫁之时，应该拥有属于自己的家的时候，需要钱。因而就使得有的年轻教师工作后优先考虑的是科研，要如何申报科研项目，计划每年发表多少论文，多少年内晋升职称等，而将教学摆在次要位置。有科研才有论文，职称晋升才有望，在当今职称晋升资历门槛较低的情况下，较短时间内就有望实现职称晋升。对于从学校到学校的年轻人而言，学历高并不意味着教学水平高，学历高是其学术水平在某一狭窄的学科领域内具高深的水平，但本科教学是要对课程系统有全面的了解。刚毕业的教师如没有足够的精力投入教学，讲课理论再高深也难以激发学生学习的积极性。

7. 教师专业特长与授课内容不吻合

二本高校由于发展时间短、速度快，同时又都需要在国家现行的评估体系下获得好的结果，以及还要考虑办学成本等因素，在新进教师时注重高学历人才的数量。但对招入教师的专业特长与办学需要方面不能求全，勉强招收专业与需要不太吻合的新教师为权宜之计，也可能有的课程的教学缺相关专业的教师，或是有的教师没适宜的课给上，不得已安排与其专业特长相关不大的课上等。如此种种情况，任课教师可能自身对教学内容的理解并不透彻、囫囵吞枣，从而产生厌学情绪。

8. 管理部门对教学方法的引导

现在管理部门过分强调教学的课堂气氛活跃、师生互动，这些方面做得好的教学质量可能高，但并非完全如此。有的教师业务水平并不高，讲的都是一些浅显、陈旧、基本的内容，并没有恰当地将讲授知识与学生专业需求与社会实际相联系，即使课堂气氛活跃、师生互动好，也不能保证教学质量。学生大学学习的目的是接受专业教育，掌握一门专业知识技能，为毕业后的生存发展奠定基础，在学校就得努力学习专业知识。太过强调课堂气氛活跃、师生互动，在学生的心里形成了喜欢某某老师的上课风格就用心听讲，相反不论有的老师讲授的知识对自己发展多么重要，课堂上也打不起精神。从精英教育阶段过来的人知道，那时的教学方式怎样，自己又是怎样学习的。

9. 学生培养的质量方面

学校没有淘汰机制与质量标准，几乎是百分百的学生到毕业时都有文凭发。对于学习自觉性不强的学生，没有压力就没有主动学习的动力，也使原本学习积极向上的学生变得懒惰。有的学生平时不努力学习，但记忆力强，对习惯“放水”的老师在期末时给的考试题用 1～2 天时间就背得烂熟，考试成绩还不算太差。遇上要求较严的老师，考试则希望能“飘过”，若飘不过就待下学期开学后补考，补考还不过还有毕业前的补考，一般毕业前补考都得过，最后毕业证也准能发到手上。

10. 教学经费的投入不足

20 世纪 90 时代开始，高等教育如雨后春笋般蒸蒸日上，高等教育机构数量翻番，学校在校生的规模可能为恢复高考时的 20～30 倍。目前二本高校在我国高等教育中不论是高校的数量还是在校生总人数都超过老牌的重点院校，二本高校对提高国民的科学文化素质，对国家的各项建设具有重要的作用，但政府对二本高校投入远不及重点大学，二本高校的规模在随扩招不断扩大，但办学相应的软硬件条件与规模的扩招不相适应，使二本高校学生总觉得学不到有用知识与技能，不明确未来的方向。

二、改善学风途径

想要学校的学风有显著的改善应从影响学风的内因与外因、主观与客观、学校与学生、学校与教师、教师与学生等多因素系统考虑，使各种因素都为促进学风建设最大限度发挥应有的作用，持之以恒，二本高校的学风就有望实现根本性的改观。

1. 加强新生的入学教育

对新生应进行自信、自立、自强教育。首先要使学生清醒地认识自己，社会有分工，不是人人都能做管理者，人人都能当科学家。也不是人人都可上重点大学，进入二本高校的学生也不是就只当“二流生”。学生不能因为没上重点大学就妄自菲薄、自暴自弃。要实现自己人生远大的理想，上了二本高校的自己就更应当努力奋斗，通过后天的努力弥补先天的不足，本科毕业后还有深造的机会。“所谓天才，是百分之一的聪明加百分之九十九的勤奋”，爱拼才会赢。

2. 专业教育从新生做起

学生入学时往往具有远大的理想与抱负，还保持着中学的学习劲头。但有的学生过了一段时间后却因受到一些消极因素的影响，或是入学后不能正确对待自己的所见所闻，对未来觉得渺茫、找不到努力的方向，学习劲头逐渐减弱，出现旷课、课堂纪律差等不良学风。而有的学院非常关注新生的专业教育，则可及时帮助学生消除糊涂观念，明确自己的奋斗目标。

3. 教育学生转变就业观

接受高等教育是为人生发展打基础，对毕业后的就业不能期望过高，不能只想去物质、文化生活丰富的中心城市、特大城市就业，还要求有多高的经济收入。就业应当面对现实，要树立行行出状元的理念，人才集聚的中心城市竞争大，在中小城市可能会更适宜个人的发展，更有利于自己施展才华，前途会更光明。

4. 加强教风建设

学生学风与教师的师德师风有着密切的关系，学院在抓学风的同时将更加关注教师的师德师风。首先使教师将忠诚党的教育事业落实在教学工作中，而不是一句口号，树立高度的使命感、责任感、危机感、紧迫感。在大学生源渐渐萎缩的情况下，对一些远离中心城市的二本高校的生存发展应予以足够的重视，应高度重视内涵发展。在学风不够理想的情况下，加强教风建设对提高学校的办学质量定有明显的作用。相关领导应加强教师教学态度、教学质量监控，设置学生对教师教学工作的意见箱，及时、准确地收集学生对教师教学工作的意见，对学生反映的问题及时处理。

5. 加强双师素质的师资队伍

课堂气氛沉闷的重要原因之一是教师的社会实践经历不够，应加强双师型教师队伍建设。学生反映学习课程没用的原因可能是教师的教学中没有将课程与专业应用的实际、与现实生活的实际相联系。不少年轻教师虽学历高，但一直从学校到学校，专业现实情况知之甚少，所以学生对学习不感兴趣。

6．严把教学质量关

重申理论课教学上课时不能占用学时讲与课程内容无关的东西，课程结束时不得给学生划很小的考试范围，划出的考试范围不得直接给学生提供答案。教师的考试命题必须符合要求，周学时 2 学时以上课程的期末考试时间 2 小时，学生考试答题 1 小时内不得交试卷，学生考试（包括实验课）成绩 90 分及以上的人数超 30% 的教师不能被评为教学效果优秀。对于没有主持教学与科研项目，以及没有参加省级以上学术讨论会的教师也不能被评为年度教学效果优秀。

7．准确把握评教结果的价值

现在全国高校都在上层的指引下对教师教学效果进行评教，以激励先进、鞭策后进，以使教师能不断提高教学效果，其出发点无可非议。既然评教结果的公正性与科学性都受到了广泛的质疑，学校就应冷静地反复思量评教结果的价值，准确界定其价值后才能发挥现有评教结果应有的作用，而将评教结果的价值过度放大，不但不能发挥其应有的作用，反而会产生副作用。

8．设立学习成绩优秀奖

目前高校普遍采用的综合测评结果评定学生的奖学金制度虽对学生综合能力的培养具有重要的作用，但也存在一定的不足。有的学生学习成绩并不出色却可获得高等级的奖学金，如此现象对学习成绩好、获得的奖学金等级却不高的学生不公平，不利于学生努力学习或是打击了这些学生学习的积极性。因而设学习成绩优秀奖，以鼓励致力于专业知识与技能学习的学生努力学习，达到培养专业基础扎实、实践能力强、创新意识强的实用型高素质人才的目标。

9．改进教考方式

经常可以听到有人说“学生给老师多少分，老师就给学生多少分”，而且真有老师为求得学生的网评高分，平时不敢管学生，期末考试前给学生考试题目，甚至给出试题答案。学生考试没压力，平时学习不努力，学习效果差。为了从根本上改变此状况，建议任课老师只负责上课，而期末考试的命题、阅卷环节任课老师都不参与。如此实行教、考分离，教师就会好好上课、对学生严格要求，学生也为了避免考试挂科，除课堂认真听讲外，还得注重课外自学，只有这样才能保证教的质量与学的质量，从而提高学校整体的人才培养质量。

同时，还应该加大对学生的诚信教育，建立素质过硬的督导队伍，加强督教、督学和督管工作。

浅论特色建设和以生为本

卜寿亮
（物理与光信息科技学院教授）

审核评估是在我国高等教育新形势下，教育部总结已有评估经验，借鉴国外先进评估思想的基础上提出的新型评估模式，核心是对学校人才培养目标与培养效果的实现状况进行评价，旨在推进人才培养多样化，强调尊重学校办学自主权，体现学校在人才培养质量中的主体地位。通过审核评估加强政府对高等学校的宏观管理和分类指导，引导高等学校合理定位、全面落实人才培养中心地位，健全质量保障体系，办出水平、办出特色，切实提高人才培养质量。

一个学校人才培养工作水平的高低，应该凸显其治学理念的先进性和鲜明性；应该体现其对长期办学特色的探索和创新；应该反映其累积办学条件的好坏；应该显示其综合管理水平的高低。也就是说，评估一个学校人才培养工作水平的优劣，是对一个学校长期办学综合实力的考证。试图一蹴而就，靠临时突击，甚至弄虚作假是不可能取得好的评估成绩的。

下面是本人参与审核评估工作的一些体会：

首先，关于自选特色选项，“与人不同就是特色”的观念可能是一个误区。评估指标体系中除了几大重要指标之外，还有一个重要的指标就是特色建设和创新项目。我们开始认为，发表一些对教育教学行为不同的看法和观点就是办学理念，在办学过程中的一些与其他学校不同的做法就是特色和创新。然而在迎评的实践中我们体会到，学校的办学特色和创新要在一种办学理念的支配下才能实现，而办学理念是办学之魂。因此，学校要办出特色，主动创新，就必须有正确的办学理念。没有正确的理念，将使学校的发展随波逐流，不可能办出特色，也就不可能评为优秀学校；没有正确理念，甚至会把学校引入歧途。因此，评估之前，一定要将多年办学的经验和创新提炼深化，上升成为一种科学的系统的理念。这种理念一方面要得到专家领导和社会的认可，另一方面要尽快地灌输到教师及管理人员的大脑里，落实在教学改革的实践中，形成卓有成效的校内外上下统一的一种共识。正确的理念可以指导学校各项工作进行有价值的创新，长期的、不断的有价值的创新可以积淀成为鲜明的办学特色。所谓“不积跬步，无以至千里，不积小流，无以成江海”讲的就是这个道理，这也就是所谓特色的积淀性。特色不是创新的简单积累和叠加，它应该体现在对学校整体工作的指导方面，这就是特色的整体性。特色应该与众不同，但与众不同的不一定都是特色，此即特色的独立性。特色必须是科学的领先的创新，还必须能够指导实践获得成效，这就是特色的先进性和成效性。除此之外，我个人还认为，特色要坚持与时俱进，不断地调整和完善，理念和特色本身也要创新，这可称为特色的动态性。特色是理念的体现，特色是创新的积淀，特色是质量的标志，特色是能力的象征，特色是学校生命存在的意义。因此，特色在长期办学的实践和迎评过程中的重要地位是显然的。我们设想一下：一位没有先进办学理念的校长、一所没有正确办学指导思想的学校，如何能够在办学的实践中不断创新，逐渐积淀形成自己的办学特色，如何能够被评为优秀学校呢？因此，我认为：不断地创新教育理念，树立正确的特色观，是搞好迎评工作的前提。

其次，关于以生为本的理念，可能应该转变“学生工作是配角”的观念。学生工作是学校教育工作过程中最重要的一个环节。它涉及学校是否稳定，教育方针能否正确贯彻，教学工作能否顺利进行的问题。学生是学校的产品，这个产品是否优秀或合格，表明了这所学校“人才培养工作水平”的高低。在教育教学的全过程中，抓教师是办学的基础和前提，抓学生是办学的目的和根本，两者应该是同等重要的。在办学过程中，应该体现“办学以教师为本，教育以学生为本”的思想。作为前提和基础，下大力气抓教师思想道德水准、业务水平、科研能力，使其全方位提高，这样做毫无疑问是正确的。但是，教师队伍综合实力水平所包含的内容，不是评估中一两天就能提高的。而人才培养工作水平、学校的教育质量、学生的能力在一定时期是客观存在的。因为学校一切工作的成就都体现在作为办学目的和根本的学生身上，所以在评估时就必须充分挖掘和展示学生所有的潜力和闪光点，亦即必须通过学生这个产品来充分显示学校人才培养工作的水平和成就。

再次，通过本次评估，尤其是在与各年级学生的深入访谈中，我有机会面对面地倾听、了解当代大学生的一些心声。一方面，他们思维活跃、信息来源丰富。另一方面，很多学生又对自己的专业、前途较为迷惘；既渴望增长知识、才干，又迷恋网络，甚至有厌学倾向。这些都为当代高校教师及管理者提出了新的教育课题，如何引导大学生能够以积极向上的心态更好地学习和成长，更好地适应快速发展的社会，更好地与人交流沟通等。在与相关教师的深入访谈中，我们也感同身受地体会到许多老师的无奈，经常出现老师认认真真地备课、上课，却很少有学生认真听课的情况。有的学生更坦言，老师怕学生。或许有些问题并非一时一地的个别现象，不过如何解决这些困境确实需要当代教育工作者深入思考与实践。

“学生发展”审核评估项目中发现的问题及工作启示

黄宣文
（信息网络中心原主任，高级实验师）

为了做好这次的审核评估工作，2014年下半年学校组织了本校的“专家”，依据教育部本科教学工作审核评估的标准，为期两个月，对我校教学工作进行模拟审核评估，这也是对我校教育教学工作的一个总结和肯定。本人参加了“学生发展”组的评估，通过这次的审核评估，谈谈自己的几点体会。

一、“学生发展”审核评估项目中发现的问题

（一）生源情况方面

大部分二级学院对生源情况未作详细的分析研究，如生源的集中地、各地录取分数和生源状况等。针对性的招生宣传措施不多，宣传的力度和主动性也就不够，所以提高生源质量有一定的难度。

（二）学生指导与服务

部分教师对抓教风促学风的认识不足，对学生的指导服务意识也就不强。这体现在以下几方面：

（1）大部分教师上课不考勤，部分教师怕管学生。学生上课玩手机的现象普遍存在，课堂纪律较差。

（2）作为传统的师范院校，特别是上师范专业课的部分教师，不懂得“十大教学技能”，不懂得如何组织课堂教学，不明白课堂教学的组织管理，不知如何做到德高为师、身正为范。

（3）个别教师教学能力较差，理论脱离实际，教学艺术欠缺。

（4）学生对所修课程的学习动力不足，缺乏对所修课程重要性的认识。

（5）教学改革真正落在实处的不多，传统教学模式普遍存在。

（6）个别教师在出卷、评卷过程中不按学校相关规定执行：出卷难易度不合适，改卷评卷工作马虎，评分中有加有减，评分修改时不签名，平时成绩给得过高等。个别教师在毕业论文指导中不够认真，如指导次数少、参考文献少或不规范、开题报告审读简单、指导教师签名代签等。作业和实验报告的批改也存在一定问题。

（7）有部分学院的新办专业存在师资不足、实验设施不足的情况，对新生的专业思想教育不够，各学期教学课程安排不够合理。部分二级学院举办的活动没有面对全体学生，吸引力低，脱离“以学生为本”原则，所以学生的参与度与积极性也就不高。

（三）学风与学习效果

（1）部分教师对抓学风方面认识有误区，学院的领导管理不规范，特别是在学风工作方面存在误区，认为这工作是学工口的事情，行政领导不抓、不管的现象较多。

（2）学生的学习氛围不容乐观，很少有授课教师对学习效果进行跟踪、评价。

（3）部分二级学院在提高就业质量方面的措施不多，职业规划教育不够规范、主动及全面，在“就业季节”营造的就业气氛也不够浓厚，与毕业生沟通招聘信息的方式方法简单（不能足够引起毕业生的重视），拓展就业渠道的积极性相对欠缺，需进一步加强就业跟踪调查和就业服务，提高毕业生的就业竞争力。

二、审核评估工作的启示

（1）要充分学习领会本次模拟审核评估的目的和意义。通过评估，我们感受到教学评估对教学的重要性和价值意义所在，整个审核评估工作将会为学校的“十三五”规划提供强有力的支撑。

（2）在评估中要破除“两个心理障碍”。一是不敢剖析自己，“藏着掖着”，不敢展示真实的自我。二是“瞻前顾后”，对前任领导的办学思想不敢大胆“扬弃”。学院要树立正确的评估观，以“平常心、正常态”对待评估，不弄虚作假，客观、实事求是地总结成绩，剖析问题，制定整改措施。

（3）对“教学为中心”“以学生为本”的内涵要有更深的认识。对提高专业性的评估能力和水平具有一定作用。抓教风促学风，良好的学风既是一种学习氛围体现，同时又是一种群体行为，不但能使学生受到潜移默化的熏陶和感染，还能使学生具有一种向上的精神动力。在良好的学风环境里，对培养学生的道德情操、价值观念、行为准则都具有极好的影响力，对学生自己的成长和职业生涯发展也能产生积极深远的影响。

（4）要强化学校是办学主体的意识（主人翁意识），促进教职工和学生爱校、爱岗敬业。学校是评估的主体和直接受益者。评估使学校领导层、各二级单位、全校教职工进一步摸清家底，从而认清自己，找准问题，进一步明确各自下一步的工作重点。

（5）要形成统一认识，凝聚人心，提升合力。要把撰写自评报告与评估的过程，作为进一步统一全院教职工的思想认识过程。即坚定办好应用型本科院校的思想，并使之成为全校上下一以贯之的办学核心指导思想；紧密结合学校“十二五”事业发展规划，并着力在“十二五”发展规划的基础上，进一步深化、提升。真正形成切实可行的具体措施，推进学校事业发展。

（6）要找准发展方位，促进学校及各二级单位发展目标的落地、落实。坚持“以评促建”，找准学校的“发展方位”，进一步明晰学校的办学定位、办学指导思想和办学理念，按照应用型本科的办学目标，真正形成切实可行的措施，大胆推进学校的教育教学改革，把“合作办学、合作育人、合作就业、合作发展”作为深化应用型人才培养方案的主要途径，不断推进人才培养模式的创新。

（7）要客观地审读学院的自评报告。一是通过自评报告看学院对评估的态度，看学院的精神面貌。对敢于深入剖析自己的学院，要给予充分的肯定；对自评报告不能反映学院教学工作实际情况、思路不清楚、分析问题不透彻的，要及时与学院沟通，建议学院进行修改，保证审核评估工作顺利完成。二是通过自评报告看学院本科教学工作水平和事业发展的状况及发展态势。

“三业”并举，促进地方院校审核评估工作迈上新台阶

潘春玲
（学生工作处处长）

高校本科教学工作审核评估是教育部主导的大规模高校质量监测工作，它必将引导高校合理定位，促进教学条件改善，推动学校形成特色，引领教学改革创新，完善质量保障体系，提升人才培养质量，促使高校向着正确的方向前进，解决或者部分解决高校发展中所面临的急迫问题。作为地方性本科院校，应结合工作实际，以审核评估为契机，高度重视审核评估工作，为自身把准脉，对症下药，努力解决发展中遇到的疑难杂症，争取实现跨越式发展。为此我们要做到“敬业”“专业”和“实业”并举，促进地方院校本科教学审核评估工作迈上新的台阶。

一、以“敬业”参与审核评估

本人参与的是“学生发展”审核评估项目，围绕“招生及生源情况”“学生指导与服务”“学风与学习效果”和“就业与发展”这四个审核要素开展工作。

首先，没有丝毫懈怠，以高度负责的态度，认真参加所有培训、会议，仔细阅读所有文件、表格，积极参加所有二级单位的集中报告会，促使自身尽可能深入理解审核评估的内涵，尽可能全面掌握审核评估的科学方法。

其次，按时按量并尽力保质，努力完成评估工作方案中规定的各项工作。在历时 50 天的评估工作中，不仅参加了 14 个二级单位的深度访谈，还听取了 19 个单位的报告、听了 4 个单位 4 节课，看了 6 个单位 10 节课，调阅了 6 个单位的试卷、论文和作业，并结合评估要求进行了审核。

二、以“专业”认识审核评估

教育部关于审核评估的一些文件和材料表明，审核评估不仅要求高校提高对人才培养的重视，还要求高校合理定位并个性化发展，形成自身的特色培养模式。因此，地方性本科院校应深刻把握当中的内涵，做好以下

两方面工作：

一是以教学为中心，重视本科生的培养工程。一方面，要建立长期有效的教学质量保障体系，监控和管理教学工作的各个环节；另一方面，要建立人才培养质量的社会反馈机制，及时调整专业设置、提高教学质量，促使人才培养质量得到根本保证。

二是结合本校生源、国家财政投入，教学和科研设施、师资力量、科研水平等情况，明确人才培养任务，在个性化发展中形成自身的特色培养模式。地方性本科院校的审核评估，主要是审核其人才培养的目标和结果是否符合本地区的经济社会文化的发展需求，与地区发展的需要和行业发展的需要是否相匹配；人才培养理念、类型、目标的设定与应用型人才培养是否相匹配；人才培养上是否有创新特色，学生的就业是否专业对口，等等。由此可以看出，地方性本科院校应以培养应用型人才为主，努力为本地区社会经济发展服务。

三、以“实业”感悟审核评估

高校人才培养最简化、最重要的三部曲是招生、培养、就业，招生是基础，培养是关键，就业是成效，三者相互依存、互为影响，且直接影响高校可持续发展。但地方性本科院校对这三者之间的衔接及数据利用上还不够紧密，具体表现在三个方面：

一是招生的多角度数据分析如何为专业设置、课程设计、招生计划制订等提供科学依据方面利用得不够；二是人才培养的方式、特色、亮点、成效等如何作为毕业生就业推介的设计筹码方面利用得不够；三是毕业生就业成效、就业质量、发展特色等如何作为招生宣传的响亮王牌利用得不够。

因此，地方性本科院校应花更多时间和精力做好顶层设计，使招生、培养和就业在学校整个管理机制中成为一个良性循环、科学对接、有序运作的整体，让人员、经费、职责的调配更顺畅一些，让相关职能部门、二级单位明确职责、各司其职，达到“以评促建”的目的。

在就业方面，毕业生的就业情况该怎么跟踪，跟踪些什么内容，学校层面要做到什么程度，学院层面要做到什么程度，经费怎么保障、人员怎么调配等，学校应根据审核评估的要求，设计一个总体规划和布局，最大限度地调动积极性，相关二级单位、职能部门应职责分工明确、共同协作的同时各显神通，提高跟踪结果的说服力和可信度；在培养方面，结合就业跟踪及质量分析等情况，及时调整和完善培养方案，完善质量保障体系，提升人才培养质量，突出特色和亮点；在招生方面，二级单位可结合专业的录取志愿、分数、报考冷热度、专业调剂等情况，通过调研、分析和论证等更科学地制订招生计划；同时，在确保招录工作的前提下，同步进行本单位生源质量的分析，尽快根据生源情况制定提高报到率和扩大招生宣传等举措。

借“评估”东风，进一步强化教学中心地位

张长城
（体育学院博士后）

本科教学工作审核评估是迎接教育部本科教学评估的一次大预演、总动员，旨在完善我校教学质量监控体系，提高本科教育教学质量，必将对教学质量的进一步提高产生重大而积极的影响。

一、评估强化了“以教学为中心”的思想

审核评估范围包括教学定位与目标、师资队伍、教学资源、培养过程、学生发展、质量保障以及自选特色等方面，覆盖全面，以对人才培养目标与培养效果的达成度为评估核心，以考察办学定位和人才培养目标与国家和区域经济社会发展的适应度、教师和教学资源条件对人才培养的保障度、教学质量保障体系运行的有效度、学生和社会用人单位的满意度为重点。

审核评估以党的十八大精神和教育规划为指导，坚持“以评促建、以评促改、以评促管、评建结合、重在建设”的指导方针，突出了内涵式建设和特色发展，使全校对内涵式、特色性发展的办学思路深化了认识，进一步强化了“以教学为中心”的思想，对于进一步提高教学质量具有重要意义。

二、“以教学为中心”应高度重视学风和教风建设

学风通俗地讲就是学习风气，它反映了学生总体的学习质量和学习面

貌。教风是教师队伍素质在道德、才学、素养、治教、作风等方面的总体反映，是凝聚在教与学过程中的精神动力、态度作风和方法措施。学风和教风是衡量“以教学为中心”的重要尺度和评价标准。

（一）评估中发现的学风和教风问题

学风和教风问题较多，但是以下两个方面尤为突出：一是虽然各个学院都重视学风建设，但是并没有形成良好的整体学习风气。总体而言，学风并不像我们想象的那么好，上课玩手机、迟到、睡觉等现象时有发生，个别情况还相当严重。二是部分教师不考勤，部分教师不敢管学生的现象时有发生。部分教师需进一步提高教学组织能力，理论脱离实际现象突出。

（二）学风与教风存在问题的原因

影响学风与教风的原因是多方面的，比如学习和就业、毕业率、评教等因素。就评教而言，教学效果的好坏，学生最有发言权。评教本身不但没有错，相反更有利于帮助教师发现教学中存在的问题，有的放矢，有针对性地解决问题，提高教学质量。因此，要高度重视学生评教工作，充分发挥评教提高教学质量的积极作用。针对评教对学风和教风的影响提出个人的一些看法如下。

首先，学生——评教主体因素对评教的影响。由于受到当今时代功利等不良思想的影响，在学生中存在厌学、旷课等现象，也出现了部分学生虽然学习积极性不高，但是为了个人综合测评成绩、获得奖学金或学分等利用评教来恐吓教师的极端案例。

其次，教师——评教客体因素影响。把评教与教师优秀评比、教师绩效挂钩，过分扩大了学生评教效果，使得“评教”优秀不再仅仅是一种荣誉，而更是一种实实在在的物质利益。部分教师不能正确认识“评教”，教学内容陈旧、教学方法单一，课堂氛围沉闷，有的甚至不能胜任教学。而为了评教得高分，有的甚至丧失职业道德，违反学校相关规定，出现向学生“索好评”或“讨好学生”的现象。这虽然属于个别现象，但在教师和学生中造成很严重的影响。

再次，就“评教”本身而言，在实际操作中也存在诸多问题。比如，教师评教得分往往相差以百分位计算，并不能真正区分优劣，而得分靠前者被评为优秀，对得分相差无几的靠后者则是不公平的。有的教师因为敢管学生，较为认真，往往被个别学生给“差评”，从而导致得分排名相对靠后，丧失评优资格。有的得到学生的高度评价，评语较好，而得分却很低。从某种意义上来讲，“评教”不单单是评教师，也是评学生。可见，过度依赖学生“评教”，以评教得分高低来判定一个教师的优劣，未免显得过于简单。

三、完善“评教”制度，将“以教学为中心”落在实处

“评教”对落实“以教学为中心”的理念，促进教学效果的作用和价值是毋庸置疑的。但是，“评教”过程中存在的问题，我们也不能回避。我们既要坚持“评教”，又要不断完善“评教”，唯有不断完善，才能做到“坚持”。就“评教”存在的一些问题提出一些建议，仅供参考。首先，就学生而言，要加强对学生的“评教”的教育，树立正确的“评教”观。其次，就教师而言，要加强师德师风建设，提高自我素养和专业教育教学能力，树立教师的职业荣誉感和神圣感，正确看待评估。最后，就学校而言，制定科学化的评教体系，确保评教客观、公正；不能过分依赖“评教”来评价教师优劣，要建立全面的教师评优的科学体系。

秘书工作的体会及对相关评估内容的建议

廖志凯

（学生工作处招生信息科科长，第五组秘书）

审核评估秘书工作是个全新的工作，要求扎实、细腻，非常具有挑战性；本人跟着专家组一起学习、工作，认真严谨完成相关的审核评估任务，收获颇多。下面是本人的一些工作体会和对相关评估内容的建议。

一、作为审核评估秘书，必须明确职责

（1）审核评估秘书很多时候是专家组决策的贯彻执行者和具体组织者，是协调员和通信员。因此，审核评估秘书必须加强学习，熟悉审核评估指标体系，以及各类评估用表，并能根据“工作所需、自己方便”的原则创新表格；同时，结合二级单位的抽签顺序，做好深度访谈的安排和联系工作。

（2）摆正位置、严格遵守评估纪律。审核评估秘书是专家组工作人员，但不是专家，主要负责专家组内的各类评估事务工作，不负责具体指

标的评估，所以很多时候不方便发言，更不能干预专家的评估工作；同时，对评估中一些工作安排、评估意见或结果，该保密的一定要保密。

（3）认真协助专家组开展实地评估和要素评估工作。第一，根据组长要求起草一些报告或通知，做好及时送达自评报告和相关表格材料工作。第二，落实好各专家的工作日程安排，实时发送温馨提示提醒专家，保证工作进度；如听课方面，根据专家组成员的任课情况，结合各二级单位的课程表和专家的听课课程选择，做好相关的前期安排及温馨提示，使专家更有准备、有底气地做好审核评估工作；调阅材料时，协助二级单位教学秘书把材料送到专家办公室，减少中间环节，尽量提高办事效率，使专家们更有时间、空间在做好审核评估工作的同时完成其他本职工作。第三，认真做好评估的意见、结果等的归类、统计、汇总工作，尤其是实地评估的结果汇总和调查问卷统计，必须确保准确无误，且方便专家组进行综合评估。第四，按时收齐专家的审核评估结果材料，做好备案和上交工作。

二、作为审核评估秘书，须好好珍惜机会、用心锻炼

（1）理解审核评估要素内涵，开阔视野。《普通高等学校本科教学工作审核评估方案（试行）》是2013年才颁布的，对高校办学来说，具有非常重要的指导意义；对搞好教学工作来说，则具有很强的现实意义。虽然其还是全新的概念，但审核项目是明确的，包括了六个必审项目和一个自选特色项目。六个必审项目是本科培养体系的核心要素，是一个紧密相关的完整评估系统，以“学生”为主线，有很强的系统性：新生通过培养“过程”被培养成应届毕业生（达到培养目标），而有效的培养“过程”，则必须有充足的“资源”且投入到位，尤其是“教师”资源；过程是否有效，目标能否达成，通过“管理”来保障。评估必审项目中的要素，相关结果与其他高校进行比较，就容易发现自己的优势、劣势、面临的机遇和挑战，促使制定科学的发展规划，向着正确的方向前进。当然，花园式的校园、完善的现代化教育设施、先进的办学理念、高素质的教师队伍、高效的内部管理的美好憧憬也自然产生。

（2）履行审核评估秘书职责，增长才干。第一，自学意识增强了。初次接触审核评估，理解不深，要干好审核评估秘书工作，必须要求自己想学、愿意学，不断深入了解审核评估的内容、要求等，不断思考自己该协助专家组做什么，怎么做才更有成效；同时，虚心向专家们学习，向同事们请教。第二，时间管理能力增强了。既要完成招生信息科岗位职责，又

要完成审核评估秘书工作，工作时间安排上肯定会有冲突。因此，必须有整体的规划，清楚自己每天的工作任务（阶段性任务），清楚工作的轻、重、缓、急等，合理安排好时间（大块时间、零碎时间、弹性时间、固定时间）。第三，沟通协调能力增强了。为了确保专家组有序开展审核评估工作，与专家们、二级单位的有效沟通非常重要。专家们除了审核评估工作外，还有其他科研、教学等工作，工作任务时有冲突；作为秘书，要清楚专家的一些工作任务（如上课等），在汇报前有沟通方案，方便专家听清楚、准备到位。如会议通知的落实，重点是时间、地点、内容、所需的材料等，是否跟实地评估时间有冲突，搭档的专家情况如何等需提前熟知，与专家沟通时简要明了；与二级单位沟通也需要点艺术，既要尽量不给二级单位添太多麻烦，又要确保专家组的通知到位，且能顺利开展深度访谈工作，因此，需充分结合其他专家组和相关访谈对象的工作、课程等安排情况来考虑；同时，最好有相关文字材料来传达确认，因为有时仅仅以电话沟通和邮件还是不够稳妥的。

（3）完成归类、统计、汇总及撰写等工作，促进本职工作的开展。由于在归类、统计、汇总等工作中获取了大量信息，对招生、培养和就业三者之间关系也有了更进一步的认识，招生工作是人才培养工作的起点，生源质量是培养质量的起点，就业质量是学校人才培养质量的窗口，培养质量的终点；生源数量与质量在一定程度上反映出人才培养质量与社会声誉，就业率与就业质量则反映出人才培养被社会的认可度。因此，在学校高度重视招生、就业工作的同时，作为招生信息科的负责人，更应按照学校总体要求扎实开展招生宣传工作和认真组织好广州美术学院的粤东片区专业考试工作以及运动训练专业的招生录取工作，采取有效措施宣传学校，吸引优秀考生报考，提高生源质量。

三、审核评估背景下，对招生工作的建议

（1）认识到生源数量与质量在一定程度上反映了学校的社会声誉。

以地方性本科院校为例，近几年来，地方性本科院校的招生受地域优劣势的影响越来越明显，考生越来越青睐现代化气息浓厚、经济发达地区的高校，即使其历史文化底蕴稍弱；而经济欠发达地区的高校，即使文化底蕴深厚，录取分数线也难改逐渐接近最低控制分数线的局面，前者往往比后者在招考生源和质量上占据优势，以致地方性本科院校在生源质量上难以提升。究其原因，或许是经济欠发达直观上给社会传递了“教育教学

资源欠缺或者落后”等信息，尤其是师资力量和教学设备这些已成为事实的劣势信息在社会和考生中慢慢有了固定印象。因此，师资力量不强、教学设备残旧落后等劣势逐渐影响了地方性本科院校的社会声誉，当然也就难以吸引众多优秀考生报考。久而久之，形成了哪个分数段填报什么学校的相对固定思维，因而生源数量和质量也在一定程度上反映了学校的社会声誉。

（2）认识到加强内涵建设是学校提升社会声誉的根本和提高生源质量的动力。

加强内涵建设，学校须注重发展自己原有基础的同时，发展自己的特色，提升软实力，推进科学定位。一是加强特色建设，在特色专业、特色教学、特色文化、特色环境等方面下功夫，让社会和考生容易感受到“有特色的大学氛围就是与众不同”，“有特色的大学就是读书的好地方”；二是强化实践教学管理，不断增强学生的实践动手能力，让其感受到可以学有所成，成为社会迫切需要的复合型、实用型人才；三是加强市场调查和就业跟踪，适时调整人才培养方式，通过优化师资结构，合理设置课程，使教学内容紧扣社会的实际需求，让学生感受到所学的信息新、不过时，学得开心；四是完善教学质量监控体系，将教学和信息反馈的整个过程中影响教学质量的一切因素都涵盖到教学质量监控体系中，形成一个有明确任务、职责、权限，相互协调、相互促进的教学质量管理的有机整体，让学生感受到学风好、教风好，学得放心；五是深化校企合作和对外交流合作，让学生感受到视野是开阔的，办学是开放的，学得舒心。总之，紧密围绕人才培养质量、着力内涵发展的过程是非常实在的，社会、考生是可以感知的。因此，当内涵建设取得的成效被更多优秀考生知晓和认可时，填报的可能性就会增加，整体生源数量将增加，而生源质量也将得到提升，哪个分数段填报什么学校的相对固定思维就会被打破。自然而然，良好的口碑也从中得以慢慢形成。

（3）认识到内涵建设的成效在常态化且准确到位的宣传中，才能得到社会和优秀考生的知晓和认可。

在当前高校竞争的白热化、学生择校的精细化、市场争夺的无序化的新形势下，内涵建设成效的宣传务必常态化。既要整合各方面的资源做到信息共享，又要各院、各部门相互支持和配合，确保内涵建设成效宣传让社会和优秀考生易知晓、易理解、易烙印；同时，合适的时候努力营造一定的氛围，组织师生奔赴各地、各中学与优秀考生进行面对面的宣传，使优秀考生更清楚办学理念、办学特色以及专业的选择填报。为使宣传准确到位，还需做好以下几点：

一是加强爱校教育，引导在校学生自觉成为宣传员。在校学生是学校最好的宣传员，对学校当前培养体系情况、改革动态、喜讯、特色、师资等是比较熟悉的，表达得更真实、客观，更容易让社会群体、考生等相信和接受。因此，突出以生为本，在校园文化活动、课堂教学甚至是学校改革发展的重大问题中不断渗透以生为本理念，让学生知晓学校、理解学校、热爱学校，以学校为荣，在其身边和人际交往中始终讲述着学校的美好，维护着学校的社会声誉。

二是做好校友工作，时刻传递母校动态。校友也是学校非常不错的宣传员，不管是知名校友，还是默默无闻的校友，对母校曾经以生为本的点点滴滴或许仍历历在目，对母校存在的优势和劣势、面临的机遇和挑战或许也了然于心，其广泛的人脉关系、社会影响力均对母校起着潜移默化的宣传作用。

三是充分利用媒体，拓开宣传面。①内容上须扬长避短，突出自身优势方面宣传，同时及时更新校园网内容，充分展示办学内涵、特色和亮点等；②渠道上须优选媒体，尤其是在微信、微博、QQ 等新媒体平台宣传，努力做到电视上有形象、报刊上有文章、网络上有信息、咨询会上有身影；③时机上，在坚持常态化的同时，特殊时点选择特殊媒体进行特殊宣传。

四是成立一定的组织，详细分析招生生源质量数据。科学合理的招生计划，针对性强而有力的招生宣传，都离不开生源质量数据的系统分析。不分析各专业的录取志愿、分数情况、专业调剂情况等，招生计划的合理性就值得商榷，招生咨询过程就可能给出错误的信息；集中生源地、各中学生源情况和录取分数段的情况等分析不够系统、全面，招生宣传就没有针对性，效果可能事倍功半。因此，作为招生宣传绝对主力的二级学院十分有必要成立招生队伍，结合学校常态化的宣传要求，最好还是由师生组成的队伍，在开展如调研、分析、论证、信息共享等相关工作时进行宣传，时间上、空间上更有保证。

五是以营销理念武装头脑，向社会和考生展示良好的师德师风。当今社会，营销理念运用非常广泛，尤其是核心理念——顾客满意，不仅对高校转变培养人才观念、改革专业设置等有重要的推动作用，而且能够直接影响招生工作效率的提高。结合招生工作实际，若把优秀考生视为顾客，学校则必须了解他们的需求，在节约经费成本的同时，通过品牌宣传建立自己的知名度，通过顺畅的沟通与他们建立良好的关系，使他们方便地获取相关信息，争取得到他们的青睐，吸引其填报，从而达到生源较足较好的目的。因此，全体教师须始终严守师德，关爱学生，关注社会，想学生之所想，教学生之所需，全心全意向社会和考生展现良好的师德师风。

校内审核评估中关于“质量保障”的若干思考

刘红梅
（外国语学院教授）

教学工作是高校工作的核心，也是大学生成人成才的关键。从系统论角度看，教学工作并非单向、线性、固化、孤立的工作，而应是复杂的、多向的良性循环系统。任何一个开放的、不断进化的系统都有反馈与评价的子系统，因此，以良性发展为宗旨的教学工作系统离不开强有力的“质量保障”工作。为此，教育部普通高等学校本科教学工作审核评估将“质量保障”作为六个审核项目之一，通过对教学质量保障体系、质量监控、质量信息及利用、质量改进等四个审核要素及11个审核要点的评估，来判断评估学校教学质量保障体系运行的有效度。笔者有幸作为专家全程参与嘉应学院校内审核评估工作，下面结合本人负责的“质量保障”部分的审核评估工作，谈几点认识。

一、“质量保障”应体系化、专业化

“质量保障”作为教学工作的子系统，其工作涉及具体教学工作的各个层面，如教学准备、理论教学、实践教学、课程考核、毕业设计等。“质量保障”的前提是建章立制，完善教学制度建设。本次校内审核评估中，超过一半的院部建立了各项质量标准，能够按照本项目的要求制定各种教学制度。如化学与环境学院建立了《人才培养方案质量标准》《专业建设质量标准》《课程建设质量标准》《教材建设质量标准》《实验室建设质量标准》等；社科部制定和完善了《社科部教学管理制度》《社科部教师工作职责》《社科部关于加强师德建设的有关规定》《社科部教研室工作条例》《社科部课堂教学管理制度》《社科部关于做好期末考务工作的规定》；地理科学与旅游学院修订了26个教学管理文件、实验教学管理文

件，教学质量保障体系包括：质量标准建设、质量保障模式及体系结构、质量保障体系的组织与制度建设、教学质量管理队伍建设四个方面，教学质量监控体系（包括自我评估及质量监控内容与方式、自我评估及质量监控的实施效果两方面）等；体育学院构建了“体育学院教学质量保障体系”，包括组织管理、质量目标、资源管理、过程管理、质量评价和激励约束六部分内容。

“质量保障”工作是一项兼具学术、技术、艺术的综合性工作，尤其是对教学质量保障体系运行的有效度的判断，它需要专业的队伍予以有效实施。由于督导组一般由学术与教学俱佳者担任，所有学院都强调督导组在“质量保障”中的积极作用，有的院系建立了多级质量保障体系，如电子信息工程学院确立了四级教学质量监控组织：院领导、教学督导组、系主任、教务秘书；体育学院设置了指导机构、办公机构、系部中心和教研室，各机构各自有专门的挂钩领导，负责不同的功能。总体来说，各院部关于“质量保障”工作分工明确，使具有学术专长与教学管理技术专长的人才参与“质量保障”体系的建设工作，大大提高了工作效率。

二、“质量保障”建设要创特色

“质量保障”是一种常态化的日常教学管理工作，但必须有“寓特色建设于日常教学管理之中”的理念。从本次审核评估工作看，各院部的“质量保障”工作也非常重视常态化、日常化，如土木工程学院的“质量保障”工作包括教学管理工作质量评估、教师教学工作考核、专业评估、课程评估、学生学业质量测评等；政法学院的“质量保障”包括“常规教学检查、教学工作状态评估、课程评估、学生学习质量评估、教师课程教学质量评估”等。上述日常评估类型多样，能做到教学内容、教学时段、教学对象、教学流程的全覆盖。

各院（部）的“质量保障”工作都能与学校教务处、督导组等工作对接，能合理、有效利用学校既有的平台与制度，及时把握质量信息，加强教学质量的监控。因此，这样的“质量保障”工作做到了有据可依、有章可循，各人员相对专业且固定而非临时抽调。各院（部）教学既有相似的教育教学质量保障规律，又有各自的学科与专业特色。因此，笔者认为，教学“质量保障”工作的有效度必须首先保证做好扎实的日常教学管理工作，而不求毕其功于一役；更不鼓励鲁莽的创新，而是在有一定成功经验的基础上审慎的创新。另外，基于各院（部）均有数十年的办学历史，积累了丰富的教学“质量保障”经验，为达成“办国内知名特色大学”的办学目标，各院在“质量保障”建设中，不仅要合理引进兄弟院校成功的“质量保障”经验，更要勇于改革，坚持将日常教学管理工作做出特色、做出水平、做实做强。如经管学院从2012年开始每学期实施“公开听课”制度，全院所有教师的课程欢迎全校师生观摩、监督；① 美术学院成立教师专业发展中心，提高教师教学能力等都是很有特色的“质量保障”措施。

三、“质量保障”需合作与统筹规划

“质量保障”涉及方方面面的工作，它需要多方力量通力合作，如美术学院的“质量保障”人员包括总支书记、院长、副院长、院长助理、教研室主任、督导组、办公室主任、实验室主任、辅导员、教务秘书等人员。一般来说，各院系能有效建立合作与统筹规划工作，如文学院建立了“一条渠道、两个制度、三种分析、四类评估、五个观测点”的质量监控方式，其“院长—副院长—教学秘书—教研室”为主线的院级教学管理体系实际上对“质量保障”工作进行了较好的统筹规划。

但是，在校内审核评估中，我们也发现个别院（部）存在领导之间缺乏有效合作，有些工作只是让某教师临时客串而无固定人员进行专业管理，“质量保障”工作要么存在管理交叉而相互扯皮，要么存在管理盲区；有的院（部）不注意质量信息的收集与利用；在现场考察之中，部分教务秘书、系主任，甚至副院长对某些“质量保障”工作也是答非所问，这些问题要在今后整改中不断完善。

总之，教学质量保障体系是大学教学工作的定海神针，也是教学系统极其重要的且专业性极强的工作。因此，质量保障工作一定要注意制度建设、队伍建设，将质量保障工作落实到教学的每一个环节，关系到教学中每一个学生的发展。从某种意义上说，质量保障工作关乎学校生死存亡，质量强则学校强。因此，质量保障工作既需要扎实的作风，又需要专业的学养，更需要前瞻性的审思。

---

① 经济与管理学院“公开听课”邀请函，http：//www.jyu.edu.cn/news/2012－09/1347352947d83815.html。

教学质量信息及利用

张 诺
（音乐学院副研究员）

教学质量信息及其利用，是教学质量保障体系的重要组成部分。如果能够充分地采集、搜集有关教学的各种信息，并集中地把它管理起来、充分地利用，那么对提高教学质量会起到积极的促进作用。

一、教学基本状态数据库的建设

在我们日常的工作中经常会遇到一些临时性的紧急任务，如上级领导的临时检查、国家及学校有关教学的各种评估活动，这时上至领导下至教师大家会手忙脚乱地一起搜集、拼凑各种有关材料。如果我们二级教学部门能够建立起一个完整而又统一管理的教学基本状态数据库，那么无论遇到什么样的临时检查、评估任务，我们都能做到心中有数、临阵不乱。

建立教学基本状态数据库主要从以下几方面着手进行：

（1）教学资源数据采集：教学人员素质数据、教学设施数据、教学经费数据、教学技术手段数据、教材数据。

（2）培养活动数据采集：领导对教学的重视数据、教学法规建设数据、教学计划执行数据、理论教学数据、实践教学数据、作业辅导答疑数据、考教分离数据、课外学分数据。

（3）学习活动数据采集：学生分布数据、学生素质数据、学风常规检查数据、学习效果数据。

（4）管理活动数据收集：管理工作条件数据、管理队伍状况数据、管理运行过程数据。

（5）招生与就业质量状态数据收集：新生入学数据、考生第一志愿报考数据、毕业年级学生数据、毕业生用人单位反馈数据、毕业生就业主要分布区域数据。

二、质量信息统计、分析、反馈机制

（一）信息统计

信息采集源主要分为校内和校外两个部分。二级学院内的信息源主要有三类，分别为学生的信息、教师的信息以及教学管理的信息。二级学院外的信息源也主要有三类，分别为社会对高校人才的需求信息以及本校毕业生就业信息、其他同类型学校的发展动向和成果、政府主管部门对高校教育教学的信息。二级学院在常规的教学工作管理中必须要统计的教学质量信息有：第一，教学过程信息，包括：①学生出勤率统计；②教材使用情况统计；③教学手段使用情况统计；④教师调停课统计。第二，教学效果信息，包括：①外语四六级过级率统计；②考研情况统计；③各类竞赛的成绩统计；④毕业论文成绩统计；⑤学生评教结果统计。第三，教改建议信息，包括：①教师关于改进教学环境的各种建议；②教师对教学管理制度的各种意见和建议；③学生对教学质量和教学管理制度的各种意见和建议。第四，其他信息，包括：教师有无教学事故、学生有无考试作弊行为的统计。

（二）信息分析

一是教师教学质量信息分析。包括教师的专业素养、教学的实施过程、教学的内容、教学目标的实现程度、教学的态度等。二是教学过程检查与分析。通过教学检查可以监督教学过程的规范、正常进行，促进教学管理科学化、制度化、规范化。三是教师工作状态分析。通过对教师工作状态的评价和分析，可以促进教师工作的主观能动性及创新性。

（三）信息反馈

信息反馈机制的作用主要是将教学检查、听课、学生评教、教师评学、教学督导、学生教学信息员、学风检查、毕业生质量调查、教学管理工作质量评估、教师教学工作考核、专业评估、课程评估、学生学业质量测评等各项工作的结果反馈给教学工作领导小组和个人，以进一步改进和提高教学与管理工作。教学质量信息的反馈机制主要由常规教学检查反馈、专项评估反馈、课堂教学质量评价反馈、教学督导反馈、学生教学信息员反馈和人才培养质量反馈等内容组成。

综上所述，建立起一个完整的教学基本状态数据库以及充分地利用各种教学质量信息，对我们今后提高教学及教学管理工作会起到良好的效果和积极的作用。总之，我们的教学及教学管理工作就是要走科学的、合理的、规范化的道路。

参与预评估，促我再成长

杨期和
（生命科学学院教授）

2006 年学校接受教育部的本科评估，我作为刚进校两年的一名普通的老师，评估期间只要负责上好自己的课，熟悉一下学校和二级学院发给我的一些关于学校和学院的办学历史、办学定位、办学特色和教学状态的基本数据方面的材料，基本就可应对专家对本人的抽检，工作相对简单和轻松。此次预评估，我被学校聘任为预评估的专家组成员，经过这种历练，觉得自己像一个合格的大学老师了。感慨颇多，总结起来，可以用以下两句话来概括：

一、欲识庐山真面目，不能栖身此山中

2006 年的评估期间，我更多地看到学校和学院领导、校内专家忙碌的身影和匆忙的脚步，虽然也有幸和专家们接触过，但机会甚少，很难聆听评估专家的教诲。上课的“五大件”备齐了、教案和课件也基本背熟了，只是坐等评估专家抽检，没抽上是幸运，抽上了也不怕，因为个人的“准备工作”完成得不错，也不会过于紧张。但学院领导总是觉得院里的评估工作做得不尽如人意，今天要上交这个文件，明天要补充那个资料，后天又是紧急通知动员学生，搞得人心惶惶。当时由于对本科教学评估认识不到位，我觉得是小题大做，甚至从内心上有些许的排斥。

2014 年下学期的期初被学校聘为预评估专家组的成员，坦率地说，本人还不是真正的评估专家，但经过一个学期的学习和体验，本人对本科教学工作的认识有了长足的进步。我所在的预评估的第六小组，有邓晋宜老师，他任过二级学院（系）的院长和教务处的负责人，也是学校督导组的资深督导老师，多次参加过学校的本科教学评估工作，经验老到，评估的尺度拿捏得颇有分寸，是一位真正的评估专家；还有林勤青教授，即现在的宣传部部长、教务处前处长，对本科教学工作的评估颇有经验，在整个评估工作中表现细致、耐心和有大局观，让我佩服得五体投地；而刘红梅教授一直是外国语学院的督导组组长，对教学工作评价是内行，评价时面

面俱到、点面结合，给我留下了很深的印象。跟着这几位专家在一起，自然就学到很多评估的方法和技术，我个人也从开始的手足无措变得越来越有底气。我虽然还难说是一个合格的专家，但正走在成长为专家的道路上。

评估方针是“以评促建、以评促改、以评促管、评建结合、重在建设”，相信绝大多数人都能背熟，但真正要体会其内涵殊为不易。评，就得有评分标准，那就得涉及：评估哪些方面，如何确定评分等级？教育部的一级指标分成专业建设、师资队伍、教学条件及利用、教学过程与管理、实践教学、教学效果和专业特色等方面，而一级指标又包括哪些二级指标？因此，参与其中才知道评估工作的复杂性。作为一个评估专家，得找很多参考资料来提高评估工作的业务水平。作为一位只负责教学的教师，我的认识就是“我是一颗螺丝钉，铆紧位置就尽了我的本分”，很少顾及螺丝钉之外其他的部件，而好的教学工作不仅仅是上好几门课，正好比只有一颗好螺丝钉未必就是一台好机器一样。我看到的只是自己的岗位职责，而很少去考虑学校的集体效应，只是看到教学工作的局部，而很少看到高校作为一个整体，其各个职能部门应该怎样才能协调合作，维持教学工作的正常运转。正是“欲识庐山真面目，不能栖身此山中”，不能在树丛中被树叶障目而不见森林。

二、文人相轻不可取，他山之石可攻玉

参加了18个二级单位的评估，我感觉到任何一个二级单位都有自己的优势，也有自己的短板或劣势。金无足赤，人无完人，自然之理，无可厚非。一个二级单位有不足，不是坏事，关键是正视自己的短板，而不是去掩饰和忽视。本次的评估是我校自己组织专家去找缺点，评估是对事不对人，但由于评估的结果与年终的绩效挂钩，有些学院和教师认为专家来评估就是来挑刺的，甚至是来整人的，评估时有抵触情绪；专家指出不足时，进行合理解释当然可以理解，但有个别人却狡辩甚至出言不逊，说话不经过脑子，本人觉得殊为可悲。一些年轻教师有这种行为还可原谅，这是血气方刚、少不更事所致，年轻人还有时间允许他们犯错误，还有改正错误的机会；但有些教师已是年过不惑甚至超知天命之年，还如此鼠目寸光，也算是奇葩了。高校的教职员工，自然都是文人了。文人相轻，自古有之，但这是古文人的臭毛病，现代社会应该否定之。在教学中，每个老师都有各自的特长，每个学科都有各自的特色。取长补短，博取精华，丰富自己，是一个热爱教学工作的教职工所该有的正确态度。

面对当前高校招生就业竞争的这种严峻的形势，学校领导审时度势、高屋建瓴，花费巨大的精力来开展本科预评估。按照学校领导的工作部署，是自己给自己把脉，找出不足加以改进。评估专家在领导们的感召之下，不能有辱使命，要将工作做到实处，不能简单地走过场。说白了，我们的工作虽然会找“亮点”，但主要是找“瑕疵”。我个人的深切感受就是：本次预评估明显增强了广大教职员工的忧患意识、危机感、责任心和主人翁精神，有利于迎评促建工作更上一层楼。虽然我本人还不能算是一个完全合格的专家，但学校组织的这支队伍总体上是一支对教学评估指标体系有着专业、深刻认识的队伍，花一个学期的时间深入各二级教学单位进行调研，能够对学院的基层单位有透彻的了解，同时各方面与学校相衔接，更有针对性地提出问题、分析问题、解决问题，使得学校整体同步协调发展。

有了上述的理解，学校的“文人”们或许就不会对评估产生误解了，就会对评估专家的现场评估发自内心地表示欢迎。至于与年度的绩效挂钩，这也是自然之理，因为自从 2006 年合格评估取得了良好的成绩之后，校领导一再强调那不是终点，那只是一个新起点，“以评促建，重在建设”，那么经过 8 年的建设，各二级单位到底做了哪些“建设”工作，其成效如何，总得有个评价，与绩效挂钩，无可厚非。平心而论，本次的评估是相当公平、公正的，基本上是对各个二级单位八年建设水平的评价。评估之后，定出成绩，评估组还写出反馈意见报告，专家组提出的意见和建议，也给今后的整改指出了方向，有针对性地整改，可保证各项教学工作做得更好。二级单位之间可以相互学习，取长补短，而不是抱怨甚至诋毁。正所谓：文人相轻不可取，他山之石可攻玉。

总之，通过此次评估，本人进一步体会到教学评估的重要性，评估促进了学校的建设与发展。通过迎评，学校在“建”“管”“改”等各方面提升了一个台阶。我发现我所在的学院，在教学工作的方方面面不断地查漏补缺，教学管理环节进一步得以加强，教学质量监控体系得以完善。评估专家对教学各环节的管理工作给予具体、细致的指导。做好教学工作水平评估工作，有利于提升学校教学改革的理念和拓展学校教学改革的思路，完善教学改革的措施和加强教学条件及加强师资队伍的建设，优化教学环节和提高教学质量，提升办学水平和提高学校的社会地位。在“一定要把评估工作做好，要确保优秀”的强大信念支撑下，许多二级单位的教职工都充分重视，积极投入，牺牲了很多休息时间，节假日都在办公室里加班加点，争取在未来下一轮教育部的评估工作中取得佳绩。

教师对教学的全身心投入是学校的生存之本

王海燕
（社会科学教学部教授）

在校长的直接领导下，近两个月的学校本科教学审核评估圆满结束了。以本人的经历来说（曾经参与过几所学校的本科评估工作），此次所进行的学校自我教学审核评估，无论其重视程度、设计内容、动用人力等，可谓前所未有，故所取得的成绩显而易见。作为参与其中的一名专家评委，在整个评估的过程中，我也受到了很大的触动，进而引发了一些思考，结合自己所分工负责的指标，下面谈几点认识。

一、教学管理制度与教师教学个性的兼顾

这是本人很长时间以来一直思考的问题，在这次教学审核评估中，更加认识到了它的重要性。

通览中外，任何一所学校都不可能没有教学管理机构和教学管理制度，这是保障教学秩序及其质量必不可少的。但应该设计一个什么样的制度？教学职能管理部门怎样工作？应具备什么样的教育理念？诸如此类问题，各个高校不尽相同，甚至相去甚远，自然所取得的教学效果和学校产生的社会影响也完全不同。尤其对那些中外的名牌大学，作为地方院校的我们应该从它们身上学习哪些有价值的东西呢？远的不说，就说我们国家的北大吧。对于北大的传统和精神具有个性的概括就是：思想自由，兼容并包。因为有了这种精神，所以才致使早年的北大聚集了那么多各具特色的大师级人才，也成就了北大历史的辉煌。如何解读北大精神？个别人对此有些误解。关于“思想自由，兼容并包”，我们绝不可片面地去认识，绝不可把它与自由主义或者什么社会思潮等相挂钩，更不可上纲上线到政治的层面加以曲解。我认为它的真正含义应该是指各种学术思想和观点上的百家争鸣、教师教学方法和风格的百花齐放。北大作为我们国家最高层次的学府之一，思想自由、兼容并包的精神传承使它不断延续，弥久不衰，并创造着新的辉煌。

北大是我们的学习榜样，我们要学习北大“思想自由，兼容并包”的

精神。作为地方普通高校，可能我们无法完全达到像北大那样的高度，但我们可以怀着一种崇敬的心态一点一滴地去学习和借鉴。首先，对教学的管理，据我了解，我们学校的很多教师对教学管理及其相关的一些制度不太满意，对某些做法甚至有抵触情绪，这些都极大地影响了教师教学的积极性。对此学校及相关部门应该做一些实地调查，及时了解教师的意见和想法，然后进行认真分析，根据需要不断地进行调整和改进。我个人认为，教学管理制度的制定首先要建立在对教师的充分尊重和信任的前提下，以便获得广大教师的积极配合，否则其结果只会事与愿违。其次，对于课堂教学，应该放权给教师，尤其在教学方法上，应该充分发挥教师的积极主动性，不要拘泥于传统形式，更不要硬性规定一些条条框框，让教师们可以自由地展现他们的教学风格，从而使学生们能够领略到各种各样的方法，以便激发学生们的学习兴趣，提高教学实效。在评价体系上，制定出鼓励教师多创新的具体措施，使教师在教学方法上愿意动脑筋、多探索，勇于尝试，不断总结经验，进而完善课堂教学。同时通过教师们的各显其能、各亮风采的讲授，促使学生学习兴趣的提升，实现教学相长。

总之，教学管理要更新理念，要抓大放小，避免事无巨细，造成无用功、费力而不讨好的结果。各种制度和措施的制定，要充分体现教师的主体地位，做到制度保障和教师积极性二者的有机结合，相辅相成，合力发挥作用。

二、教师对教学的全身心投入是学校的生存之本

教学质量的提升，关键在于教学的主体——教师。而教师对教学的投入多少，则直接导致教学质量的好与坏，进而也就直接影响着学校的声誉和生存。一个教师若能将全部精力投入教学，孜孜不倦，持之以恒，不被社会上各种诱惑所左右，那么这样的教师，他的教学效果一定不会差。从目前我国高校的总体状况看，教师们对教学的投入不够，我们学校亦如此。其原因大家都很清楚，与整个大的社会发展环境有关。随着市场经济的发展，社会上某些因素对学校及其教师造成了很大冲击，原本属于发挥教育本身固有的功能和教育工作者应有的职责受到了削弱，很多教师很难做到爱岗敬业，自然也就无法做到全身心地投入教学，学校的教学质量也就难以得到保障。这是我校目前在教学上存在的主要问题之一，当然也是全国高校普遍具有的现象。怎样改变这种状况？我认为，首先，要在制度层面上缜密设计，从硬件上进行规范。衡量和检验教师对教学的投入，需

要有具体量化的指标，除了我们学校原有的学生和教师同行的课堂教学评价（实际上同行的评价各个院系几乎都没有落到实处）之外，还应该包括所谓“外行”（各级领导、职能部门人员、教授、督导以及不同专业教师们的听课反馈等）诸多角度的评价，还有该教师的专业学术成果和教研成果诸多因素。有专业功底，教学就有深度，有教学研究体会，就说明教学投入多，教学效果自然就好，这是一个良性的循环，其检验的指标是显而易见的，并且易于操作。其次要在教育引导上下功夫，从“软件”上进行提升。课堂教学是一个系统的工程，除了规章制度要先行之外，同时也要重视软件方面的建设，也就是说要在精神层面上多做文章。尤其要重视对教师们职业道德和价值追求方面的教育引导，加强师德师风建设，在校园内营造浓厚的正能量氛围，使广大教师能够并愿意全身心地投入教学，人人努力争做一个负责任并具有强烈的使命感的受学生欢迎的好教师。

相信通过此次教学审核评估，学校相关的制度建设能够得以完善，教师的责任意识能够得以强化，学校的文化内涵能够得以提升，学校的各项工作能够具有新的起色。

以审核评估为契机推动地方高校院系教学质量保障体系建设与完善

王赢利
（教务处副处长）

2014 年 4 月，为更好地贯彻落实教育部审核评估，我校根据《教育部关于普通高等学校本科教学评估工作的意见》（教高〔2011〕9 号）、《普通高等学校本科教学工作审核评估方案》（教育部，2013 年 12 月）等文件，制定了《关于印发嘉应学院本科教学工作审核评估方案（试行）的通知》（嘉院〔2014〕114 号），并于 9 月至 12 月组织了校内审核评估，针对审核评估的各要素展开自查、自评和整改工作。

学校高度重视评估工作，精心组织，全面发动，紧紧围绕评估的五个度“人才培养目标与培养效果的达成度、办学定位和人才培养目标与地方区域经济社会发展需求的适应度、教师和教学资源条件对人才培养的保障度、教学质量保障体系运行的有效度、学生和社会用人单位的满意度”以及审核评估规定的6个项目、24个要素和64个审核要点及自选特色项目展开。各学院从各自专业办学目标及特色出发，认真梳理了院系的沿革和现状，分析了在教学育人、教学投入、教学管理等方面的成绩和不足，并从教学组织建设、制度建设到质量监控等方面认真自查、自评，有力地推动了我校二级单位质量保障体系的建设及完善。主要体现在以下几个方面：

一、规章制度更加完善

规章制度是高等教育教学管理规范化、有序化的前提和保障。我校各二级单位在我校原有教学质量管理制度下，结合办学目标和方向，制定了人才培养方案制定办法、课程大纲制定规范、听课制度、考试管理规定、监考员职责等。一些理工科学院结合自身特点，补充了富有专业特色的实践管理、考核管理以及试题标准管理规定等教学管理制度，实验室也根据实验管理需求制定了特殊实验室、特殊实验仪器管理等规章制度。制度建设的完善使得教学管理有制可依，有章可循，为教学管理提供了有力的保障。

二、组织建设更加健全

高校中的二级学院是教学活动的直接组织者，也是教学管理的管理、监控者，其组织架构是否合理和健全对学校教学质量的水平的提高具有非常重要的意义。此次校内审核评估，我校各二级单位落实责任，统一认识，建立健全了由党政联席会、教学工作委员会、学术委员会、学院督导组、系主任和实验室主任等成员组成的教学管理、教学质量监控的保障体系组织，为教学管理、监控和实施的顺畅运行提供了坚实的后盾。

三、学生的主体地位更加凸显

教学管理及人才培育的关键是学生，高等教育一直强调要“以学生为中心”，而学生学习质量是教学质量的主要体现。以往的教学管理只注重“教”，学生学的积极性与学习的效果一直未得到足够的重视，或者做了工作但未及时进行资料汇总和总结，使得学生培养的效果缺乏强有力的资料支撑。一些学院通过此次评估，对此问题进行了认真思考，并在总结材料的基础上结合专业特色进行了整体规划和设计。比如外国语学院为提高非英语专业学生的英语水平，举办新生双学位精英班，对高年级学生积极开展英语角、英语大赛等，近年来学生取得了很好的名次，全校四级通过率比例逐年增加。生命科学学院将理论教学、实践教学、第二课堂巧妙地融合，通过增加课外野外植物考察等实践活动，大大提高了学生对专业的兴趣。电子信息工程学院通过实施考教分离、导师制，举办创新实验室项目、专业知识竞赛、大学生科技创作大赛等调动学生学习积极性，近年来，该院学生获得校级、省级、国家级专业竞赛奖励的人数连年攀升。

四、质量监控落实更加到位

我校经过合格评估，已经逐步形成了学院领导听课制度、年度教学工作检查制度；建立了校级、院级教学督导、教学管理人员、学生信息员为主的教学信息反馈模式，以及专家评教、同行评教、学生评教三位一体的教学质量评价体系。以上措施对教学管理的加强、教学质量的提高都有着积极作用。此次评估，首先学校教务处对于学生教学质量评价体系部分，在认真听取各二级单位意见的基础上反复进行了修改，并将同行评教的自主权下放到各二级单位。各二级单位根据专业特色和学院情况自行制定同行教学质量评价方案及标准，充分调动了二级单位主体教学管理和监控的积极性，使得质量监控落实更加到位。

五、教学信息化建设更上一个台阶

新形势下，教学信息化建设作为高校建设的重要组成部分，体现了学校整体办学水平和教学服务质量。为提高教学信息化建设水平，我校投入大量资金加强基础设施建设，如更新扩容校园网、新建和更新多媒体设备、打造英语自主学习平台、丰富校园图书馆数字资源以及建立网上教学信息资源系统等，为教师改进教学和学生网络化学习提供了很好的技术条件和环境。部分二级单位充分利用学校打造的信息网络平台，将教学特色专业的核心课程、校级精品课程、公共基础课和专业基础课传上网，实现优质课程资源网上共享，鼓励教师采用网络教学平台系统进行多样化的教学以及建设专业试题库，为考教分离做了很好的铺垫工作等。

六、结语

总之，教学质量保障体系是一个复杂的工程，其组织架构、制度标准以及监督运行直接影响到教学质量保障体系运行的有效度。此次校内评估促进了各二级单位对教学质量保障体系的认真、全面思考，并从学校办学目标、人才培养目标、教学管理需求等方面出发，查漏补缺，制定了符合各二级单位特色的教学管理规章制度，强化落实了学院领导、督导专家、系主任以及同行听课、评课制度等。二级单位教学管理、教学监督的主体地位的加强，对教风和学风建设有着很好的促进作用。但还必须认识到，我校教学质量保障建设还存在许多不足，各二级单位对其认识和建设水平参差不齐，制度建设仍需完善，质量监督和评价体系有待提高，制度落实有待继续加强。在新形势下，如何继续完善符合应用型人才培养模式的教学改革和发展的质量保障体系仍需深入研究。

做好制度建设及其有效执行

孙　涌
（教务处教务科科长，第六组秘书）

没有规矩，不成方圆。科学、完善的制度是保障学校正常运行的基石，是提高教学质量、实现学校跨越式发展的基本元素。制度意识不强和执行力度不够，是一个问题的两个方面。这都直接破坏了学校的正常运行，带给教职员工错误的信息，助长了不良风气的盛行。制度形同虚设，学校必定混乱无序。因此，学校为迎接教育部普通高等学校本科教学工作审核评估（以下简称“审核评估”），做好制度建设及其有效执行是当务之急。

一、制度建设是审核评估的要求

建设现代大学教育制度、构建现代高等教育治理体系是当前及今后高校教育改革的大背景、大环境和大形势，教育部《普通高等学校本科教学工作审核评估方案》明确指出，审核评估坚持主体性、目标性、多样性、发展性和实证性五项基本原则，实行目标导向、问题引导、事实判断的评估方法。主体性原则注重以学校自我评估、自我检验、自我改进为主，体现学校在人才培养质量中的主体地位；目标性原则注重以学校办学定位和人才培养目标为导向，关注学校目标的确定与实现；多样性原则注重学校办学和人才培养的多样化，尊重学校办学自主权和自身特色；发展性原则注重学校内部质量标准和质量保障体系及其长效机制的建立，关注内涵的提升和质量的持续提高；实证性原则注重依据事实作出审核判断，以数据为依据、以事实来证明。① 从中不难看出，学校办学自主权在本轮审核评估中得到充分的尊重，学校自身特色的挖掘及形成是顺利通过审核评估的一大法宝，学校的制度建设应大胆打破"上行下效"的常规思维，勇于创新。

二、科学、完善的制度应分为校、院两个层次

随着高等教育改革的不断深入，学校不少现行的制度已不能适应改革前进的步伐。例如，2014 年广东省教育厅和财政厅联合制定的《广东省高等教育"创新强校工程"实施方案（试行）》要求，各高校根据国家和我省高等教育领域相关意见和要求，结合本校实际，统筹制定 2014—2016 年本校"创新强校工程"建设规划，找准未来几年需要重点突破的发展瓶颈，明确建设目标、建设内容、年度实施计划、保障措施、资金需求和预算安排②。这就要求学校对重点学科、重点人才、重点平台、重大科研项目的遴选制度进行重建以适应新的形势发展。

实际上，在学校层面，废除、修订原有制度，制定新制度的工作已经有序开展，并且已经明确二级学院应相应做好本层次的制度拟定工作，但二级学院层次的制度建设大多处于"以学校制度为准"的观望状态中，这就使其处于穿着"不合适的衣服"、绊手绊脚地跳舞的尴尬状态中。学校的制度是顶层设计，确立全面、全程和全员质量观，二级学院以此为蓝本做好细化工作，这是二级学院的权利和义务，它能够使二级学院的工作既符合制度规范，又体现专业特点，能够有效激发二级学院的工作热情。在实际工作中我们发现，具有完善的二级学院制度的学院，面对专家评审时，能够表现出较高的专业素养和自信，其工作也更能获得评审专家的肯定。因此，除了学校层面做好制度建设外，二级学院同样要特别重视建设二级学院层级的制度。

三、制度应有效执行

"天下之事，不难于立法，而难于法之必行。"制度的生命力在于执

---

① 《普通高等学校本科教学工作审核评估方案》（教育部 2013 年 12 月）。

② 广东省教育厅、广东省财政厅印发《广东省高等教育"创新强校工程"实施方案（试行）》的通知，2014 年 2 月。

行。一项好的制度，如果不去执行，就会形同虚设，执行不到位，就难以发挥应有的作用。三百多年前，英国哲人培根说过：“有制度不落实，比没有制度的危害还要大。”今天，这句话仍然发人深省。现在学校教职员工对这个问题是认同的，但在实际操作中却经常出现偏差。如上课迟到、早退，监考过程中随意走动或看手机，不自觉履行自己的工作职责，职责部门不按规定处理违规人员等，这些都是制度执行不力的表现。虽然这部分人所占的比重很小，但是带来了非常不好的示范作用。因此，制度的有效执行要在狠抓落实上下功夫，切实提高对制度的执行力，维护制度的权威性和严肃性。

（一）切实做好制度的清理修改

制度建设是动态的、开放的、发展的。如果制度存在缺陷不及时修补，就可能会限制教师创新性工作的开展，也可能会让职能部门无法处理新出现的违规行为。因此，对以往建立的各种制度进行一番梳理，及时废止已经过时的制度，对既有的制度进行重新整合，避免制度与制度之间的“碰撞”，对有缺陷或有漏洞可钻的制度进行修改完善，是非常必要的一件事情。同时还要理清制度执行的责任部门，使制度有人抓、有人管，真正落实“谁主管、谁负责”的原则，逐级负责，层层落实。

（二）切实做好制度的宣传教育

当前，高等教育改革处于不断深入阶段，上至国家，下到二级学院，制度出现了非常大的更新，同时学校新增不少教师，对学校各方面情况不太熟悉，因此，切实做好制度的宣传教育，使广大教职员工领会制度精神、熟知制度内容，不断增强制度意识，牢固树立严格按制度办事的观念，养成自觉执行制度的习惯，把制度转化为自身的行为规范、自觉行动，是有效执行制度的关键。要使制度在问题出来之前就发挥作用，以先声夺人的优势，内化成自觉遵守制度的心理意识。

（三）切实加强制度执行情况的监督检查

制度既约束着高校的办学行为和广大教职员工的工作行为，又为高校的生存和发展提供制度上的保障。因此，要切实强化对制度贯彻落实的日常监督、阶段检查和定期考核，把制度执行情况纳入党风廉政建设责任制检查考核之中，切实增强制度执行的外在约束力。要严格责任追究，把制度落实情况作为重要内容列入党风廉政建设责任制考核，并与干部提拔任用、评优评先、奖励惩处、职称评定相结合，切实树立制度权威。

（四）切实督促领导干部作执行制度的表率

“子帅以正，孰敢不正？”领导干部既是制度建设的主要倡导者，也应该是模范执行制度的带头人，要带头学习制度、严格遵守制度、自觉维护制度。强化制度平等意识，牢固树立法律面前人人平等、制度面前没有特权、制度约束没有例外的意识，自觉破除等级观念和特权思想。要自觉接受组织和群众的监督，切实做到行动先于一般干部、标准高于一般干部、要求严于一般干部。

（五）切实查处违反制度的行为

提高制度的执行力，必须严明纪律，这是抓好制度执行力的重要保障和根本措施。要坚持有纪必依、执纪必严、违纪必究，对随意变更、恶意规避等破坏制度的行为，不以权势大而回避，不以资历深而姑息，不以违者众而放任，坚决制止制度的“潜规则”和“破窗效应”，维护制度的权威性。

附录一

教育部关于普通高等学校本科教学评估工作的意见

（教高〔2011〕9号）

各省、自治区、直辖市教育厅（教委），新疆生产建设兵团教育局，有关部门（单位）教育司（局），部属各高等学校：

为落实《国家中长期教育改革和发展规划纲要（2010—2020年）》，切实推进高等教育质量保障体系建设，全面提高本科教学水平和人才培养质量，现就普通高等学校本科教学评估工作提出如下意见：

一、本科教学评估的意义目的

1. 人才培养是高等学校的根本任务。提高人才培养质量的重点是提高教学质量。教学评估是评价、监督、保障和提高教学质量的重要举措，是我国高等教育质量保障体系的重要组成部分。

2. 开展教学评估的目的是促进高等学校全面贯彻党的教育方针，推进教学改革，提高人才培养质量，增强本科教学主动服务经济社会发展需要和人的全面发展需求的能力；促进政府对高等学校实施宏观管理和分类指导，引导高等学校合理定位、办出水平、办出特色；促进社会参与高等学校人才培养和评价、监督高等学校本科教学质量。

二、本科教学评估的制度体系

3. 建立健全以学校自我评估为基础，以院校评估、专业认证及评估、国际评估和教学基本状态数据常态监测为主要内容，政府、学校、专门机构和社会多元评价相结合，与中国特色现代高等教育体系相适应的教学评估制度。

4. 强化高等学校质量保障的主体意识，完善校内自我评估制度，建立健全校内质量保障体系；国家对高等学校实行分类的院校评估，促进高等学校办出特色；鼓励开展行业用人部门深度参与的专业认证及评估，增强人才培养与社会需求的适应性；充分利用信息技术，建设高等学校教学基本状态数据库，实现本科教学质量常态化监控；借鉴国际评估的先进理念和经验，加强国际合作与交流，鼓励在相关领域开展国际评估，提高本科人才培养质量和评估工作水平；按照中央和省级政府两级分工负责以及“管办评分离”的原则，形成科学合理、运行有效的评估工作组织体系。

三、本科教学评估的主要内容与基本形式

5. 教学基本状态数据常态监测。高等学校要充分利用信息技术，采集反映教学状态的基本数据，建立高等学校本科教学基本状态数据库。高等学校对数据库数据要及时更新，及时分析本科教学状况，建立本科教学工作及其质量常态监控机制，对社会关注的核心教学数据须在一定范围内向社会发布。国家建立全国高等学校本科教学基本状态数据库，充分发挥状态数据在政府监控高等教育质量、社会监督高等学校人才培养和本科教学评估工作中的重要作用。

6. 学校自我评估。高等学校应建立本科教学自我评估制度，根据学校确定的人才培养目标，围绕教学条件、教学过程、教学效果进行评估，包括院系评估、学科专业评估、课程评估等多项内容。应特别注重教师和学生对教学工作的评价，注重学生学习效果和教学资源使用效率的评价，注重用人单位对人才培养质量的评价。要建立有效的校内教学质量监测和调控机制，建立健全学校本科教学质量保障体系。学校在自我评估基础上形成本科教学年度质量报告，在适当范围发布并报相关教育行政（主管）部门。学校年度质量报告作为国家和有关专门机构开展院校评估和专业评估的重要参考。

7. 实现分类的院校评估。院校评估包括合格评估和审核评估。合格评估的对象是2000年以来未参加过院校评估的新建本科学校；审核评估的对象是参加过院校评估并获得通过的普通本科学校。

合格评估的重点是考察学校基本办学条件、基本教学管理和基本教学质量，学校服务地方经济社会发展的能力和应用型人才培养的能力，学校教学改革和内部质量保障体系建设和运行的情况。评估结论分为“通过”、“暂缓通过”和“不通过”三种。“通过”的学校5年后进入审核评估。

审核评估重点考察学校办学条件、本科教学质量与办学定位、人才培养目标的符合程度，学校内部质量保障体系建设及运行状况，学校深化本科教学改革的措施及成效。审核评估形成写实性报告，不分等级，周期为5年。

8. 开展专业认证及评估。在工程、医学等领域积极推进与国际标准

实质等效的专业认证。要与行业共同制定认证标准，共同实施认证过程，体现行业需求，强化实践教学环节，并取得业界认可。鼓励专门机构和社会中介机构对高等学校进行专业评估。

9. 探索国际评估。鼓励有条件的高等学校聘请相应学科专业领域的国际高水平专家学者开展本校学科专业的国际评估。探索与国际高水平教育评估机构合作，积极进行评估工作的国际交流，提高评估工作水平。

四、本科教学评估的组织管理

10. 完善中央和省级政府两级分工明确、各负其责的本科教学评估工作制度。教育部制定评估工作方针政策、教学质量基本标准，统筹、指导和监督评估工作。省级教育行政部门依据国家有关规定和要求，结合本地区高等教育发展需要，制定本地区所属高等学校教学评估规划，组织实施本地区所属高等学校的审核评估工作，推动学校落实评估整改工作。

建立与"管办评分离"相适应的评估工作组织体系，充分发挥第三方评估的作用，由具备条件的教育评估机构实施相关评估工作。教育评估机构要加强自身专业化和规范化建设，加强评估专家队伍建设，严格评估过程组织，制定科学的评估方式方法。

11. 教育部设立普通高等学校本科教学工作评估专家委员会，开展评估研究、政策咨询、指导检查、监督和仲裁等。

12. 加强评估工作管理，切实推进"阳光评估"。评估机构、参评学校人员和评估专家要增强责任感、使命感，自觉遵守评估工作规则规程，规范评估行为。建立评估信息公告制度，评估政策、评估文件、评估方案、评估标准、评估程序以及学校自评报告、专家现场考察报告、评估结论等均在适当范围公开，广泛接受教师、学生和社会各界的监督。

中华人民共和国教育部

二〇一一年十月十三日

附录二

普通高等学校本科教学工作审核评估方案

（教育部 2013 年 12 月）

一、普通高等学校本科教学工作审核评估实施办法

为贯彻落实党的十八大和《国家中长期教育改革和发展规划纲要（2010—2020 年）》精神，提高本科教育教学质量，根据《教育部关于普通高等学校本科教学评估工作的意见》（教高〔2011〕9 号），现制定普通高等学校本科教学工作审核评估（以下简称“审核评估”）实施办法。

（一）审核评估指导思想及总体要求

1．审核评估指导思想

以党的十八大精神和教育规划纲要为指导，坚持“以评促建、以评促改、以评促管、评建结合、重在建设”的方针；突出内涵建设，突出特色发展；强化办学合理定位，强化人才培养中心地位，强化质量保障体系建设，不断提高人才培养质量。

2．审核评估总体要求

审核评估坚持主体性、目标性、多样性、发展性和实证性五项基本原则，实行目标导向，问题引导，事实判断的评估方法。主体性原则注重以学校自我评估、自我检验、自我改进为主，体现学校在人才培养质量中的主体地位；目标性原则注重以学校办学定位和人才培养目标为导向，关注学校目标的确定与实现；多样性原则注重学校办学和人才培养的多样化，尊重学校办学自主权和自身特色；发展性原则注重学校内部质量标准和质量保障体系及其长效机制的建立，关注内涵的提升和质量的持续提高；实证性原则注重依据事实作出审核判断，以数据为依据、以事实来证明。

本次普通高等学校本科教学工作审核评估时间为 2014 年至 2018 年。

（二）审核评估对象及条件

1．审核评估对象

凡参加普通高等学校本科教学工作水平评估获得“合格”及以上结论的高校均应参加审核评估。参加普通高等学校本科教学工作合格评估获得“通过”结论的新建本科院校，五年后须参加审核评估。

2．审核评估条件

参加审核评估学校办学条件指标应达到教育部《普通高等学校基本办学条件指标（试行)》（教发〔2004〕2 号）规定的合格标准；公办普通本科高校生均拨款须达到《财政部关于进一步提高地方普通本科高校生均拨款水平的意见》（财教〔2010〕567 号）规定的相应标准。

（三）审核评估范围及重点

1．审核评估范围

审核评估范围主要包括学校的定位与目标、师资队伍、教学资源、培养过程、学生发展、质量保障以及学校自选特色等方面，涵盖学校的办学定位及人才培养目标，教师及其教学水平和教学投入，教学经费、教学设施及专业和课程资源建设情况，教学改革及各教学环节的落实情况，招生就业情况、学生学习效果及学风建设情况，质量保障体系的建设及运行情况等。

2．审核评估重点

审核评估核心是对学校人才培养目标与培养效果的实现状况进行评价。重点考察办学定位和人才培养目标与国家和区域经济社会发展需求的适应度，教师和教学资源条件的保障度，教学和质量保障体系运行的有效度，学生和社会用人单位的满意度。

（四）审核评估组织与管理

1．审核评估组织

教育部统筹协调全国普通高等学校本科教学审核评估工作，制定审核评估总体方案及规划，指导监督审核评估工作；省（区、市）教育行政部门负责组织本地区所属院校的审核评估工作，可结合本地区实际情况，在教育部审核评估方案基础上进行补充，制定本地区审核评估具体方案和评估计划，并报教育部备案后实施。

2．审核评估实施

审核评估要积极探索、建立健全与管办评分离相适应的评估工作组织体系，充分发挥第三方评估的作用。中央部委所属院校的审核评估由教育部高等教育教学评估中心（以下简称教育部评估中心）负责实施；地方所属院校的审核评估由省级教育行政部门负责，逐步形成管办评分离的评估机制。

3．审核评估专家

为保证审核评估专家工作水平，提高工作效率，由教育部评估中心分别建立审核评估专家库和全国高校教学基本状态数据库系统，为全国普通高等学校审核评估工作提供开放共享的服务平台。专家队伍应包括熟悉教学、管理和评估工作的教育专家，还应吸收行业、企业和社会用人部门有关专家参加。教育部评估中心与各地评估组织部门共同协商对审核评估专家进行培训。在审核评估组织实施中，外省（区、市）专家一般不少于进校考察专家组人数的三分之一。

4．审核评估经费

审核评估经费应由审核评估具体组织部门负责落实。

（五）审核评估程序与任务

审核评估程序包括学校自评、专家进校考察、评估结论审议与发布等。

1．学校自评

参评学校根据本办法和审核评估内容及上一次本科教学工作评估存在问题的整改情况，结合自身实际，认真开展自我评估，按要求填报本科教学基本状态数据（见教育部评估中心网页 http：//udb. heec. edu. cn），在此基础上形成《自评报告》和《教学基本状态数据分析报告》，同时提交各年度《本科教学质量报告》。

2．专家进校考察

专家组在审核学校《自评报告》、年度《本科教学质量报告》及《教学基本状态数据分析报告》基础上，通过查阅材料、个别访谈、集体访谈、考察教学设施与公共服务设施、观摩课堂教学与实践教学等形式，对学校教学工作作出公正客观评价，形成写实性《审核评估报告》。

3．评估报告内容

《审核评估报告》应在全面深入考察和准确把握所有审核内容基础上，对各审核项目及其要素的审核情况进行描述，并围绕审核重点对学校本科人才培养总体情况作出判断和评价，同时明确学校教学工作值得肯定、需要改进和必须整改的方面。

4．评估结论审议与发布

各省（区、市）教育行政部门和教育部评估中心应按年度将所组织的审核评估情况形成总结报告报教育部。教育部组织评估专家委员会进行审议，公布审议结果，并由教育部评估中心和各地教育行政部门公开发布参评高校的审核评估结论。

5．评估结果

审核评估结果是学校教育教学质量的反映，与学校办学、发展直接相关，学校要根据审核评估中提出的问题及建议进行整改，有关教育行政部门应对评估学校的整改情况进行指导和检查，并在政策制定、资源配置、招生规模、学科专业建设等方面予以充分考虑，促进学校教学质量不断提高。

（六）审核评估纪律与监督

1. 纪律监督

审核评估要实行信息公开制度，严肃评估纪律，开展“阳光评估”，广泛接受学校、教师、学生和社会的监督，确保评估工作公平公正。教育部委托评估专家委员会，对参评学校和评估专家以及评估组织工作的规范性、公正性进行监督检查，同时受理有关申诉，对评估过程中违反相关规定的行为进行责任追究，作出严肃处理。

二、普通高等学校本科教学工作审核评估范围

审核项目	审核要素	审核要点
1. 定位与目标	1.1 办学定位	（1）学校办学方向、办学定位及确定依据 （2）办学定位在学校发展规划中的体现
	1.2 培养目标	（1）学校人才培养总目标及确定依据 （2）专业培养目标、标准及确定依据
	1.3 人才培养中心地位	（1）落实学校人才培养中心地位的政策与措施 （2）人才培养中心地位的体现与效果 （3）学校领导对本科教学的重视情况
2. 师资队伍	2.1 数量与结构	（1）教师队伍的数量与结构 （2）教师队伍建设规划及发展态势
	2.2 教育教学水平	（1）专任教师的专业水平与教学能力 （2）学校师德师风建设措施与效果
	2.3 教师教学投入	（1）教授、副教授为本科生上课情况 （2）教师开展教学研究、参与教学改革与建设情况
	2.4 教师发展与服务	（1）提升教师教学能力和专业水平的政策措施 （2）服务教师职业生涯发展的政策措施
3. 教学资源	3.1 教学经费	（1）教学经费投入及保障机制 （2）学校教学经费年度变化情况 （3）教学经费分配方式、比例及使用效益
	3.2 教学设施	（1）教学设施满足教学需要情况 （2）教学、科研设施的开放程度及利用情况 （3）教学信息化条件及资源建设

（续上表）

审核项目	审核要素	审核要点
3. 教学资源	3.3 专业设置与培养方案	（1）专业建设规划与执行 （2）专业设置与结构调整，优势专业与新专业建设 （3）培养方案的制定、执行与调整
	3.4 课程资源	（1）课程建设规划与执行 （2）课程的数量、结构及优质课程资源建设 （3）教材建设与选用
	3.5 社会资源	（1）合作办学、合作育人的措施与效果 （2）共建教学资源情况 （3）社会捐赠情况
4. 培养过程	4.1 教学改革	（1）教学改革的总体思路及政策措施 （2）人才培养模式改革，人才培养体制、机制改革 （3）教学及管理信息化
	4.2 课堂教学	（1）教学大纲的制订与执行 （2）教学内容对人才培养目标的体现，科研转化教学 （3）教师教学方法，学生学习方式 （4）考试考核的方式方法及管理
	4.3 实践教学	（1）实践教学体系建设 （2）实验教学与实验室开放情况 （3）实习实训、社会实践、毕业设计（论文）的落实及效果
	4.4 第二课堂	（1）第二课堂育人体系建设与保障措施 （2）社团建设与校园文化、科技活动及育人效果 （3）学生国内外交流学习情况
5. 学生发展	5.1 招生及生源情况	（1）学校总体生源状况 （2）各专业生源数量及特征
	5.2 学生指导与服务	（1）学生指导与服务的内容及效果 （2）学生指导与服务的组织与条件保障 （3）学生对指导与服务的评价
	5.3 学风与学习效果	（1）学风建设的措施与效果 （2）学生学业成绩及综合素质表现 （3）学生对自我学习与成长的满意度
	5.4 就业与发展	（1）毕业生就业率与职业发展情况 （2）用人单位对毕业生评价

（续上表）

审核项目	审核要素	审核要点
6. 质量保障	6.1 教学质量保障体系	（1）质量标准建设 （2）学校质量保障模式及体系结构 （3）质量保障体系的组织、制度建设 （4）教学质量管理队伍建设
	6.2 质量监控	（1）自我评估及质量监控的内容与方式 （2）自我评估及质量监控的实施效果
	6.3 质量信息及利用	（1）校内教学基本状态数据库建设情况 （2）质量信息统计、分析、反馈机制 （3）质量信息公开及年度质量报告
	6.4 质量改进	（1）质量改进的途径与方法 （2）质量改进的效果与评价
自选特色项目	学校可自行选择有特色的补充项目	

三、普通高等学校本科教学工作审核评估引导性问题

为服务于学校自我评估和专家进校考察评估，根据审核评估项目、要素和要点提示，拟定相应引导性问题。这些引导性问题，一般围绕学校“在做什么？在如何做？效果如何？问题如何？如何改进？”五个方面的问题展开。既包括定性内容，也包括定量数据。数据应是学校近三年（以学校自评年度为准）的年度数据。引导性问题起示范性作用，不具有限定性，可根据学校的具体情况，结合学校特色，选择不同的引导性问题。

（一）定位与目标

1. 办学定位

（1）学校的办学定位、办学理念、发展目标是什么？依据为何？

（2）学校教师、学生及校友对学校办学定位、办学理念、发展目标的认可度如何？

（3）学校在办学定位、办学理念、发展目标的确定及其落实方面存在什么问题？

2. 培养目标

（1）学校人才培养总目标是什么？是如何形成的？与学校办学定位的契合度如何？

（2）学校各专业人才培养目标是如何确定的？与学校人才培养总目标

的关系如何？

（3）学校师生对人才培养目标的理解和认可程度如何？

（4）学校在确定人才培养目标方面存在什么问题？如何改进？

3. 教学中心地位

（1）学校在制度和措施等方面如何保证教学工作中心地位的？

（2）学校领导是如何重视教学的？

（3）学校各职能部门是如何服务教学的？

（4）学校在保证教学中心地位方面还存在什么问题？如何改进？

（二）师资队伍

1. 量与结构

（1）学校的生师比如何？学校专任教师的数量及结构如何（职称结构、年龄结构、学缘结构、学历结构等）？能否满足教学要求？发展态势如何？

（2）学校各专业主讲教师队伍的数量及结构如何（职称结构、年龄结构、学缘结构等）？能否满足教学要求？发展态势如何？

（3）学校实验技术人员和教学辅助人员的数量与结构如何？能否满足教学要求？

（4）聘请境外教师承担本科生教学情况？效果如何？

（5）学校的师资队伍在上述方面存在什么问题？如何改进？

2. 教育教学水平

（1）学校在鼓励教师教书育人及加强师德建设方面采取了哪些措施？效果如何？

（2）学校主讲教师的专业水平与执教能力如何？

（3）学校实验、实践（实训）教学人员和教学辅助人员的业务水平如何？

（4）学校是否建立了对教师教育教学水平的评价机制？效果如何？

（5）学校教师在教育教学水平方面存在什么问题？如何改进？

3. 教师教学投入

（1）教师自觉履行教书育人职责及将主要精力投入本科教学工作情况？

（2）学校主讲本科课程的教授、副教授分别占教授、副教授总数的比例？教授、副教授主讲本科课程占总课程的比例？

（3）教师能否将自己的科研资源向本科生开放并将最新研究成果及学科前沿知识融入教学内容中？

（4）教师参加教学研究、教学改革的情况？实际效果如何？教师参加校以上级别的教改立项课题的人数及比例如何？

（5）教师在专业建设（课程建设、教材建设、实验室建设等）方面发挥作用情况？

（6）学校教师在教学投入方面存在什么问题？如何改进？

4. 教师发展与服务“在做什么？在如何做？效果如何？问题如何？如何改进？”

（1）学校教师队伍建设及发展规划落实情况如何？各二级教学单位是否有具体措施？效果如何？

（2）学校建立的支撑教师专业发展的专门机构开展工作情况？效果如何？学校每年用于教师学习、培训的人均经费是多少？

（3）学校在服务教师职业生涯发展方面特别是在关心青年教师成长、提升其业务水平和教学能力方面采取了哪些措施？效果如何？

（4）学校在鼓励教师在职进修、提升学历及国内外学术交流等方面的政策措施情况？效果如何？

（5）学校如何在教师岗位聘用、考核评价及薪酬分配方面向教学倾斜？

（6）学校在关心与促进教师发展方面存在什么问题？如何改进？

（三）教学资源

1. 教学经费

（1）学校投入本科教学的经费是多少？生均本科教学日常运行支出是多少？教学日常运行支出占经常性预算内事业费与学费收入之和的比例是多少？

（2）学校教学经费能否满足教学资源建设和日常教学运行的需要？是否建立了保障教学经费投入的长效机制？

（3）学校教学经费是如何分配的？是否有专门经费支持教学改革与大学生创新教育？是否有实践教学专项经费？是否将新增生均拨款优先投入实践教学？

（4）学校教学经费使用是否合理？是否进行年度经费使用效益分析？结果如何？

（5）学校在教学经费投入和经费使用效益上存在什么问题？如何改进？

2. 教学设施

（1）高校的办学条件指标能否达到教育部教发〔2004〕2 号文件《普

通高等学校基本办学条件指标（试行）》中的合格要求？

（2）学校的各类教学设施（实验室、课堂教学设施、辅助教学设施、图书馆等公共教学设施）能否满足教学需要及学生自主学习要求？

（3）学校的教学、科研设施的开放程度如何？利用率如何？

（4）学校教学设施的建设与使用中存在什么问题？如何改进？

3．专业设置与培养方案

（1）学校专业建设规划的执行情况如何？是否有专业结构调整机制？

（2）学校专业建设的成效如何？是否建成了若干能够彰显办学优势与特色、具备一定影响力的品牌专业？

（3）新办专业的建设情况如何？其人才培养质量能否得到保证？

（4）学校在制订各专业培养方案时，如何在人才培养目标、培养规格、课程设置等方面体现学校办学指导思想和实际需要？

（5）学校在专业设置与调整方面、培养方案及其制定（修订）、执行等方面存在什么问题？如何改进？

4．课程资源

（1）学校课程建设规划执行情况如何？课程建设取得了哪些成绩？

（2）学校课程总量多少？课程结构如何？双语课程、实践课程比例，是否符合培养目标需要？

（3）学校的教材建设规划执行情况如何？如何保障所选用教材的先进性与适用性？使用优秀教材和境外原版教材的比例？

（4）学校在课程和教材建设等方面存在什么问题？如何改进？

5．社会资源

（1）学校在合作办学、合作育人、合作就业、合作发展上采取了哪些措施？效果如何？

（2）学校与社会共建教学资源方面取得了什么成效？

（3）近三年接受社会捐赠的情况怎样？其中校友捐赠有多少？

（四）培养过程

1．课堂教学

（1）课程教学大纲的制定、执行与调整情况如何？

（2）是否有课程教学内容更新的相关制度与要求？教学内容如何体现人才培养目标？

（3）学校对教学方法、教学手段改革采取了哪些措施？有哪些先进的做法？效果如何？

（4）学校是如何加强网络教学资源建设的？建设成效如何？利用率与

使用效果如何？

（5）学校在考试方法上进行了哪些改革？在加强考风考纪方面制定了哪些措施？取得了哪些成效？

2. 实践教学

（1）学校实践教学体系的建设思路是什么？如何推进实践教学改革的，效果如何？

（2）学校实习、实训基地建设情况，能否达到教学要求？

（3）学校设计性、综合性实验开设与实验室开放及使用情况？

（4）学校科研实验室向本科生开放情况如何？

（5）学校是如何保障实习、实践环节的教学效果的？

（6）学校是如何保障毕业论文（设计）质量的？

（7）学校在实践教学方面存在什么问题？如何改进？

3. 第二课堂

（1）学校是否将第二课堂建设纳入人才培养体系建设？有哪些政策措施保障第二课堂建设？

（2）学校的第二课堂的主要形式有哪些？第二课堂与第一课堂是如何紧密结合的？建设效果如何？

（3）学校是否制定了关于学生校（海）外学习经历的政策和措施？成效如何？

（4）学校在第二课堂建设方面存在什么问题？如何改进？

4. 教学改革

（1）学校教学改革的总体思路是什么？是否有切实可行的教学改革规划和具体实施方案？

（2）学校有哪些激励和促进广大师生积极参与教学改革研究与实践的政策与措施？

（3）学校在人才培养模式、教学内容与课程体系、教学方法与手段、教学管理等方面改革取得的成效？

（4）学校在教学改革方面存在什么问题？如何改进？

（五）学生发展

1. 招生及生源情况

（1）学校总体及各专业生源数量及结构特征如何（如学生性别、民族、区域、家庭经济/社会背景、学生教育背景等）？

（2）学校在现有条件下采取了哪些措施提高生源质量？效果如何？

（3）学校为学生在学期间提供重新选择专业的政策如何？

（4）学校的生源数量与质量方面存在什么问题？如何改进？

2．学生指导与服务

（1）学校在人才培养工作中是如何体现以学生为本的理念的？

（2）学校建立了什么样的学生指导与帮扶体系？效果如何？

（3）学校如何吸引和激励专任教师积极参与学生指导工作？参与面与参与程度如何？

（4）学校学生辅导员和本科生导师（如果设置）在日常工作中如何指导和帮助学生成长成才？效果如何？

（5）学校在学生指导与服务方面存在什么问题？如何改进？

3．学风与学习效果

（1）学校总体学习风气如何？学校在加强学风建设方面采取了什么样的政策措施？执行情况如何？

（2）近三年学校公开处理的学生考试违纪、抄袭作业、违反学校规章制度的人/次数？

（3）学生的学业成绩、专业能力及综合素质如何？

（4）学校是否建立对学生学习效果的评价机制？

（5）学校在学风建设和增强学生学习效果方面存在什么问题？如何改进？

4．毕业生就业与发展

（1）学校毕业生的就业情况（就业率、就业质量等）如何？

（2）学校采取了哪些措施提高就业率与就业质量？效果如何？

（3）学校是如何引导毕业生到国家最需要的地方与岗位工作？

（4）毕业生在社会特别是专业领域的发展情况如何？有哪些优秀校友？

（5）用人单位对毕业生的满意度如何？

（6）学校在促进毕业生就业与发展方面存在什么问题？如何改进？

（六）质量保障

1．教学质量保障体系

（1）学校是否重视教学质量标准建设？形成了怎样的质量标准体系？

（2）学校教学质量保障的模式是什么？结构怎样？

（3）学校教学质量保障体系是否做到了组织落实、制度落实和人员落实？

（4）学校教学管理队伍的数量、结构与素质是否满足质量保障要求？

（5）学校在教学质量保障体系建设方面存在什么问题？如何改进？

2. 质量监控

（1）学校是否采取有效方式对教学全过程进行实时监控？

（2）学校是否建立了完善的评教、评学等自我评估制度？效果如何？

（3）学校是否形成了全员参与质量监控的良好氛围？

（4）学校在质量监控方面存在什么问题？如何改进？

3. 质量信息及利用

（1）学校是否建立对能反映教学质量的信息进行跟踪调查与统计分析的制度？

（2）学校是否按教育部要求及时发布本科教学质量报告？质量报告是否全面、客观地反映本科教学质量现状及存在的主要问题？

（3）学校是否建立了校内教学状态数据库，运行情况如何？是否及时采集并上报本科教学状态数据？本科教学状态数据是否真实、可靠？

（4）学校是否按要求定期公布其他教学工作及人才培养质量信息？

（5）学校在人才培养质量信息统计、分析、反馈与公开方面存在什么问题？如何改进？

4. 质量改进

（1）学校是否定期对教学质量存在的问题进行分析并制定改进的措施，效果如何？

（2）学校质量改进的程序与机制是什么，如何对改进效果适时进行评价？

（3）学校在质量改进中对已参加的外部教学评估（例如水平评估、专业认证等）中存在的问题和薄弱环节进行了全面整改？效果如何？

（4）学校的质量改进存在什么问题？如何改进？